슬로리딩

한 학기 한 책 읽기

슬로리딩

초판 1쇄 발행 2017년 11월 15일
초판 2쇄 발행 2018년 3월 26일

지 은 이 이선희, 유기홍, 박영덕, 장미영, 장혜민, 유담, 최은희, 이천초등토론교육연구회
펴 낸 이 최종숙
펴 낸 곳 글누림출판사

책임편집 문선희
디 자 인 안혜진 홍성권
편   집 이태곤 권분옥 홍혜정 박윤정 추다영
마 케 팅 박태훈 안현진 이승혜

주   소 서울시 서초구 동광로 46길 6-6(반포4동 577-25) 문창빌딩 2층(06589)
전   화 02-3409-2055(대표), 2058(영업), 2060(편집)
팩   스 02-3409-2059
전자메일 nurim3888@hanmail.net
홈페이지 www.geulnurim.co.kr
블 로 그 blog.naver.com/geulnurim
북트레블러 post.naver.com/geulnurim
등록번호 제303-2005-000038호(2005. 10. 5)

정가는 뒤표지에 있습니다.
ISBN 978-89-6327-465-2 03370

출력·인쇄·성환C&P 제책·동신제책사

* 잘못된 책은 바꿔 드립니다.

*이 도서의 국립중앙도서관 출판예정도서목록(CIP)은 서지정보유통지원시스템 홈페이지(http://seoji.nl.go.kr)와
  국가자료공동목록시스템(http://www.nl.go.kr/kolisnet)에서 이용하실 수 있습니다.(CIP제어번호: CIP2017028601)

한 학기 한 책 읽기

슬로 리딩

S.L.O.W
Reading

∙∙∙∙∙∙

이선희, 유기홍, 박영덕, 장미영,
장혜민, 유담, 최은희
이천초등토론교육연구회

글누림

책머리에

　고민은 우리를 발전하게 하는 원동력이다. 좋은 선생님이 되기 위해 교사들은 늘 고민을 하고 있다. '재미있는 수업'에 대한 고민을 하고, '행복한 교실'에 대한 고민을 하기도 하며, '한 아이'에 대한 고민도 하고, '교육방법'에 대한 고민을 하기도 한다. 이러한 고민들을 해결하기 위해 많은 교사들은 연수강좌에 참여하거나 대학원에 진학을 하고, 연구회, 동아리 등에 소속되어 끊임없이 연구를 한다. 교사들의 이런 노력들이 지금의 교육을 있게 하고 계속적인 발전을 가져오고 있다고 생각한다. 물론 학교 밖에서 보기에 우리의 교육이 다른 나라에 비해 창의적이지 못하다고 하기도 하고, 학력은 높지만 아이들의 인성은 과거에 비해 더 나빠졌다고 하기도 한다. 모두 틀린 말이라고 부인하지는 못하겠다. 그래서 교사들은 더 고민하고 더 연구하고 더 나은 교사가 되기 위해 몸부림친다. '지금, 현재'에 만족하지 못하기 때문에 끊임없이 고민하고 연구하는 것이다.

　우리가 펴낸 이 책도 이런 고민과 몸부림에 의해 나온 것이다. 우리 연구회 회원들은 토론이 재미있어서 만난 교육동지들이다. 토론을 수업에 적용시켜서 좀 더 좋은 교육을 하기 위해 끊임없이 연구하고 고민하는 '고민동지'들이다. 그러다보니 서로 수업을 공개하고 수업에 대한 깊은 고민도 하게 되어 '수업비평, 교실에서 해답 찾기

(2014, 교육과학사)'를 펴냈었고, 이번에는 토론 수업을 위한 고민을 하다가 슬로리딩을 공부하고 책을 펴내게 되었다. 우리가 하는 이 노력을 경기도의 어느 시골 평범한 교사들의 좌충우돌 실천기라고 봐주면 좋겠다.

슬로리딩을 통해 우리들은 매일 아침 아이들과 함께 책을 읽으면서 책 때문에 할 얘기가 많았고, 책 속에 빠져 살았고, 그래서 행복했다. 이 행복을 우리만 가지고 있기엔 아까워서, 다른 사람들과 공유하고 싶어서 또 한 번 더 용기를 내보았다. 누구에겐 요즘 초등학교 교실에선 이런 것도 해? 하는 궁금증을 갖게 하기도 하고, 또 누구에겐 교과서 안 하면 진도와 시험은? 이라는 걱정을 한보따리 안겨줄 수도 있을 것이다. 하지만 이 책을 읽어나가다 보면 그런 걱정과 궁금증이 어느 순간 해결되기도 하고, 응원하고 싶어질지도 모른다. 그랬으면 좋겠다.

이 책은 나 혼자 연구한 결과물이 아님을 밝혀둔다. 2015년부터 2017년도까지 3년간 경기도 이천의 한내초등학교에서 근무한 모든 교사들과 이천 초등토론교육연구회 회원들의 연구결과를 합치고 추려서 낸 결과물이다. 자신의 연구 결과를 아낌없이 내어주신 모든 선생님들께 감사드린다.

저자 대표 이선희

넷째 마당

혼자 보는 독서에서 함께 읽는 독서로의 여행, 동아리 이야기

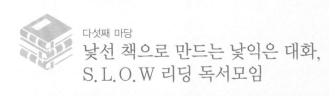

다섯째 마당

낯선 책으로 만드는 낯익은 대화, S.L.O.W 리딩 독서모임

첫째 마당

키워드로 풀어 보는
S.L.O.W 리딩

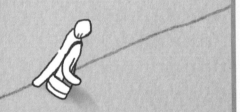

박영덕

슬로리딩, 이해와 독해를 넘어!

1. 나와 너와 우리의 이야기

요즘 아침에 눈을 뜰 때 제일 먼저 드는 기분은? '또 하루가 시작되었구나!', '우리 재희, 시현이는 깼나?', '오늘 스케줄이 어떻게 되지?' 이런 생각들과 함께 눈을 떠 자리에서 일어나 터벅터벅 걷는다. 그 걸음의 무게는 날마다 다르다. 하지만 분명한 것은 '무게=생각÷기분'이라는 것이다. 이 밑도 끝도 없는 공식은 아주 단순하다. 그날의 걸음의 무게는 생각이 많을수록, 기분이 별로일수록 무겁다. 반대로 생각이 적을수록, 기분이 좋을수록 가볍다. 무념무상의 경지에 오르면 바로 하늘을 나는 기분이 되어 걸음이 깃털처럼 가벼워지는 것이 이런 이치이리라. 궤변을 늘어놓은 듯한데 왠지 펜을 놓고 걷는 걸음의 무게가 가벼울 것 같다. 참, 별 것 없다!

- 내 아이에게 전해줄 '사람·삶·생'의 일기(日記) 중에서

내 삶의 동력이자 생의 기쁨과 아이러니를 동시에 맛보게 해 주는 우리 아이에게 전해 주고 싶은 생각을 주제 일기 형식으로 써 내려 간 일상의 이야기이다. 이 이야기를 나의 아들과 딸은 나중에 좀 더 자랐을 때 독자로서 어떻게 읽

을까. 그냥 '우리 아빠는 이런 생각을 하는구나!' 하고 대충 읽어 넘기고 방 안으로 쏙 들어가 버릴까? 아니면 '요즘 내 기분은 어떻지?', '난 생각이 많은 편인가?' 하며 자신의 감정과 생각을 좀 더 들여다볼까? 그도 아니면 가족들과 함께 내가 지어낸 공식에 대해 이야기 나누거나 요즘의 생활에 대해 진한 이야기를 나눌까?

적어도 이야기를 쓴 나의 입장에서는 느리게 읽어 주기를 바란다. 천천히 읽어 나가면서 이야기 속의 단어와 문장을 곱씹어 보며 나를 이해하려 해 보기도 하고 내 생각을 이리저리 뒤집어 보기도 하면서 주체적으로 생각을 만들어갔으면 한다. 그것이 자기 생각인 것이다. 결국 슬로리딩은 한 권의 책을 천천히 깊이 있게 읽으면서 자신의 생각을 만들어 가는 과정 중심의 독서법이라고 할 수 있다. 여기서는 단순히 읽는 행위에 그치지 않고, 그 안에 들어 있는 배경지식도 탐구하고 여러 가지 이야깃거리도 경험하고 탐색하면서 자신의 생각을 말과 글로 표현하여 자기 삶과 이어지게 하는 것이 중요하다. 작가 정혜윤은 자신의 저서 『삶을 바꾸는 책 읽기』에서 진정한 독해력이란 문자를 정확히 읽어 내는 능력이 아니라 무엇을 읽건 거기에서 삶을 바라보는 능력이라고 했다. 거기에 더해 이제는 책에 대한 이해와 독해를 넘어 자신의 견해를 삶의 안팎에서 찾을 수 있어야 하겠다.

때때로 책 읽는 연령과 시기에 따라 다독도 필요할 수 있겠지만 학년이 올라갈수록 양보다는 질이 중요하다. 그리고 책을 제대로 읽는 것과 무턱대고 읽는 것은 큰 차이가 있다. 책을 많이 읽는 것과 잘 읽는 것도 다르다. 많은 책을 읽는 게 중요한 게 아니라 같은 책을 몇 번 되풀이해서 보거나 곱씹어 보는 것이 더 중요할 수 있다. 그렇기 때문에 글을 읽으면서 무념무상이나 궤변과 같은 모

르는 단어가 나오면 찾아보고, 찾은 단어로 짧은 글짓기도 해 보면서 문장의 의미를 구체화하는 것이 좋다. 그리고 이 이야기를 쓸 때의 글쓴이 마음을 그림으로 묘사해 보거나 직접 다음 날 아침의 기분을 일기로 표현해 보는 것도 해 볼수 있다. 또한 기분이나 감정과 관련된 다른 책들을 찾아 읽을 수도 있고 글쓴이가 지어낸 공식에 대해 토론을 하는 것도 좋겠다. 그리고 나서 다시 한 번 읽어 보기도 하고 에세이를 통해 성찰과 공감의 글쓰기를 하는 것도 큰 의미가 있다. 이러한 일련의 과정들이 슬로리딩의 작은 요소가 되어 주체적인 생각을 키워나갈 수 있도록 돕는 것이다. 슬로리딩은 여기 저기 돌아다니며 나와 너와 우리 세상의 이야기들을 한데 녹여내어 갖가지 이야기 주머니를 풀어놓는 보따리 장수와 같은 것이다.

2. S. L. O. W 리딩의 재발견

"
샛길, 경험과 체험, 한 단어 한 구절의 울림,
작품의 아름다움과 깊이
"

슬로리딩을 알아 가면서 자주 접하게 된 말들이다. '샛길' 하면 나도 한 샛길 하는데? 경험과 체험은 무슨 차이가 있지? 요즘 애들이 감동의 울림이 뭔지나 알겠어? 아무리 좋은 작품인들 그 아름다움과 깊이를 느낄 수 있겠어? 이런 생각들이 그림자 마냥 나를 졸졸 쫓아다니며 뒤통수를 간지럽게 하던 때, 나는 슬로리딩에 도전해 보기로 했다. 무엇보다도 책을 천천히 곱씹으면서 음미하는 읽기의 과정에 도대체 어떤 무엇이 깃들어 있기에 그 울림과 깊이에 빠지게 되는지 알고 싶었다. 그와 동시에 다소 정례화된 슬로리딩의 외연을 확장하고 싶은 마음도 컸다. 그리고 누구나 좀 더 손쉽게 접근할 수 있는 방식에 대해 고민도 하고 슬로리딩에 대한 비판과 한계의 지점을 다르게 말하고 싶기도 했다. 그래서 연구와 실천을 함께 진행해 나가며 의문점들을 연구노트에 기록하기 시작했다. 샛길사고가 생각의 구조에 어떤 영향을 미치는지, 경험과 체험의 경계가 어디인지, 가슴 뛰는 삶을 위한 단어 수업을 어떻게 펼칠 수 있을지, 작품의 아름다움과 깊이는 무엇으로 채워지는지 등에 대해 실제의 슬로리딩을 통해 들여다보았다. 그러다 보니 슬로리딩에서 중요한 것들을 하나하나 발견해 나갈 수 있었다. 물론 쉽지만은 않은 일이었다. 짧게는 몇 개월에서 길게는 몇 년씩 하게 되는 슬로리딩을 짧은 단위 시간 속에서 어느 정도로 풀어낼지도 미지수였고, 책 읽고 이것저것 다 하는 잡화점 식의 늘어놓기 방식이 아니냐는 지적을 피하기 위해 무던히도 애를 썼다. 과연 이렇게 시도해 보는 것이 얼마나 유의미할까에 대한 걱정이 앞설 때도 있었고 참여한 이들의 반응에 촉각을 곤두세우기도 했다. 성공과 실패라는 이분법적인 구분이 내키지는 않지만, 많은 실패와 가끔의 성공을 맛보며 슬로리딩의 참의미를 조금씩 깨달을 수 있었다. 물론 아직도 현재진행형이지만 나는 그것을 5W1H와 연계하여 슬로리딩의 개념과 원리, 그리고 핵심을 키워드로 풀어 보았다. 마치 동굴 속 험난한 미로에서 미션을 하나씩 해결해 닫힌 문을 열쇠로 열어 빠져나가듯, 슬로리딩을 관통하는 실마리들을 엮어 내어 인식의 고리인 키워드로 풀어 보고자 한 것이다. 슬로리딩을 이해하고 실천하는 데 있어서 좀 더 의식 있게 접근할 수 있도록 도움이

되길 바라는 마음이 큰 동기가 되어 키워드로 접근해 보게 되었다. 슬로리딩에 한 걸음 더 다가서길 바라며 지금부터는 그 키워드를 천천히 들여다보는 시간을 가져 보자.

S.L.O.W 리딩 키워드 관점표

개념	원리	핵심	5W1H(연계)
Simple or Splendid	방법	소박함 혹은 화려함	what & how
Link	방향	맥락을 갖고 연결 짓기	where
Object	목적	목표가 아닌 목적에 포인트	why
Wait	속도	기다림의 미학	who & when

3. 네 가지 키워드에 담긴 슬로리딩의 의미

▌무엇을 어떻게 펼칠 것인가(S:Simple or Splendid)

'Simple'은 '꾸미지 않은, 소박한'의 뜻을 가지고 있다. simple은 여러 가지 요소들을 어렵게 꼬아 내기보다는 있는 그대로의 모습을 드러내고자 하는 본질적인 개념이다. 다양성이라는 미명 아래 슬로리딩을 한다고 자꾸만 이것도 해 보고 저것도 해 보자는 나열하기 식의 접근은 참으로 위험하다. 오히려 책에 빠져드는 순간을 방해하고 책 읽는 즐거움을 빼앗아 가기도 한다. 4학년인 우리 반 아이들과 함께 그림책을 읽을 때였다. 한 문장 읽고 질문하고, 또 한 문장 읽고 활동하니까 많은 아이들이 "또 멈춰요?"라며 원성이 자자하다. 천천히 읽는다는 것이 그만 본질을 놓친 채 기교의 측면만 파고드니 아이들은 쉬이 집중하지 못한다. 주체적으로 생각하는 힘을 기르는 것이 독서의 본질인데 다양한 활동을 통해 느리게 읽겠다는 기계적인 욕심이 좋은 그림책을 빛바랜 개살구로 만들어 버린 것이다. 차라리 단순하게 전체를 쭉 다 읽고 나서 의미 있는 활동들을 한 후에 다시 읽고 또 다른 활동을 한 다음 또 다시 거듭해서 읽었다면 그 책은 색다른 빛을 발했을지도 모를 일이다.

이와는 반대의 느낌으로 'Splendid'는 '화려한, 빛나는'의 뜻을 가지고 있다. 좀 전에도 언급했다시피 슬로리딩에서 겉으로 비춰지는 화려함에 신경을 쓰다 보면 독서의 본질을 왜곡할 수 있다. 그보다는 속으로 드러나는 빛남에 주목해야 한다. 소박한 한 단어 한 구절이 읽는 이의 마음을 울릴 수 있다. 작가이고 강사이며 유명한 코칭 지도자인 케빈 홀이 쓴 『겐샤이』라는 책의 서문을 보면 '단어는 삶의 길을 비추는 고유의 힘을 가지고 있다. (…중략…) 본래의 순수한 의미에서 단어의 뜻이 무언인가를 이해하면 그 단어의 중요성과 신성한 가치를 밝힐 수 있다.'는 말이 나온다. 실제로 나는 아이들과 레오 리오니의 『프레드릭』이란 책을 읽고서 슬로리딩을 할 때 하나의 단어가 가진 힘을 발견할 수 있었다. 논제를 던지고 토론을 하면서 아이들에게 주인공인 프레드릭의 말과 행동에 공감이 되는지, 함께 사는 들쥐들의 모습에 공감이 가는지 물어보았다. 아이들은 어리둥절해 하며 서로를 쳐다보다가 고개만 갸우뚱했다. '공감'이 무슨 말인지 잘 이해하지 못했던 것이다. 그래서 나는 아이들에게 공감의 어원에 대해 이야기해 주었다. 공감의 영어단어인 'empathy'를 칠판에 써 놓고 "pathy는 길path에서 왔고 엠em은 안이라는 뜻이에요."라고 알려 주었다. 그러고는 "만일 다른 사람의 길에 들어가지 않는다면, 다른 사람이 간 길을 걸어 보지 않는다면 그 사람이 경험하는 것을 진정으로 이해할 수 없어요."라고 말하며 주변의

마음 아픈 친구들 이야기를 예로 들어 설명해 주었다. 그랬더니 아이들은 공감의 의미를 확실하게 알겠다며 토론에 훨씬 집중해서 책 속의 등장인물에 대한 생각을 풀어 나갔고 그 후로 글을 쓸 때마다 공감이라는 말을 자주 사용하는 걸 볼 수 있었다. 몇몇 친구들은 프레드릭 이야기의 핵심 메시지는 '공감'이라고 말하며 이 단어가 이렇게 뜻 깊은 것인지 처음으로 알게 되어 기쁘다고도 하였다.

난 아이들과 그림책을 가지고 슬로리딩을 할 때면 종종 마음에 와닿는 단어 또는 인상 깊은 문장을 노트에 써 보라고 한다. 선택한 단어를 가지고는 주로 각자 쓸 수 있는 만큼의 분량으로 에세이를 쓰고, 문장을 가지고는 왜 그 문장이 인상 깊었는지 생각 나누기를 한 후 그 문장으로 시작하는 자기만의 글을 써본다. 물론 모든 아이들이 다 잘 쓰는 건 아니다. 하지만 계속해서 쓰고 다른 친구들이 쓴 것을 공유하다 보면 글 쓰는 힘이 생겨 점점 성장하는 모습을 볼 수 있다. 이런 단순하고 소박한 활동을 하면서 아이들은 그 단어와 문장 속에서 저마다의 빛깔을 찾아낸다. 다시 말해 'simple' 속에서 'splendid'를 발견해 내는 생각의 힘이 자라는 것이다. 이렇듯 슬로리딩에서 첫 번째 키워드인 'S'의 개념을 이렇게 정한 것은 슬로리딩 자체가 소박함 속에 빛남을 가지고 있기 때문이다.

책을 읽고 도대체 무엇을 어떻게 펼쳐내야 할지 막막할 때가 있다. 그럴 땐 경험의 폭을 넓히고 체험의 깊이를 더할 수 있는 방법이 무엇일지 생각해 보자. 한국전쟁의 참상을 어린이의 시선으로 담아낸 이향안 작가의 『그 여름의 덤더디』를 읽고서 한국전쟁의 배경과 역사적 사건을 이해하는 시간을 가진 후 서울의 용산 전쟁기념관으로 체험학습을 다녀와도 좋고, 동식물도감이나 생태도감을 활용하여 책 속의 생물을 알아본 후 가까운 자연체험학습장이나 생태공원 등을 탐방해 보는 것도 좋다. 그런데 이 경험과 체험은 각자 다른 본질과 속내를 가지고 있다. 『투명사회』의 저자 한병철은 "경험은 타자와의 만남이다. 반면 체험 속에서 인간은 언제나 자기 자신만 본다."고 하였고, 『우리가 잘못 산 게 아니었어』의 저자 엄기호는 "경험이란 떠들 수 있게 된 체험이다. 다른 사람과 소통이 가능하게 이야기로 전환된 체험을 우리는 경험이라고 부른다. (…중략…) '경험'은 죽었다. 경험은 온통 체험으로 바뀌었고, 체험은 경험을 소비로 전락시켰다."고 하였다. 슬로리딩을 경험과 체험의 형태로 펼쳐낼 때 간과해선 안 될 부분이 무엇인지 상기시켜주는 대목이다. 그냥 책에 나오니까 '가 보자! 해 보자!'는 식의 깊이 없는 체험은 책과 연결된 능동적인 생각을 생산해 내지 못하고 그저 잘 보고 왔거나 잘 놀다 왔다는 허탈한 소비만 남기는 것이 되고 만다. 또 다른 예로, 책을 읽은 후 사건이 전개됨에 따라 인물이 겪는 변화를 살펴보고 모둠별로 상황을 설정해 역할극을 만든다고 하자. 평소처럼 슬프고 애잔한 장면을 자기들끼리 시시덕거리면서 역할극을 웃음바다로 만들어 버리는 경우가 종종 있다. 낯부끄러울 정도로 민망하기만 한 역할극을 보며 씁쓸함만 남길 것인지, 교사의 지지와 격려 속에 아이들이 역할극에 깊이를 더할 수 있도록 좀 더 천천히 길게 내다보아야 할지는 자명한 일이다. 인간은 타자로 가득한 현실을 진정성 있게 경험하여야 스스로 변화하며 자신을 성장시킬 동력을 얻는다. 그런 의미에서 '경험의 폭이 넓을수록 인격은 더욱 강해진다.'고 했던 간디의 말과 '경험은 최고의 마술 지팡이이다.'라고 했던 괴테의 말이 지금의 현실 속에서 빛을 발하려면 슬로리딩에서의 경험과 체험은 진중하게 생각해 볼 부분이다.

자품이 아름다움이 빛나도록 어떤 방법으로 펼쳐낼 것인가. 책 표시와 그림과 목차를 보고 책 내용을 추론하는 것도, 작중 등장인물의 구도를 이해하기 위해 관계도를 그려보고서 나와 가족과 이웃의 관계도를 그려보는 것도 좋다. 잊

지 말아야 할 것은 화려한 샛길로 빠지더라도 결국엔 하나의 본질로 돌아와야 한다는 것이다. 지나침은 모자람만 못하다고 하지 않았던가. 무엇을 가득 채우고 거창하게 펼치기보다는 읽는 이의 의미 있는 오독을 즐기며 그들의 니즈(needs)에 귀 기울이는 것이 중요하다.

▌어디에 접목시킬 것인가(L:Link)

연결을 뜻하는 'link'는 슬로리딩에서 샛길 학습과 밀접한 관련이 있다. 슬로리딩은 어떻게 보면 학생들의 흥미와 관심을 좇아서 샛길로 빠지는 수업이자 독서를 통한 통합 교육이라고 볼 수 있다. 그렇다면 슬로리딩에서의 샛길이란 도대체 무엇을 의미하는 것일까. 샛길은 사전적 의미로는 1) 큰 길로 이어져 있는 작은 길, 2) 무엇과 무엇 사이에 난 길, 즉 '새(사이)ㅅ+길'을 뜻한다. 이것은 크게 두 가지 측면에서 바라볼 수 있다. 첫 번째는 이어져 있다는 것이다. 큰 길이 한 권의 책이라면 그것에 이어져 있는 작은 길은 방향성을 가진 낱낱의 언어들일 것이다. 두 번째는 사이에 있다는 것이다. 책과 책 속의 대상 사이의 관계성을 드러낸다. 이러한 방향성과 관계성을 가진 샛길은 지름길과는 차원이 다르다. 가깝게 질러가는 길이자 가장 쉽고 빠른 방법을 비유적으로 이르는 말이기도 한 지름길은 깊이와 속도 면에서 샛길과는 다른 방향성을 갖고 있다. 지름길과의 차이는 차치하고서라도 샛길의 두 가지 의미는 중요한 공통점을 지니고 있다. 바로 연결성을 내포하고 있다는 것이다.

대상과 대상 사이를 잇는 연결고리 역할을 하는 것이 샛길의 주된 특징이다. 슬로리딩에서의 샛길 학습도 이러한 맥락에서 살펴볼 수 있다. 한 번은 아이들이랑 박완서의 그림동화 『7년 동안의 잠』을 읽다가 중간에 샛길로 빠져 개미와 매미에 대해 탐구해 본 적이 있다. 아이들은 갑자기 뜬금없이 개미와 매미 이야기로 시간을 보내는 것에 상당히 재밌어 했고, 그 후 이어서 책을 읽었을 때 개미와 매미의 삶을 좀 더 이해할 수 있는 계기가 되었다고 털어놓았다. 몇몇은 노는 기분으로 뭔가를 배운다는 것이 좋았다고도 했다. 이렇듯 맥락을 갖고 어디에 접목시킬 것인지 연결고리를 찾아 이어 주는 것이 슬로리딩에서는 중요한 부분을 차지한다.

그렇다면 슬로리딩에서의 샛길 학습에서 교사의 역할은 무엇일까. 나는 슬로리딩에서 교사는 길잡이로서의 리더와 지원자로서의 코치 역할을 해야 한다고 생각한다. 먼저 '리더leader'라는 단어는 두 개의 단어에서 파생되었다. 첫 번째 부분 '리lea'는 '길path'을 의미하고, 두 번째 부분 '더der'는 '발견하는 사람finder'을 뜻한다고 한다. 즉, 리더는 '길을 발견하는 사람pathfinder'인 것이다. 리더는 길을 발견하고 신호와 단서들을 읽는 사람들이다. 그들은 길을 보고, 그 길을 보여 준다. 아무런 연결성을 갖지 못한 무의미한 샛길을 찾아 학생들을 인도하는 것이 아니다. 다음으로 '코치coach'는 '중요한 사람을 목적지로 무사히 데려다 주다'라는 뜻이다. 배움의 주인인 우리 아이들을 샛길로 빠졌다가 무사히 목적지로 데려다 주는 역할을 해야 한다는 말이다. 샛길에서 영원히 헤어나지 못하고 삼천포의 늪에 빠져 버리게 되면 배움이 길을 잃어버릴 수도 있다. 누군가의 길을 비추어 줄 때 자신의 길을 분명하게 볼 수 있듯이 교사는 슬로리딩에서 길잡이와 코치의 역할을 되새겨 볼 필요가 있다.

어디에 접목시킬 것인가를 논할 때 우리는 어디까지 맥락의 연결성을 수용할 것인지도 생각해 보아야 한다. 책 속에 나오는 장소니까 다 가 보고 책에 나오

는데 헷갈리는 낱말이니까 전부 다 찾아보아서는 책을 읽어 나가는 동력을 잃기 쉽다. 끝도 없이 파고드는 것만이 능사는 아니라는 얘기다. 독서의 수준도 천차만별이고 흥미도 가지각색이기 때문에 문맥을 통해 파악할 수 있는 건 이해의 차원에서 넘어가면서 흥미롭고 의미 있는 지점들을 곳곳에 장치하여야 한다. 그러기 위해서는 다양한 샛길이 필요하다. 이때 다양한 샛길은 수평적 사고의 연장선상에서 생각해 볼 수 있다. 에드워드 드 보노가 창안한 수평적 사고는 이미 확립된 패턴에 따라 논리적으로 접근하는 것이 아니라 통찰력이나 창의성을 발휘하기 위하여 기발한 생각을 찾는 사고 방법이다. 수직적 사고에서 벗어나 수평적 사고를 할 수 있도록 다양한 샛길을 준비해 두고 학생들이 재미있게 깊이 빠져들 수 있도록 놀이터를 마련해 두어야 한다. 윌리엄 스타이그의 그림책 『아빠와 함께 피자놀이를』을 읽고 모둠별로 '○○와 함께 ○○놀이!'를 창의적으로 개발해서 직접 그 놀이를 해 볼 수도 있고, 세계 여러 나라의 놀이에 대해 자세히 탐구해 볼 수도 있으며, 가족들과 주로 무엇을 하며 노는지 서클 활동을 통해 이야기를 나눌 수도 있다. 내가 실천해 보면서 참 즐거웠던 건 '선생님과 함께 ○○놀이를!' 활동을 하면서 아이들과 피자 만드는 역할놀이도 같이해 보고 전래놀이를 변형해서 운동장에 나가 땀 흘리며 신나게 놀았던 거다. 이런 활동을 통해 우리 아이들은 놀이가 갖는 의미를 깨닫고 가족과 친구의 소중함을 알아 가며 책 속으로 한 걸음 더 들어가게 된다.

▍왜 하는가(O:Object)

'object'는 물건, 대상이라는 뜻도 있지만 '목적'이라는 아주 중요한 뜻을 포함하고 있다. 우리가 슬로리딩을 할 때 꼭 염두에 두어야 할 것이 바로 이 '목적'이다. 목적이 분명하지 않으면 이야기가 산으로 가기 일쑤이고 흐름이 뒤죽박죽 엉켜서 잡탕밥이 될 수 있다. 무엇보다 '내가 지금 뭐하고 있는 거지?', '이렇게 하는 게 맞나?'라는 의문 속에 회의감이 들기 마련이다. 그래서 우리는 스스로에게 자꾸만 질문을 던져야 한다.

슬로리딩, 왜 하나?

나는 왜 이 책을 선택하는가?

이 책은 어떤 아름다움과 깊이가 있는가?

이 책을 슬로리딩하면서 아이들과 같이 무엇을 함께 배우고 싶은가?

아이들이 주체적으로 생각을 키워나갈 수 있도록 나는 어디에 중점을 둘

것인가?

이런 질문을 스스로에게 던지면서 깊이 헤아려 생각해 보는 사색의 시간을 가져야 한다. 검색보다는 사색을 통해 나 자신과 소통하는 것이 필요하다. 내 사색의 한계를 조금씩 이겨내며 여유를 가지고 샛길로 요리조리 빠져가면서 목적지에 다다라야 한다. 질문과 사색을 통해 목적을 분명히 하게 되면 끝까지 밀고 나갈 수 있는 추진력을 얻게 된다. 슬로리딩에서는 천천히 느리게 가기 때문에 그 힘이 굉장히 중요하다. 예전에 짧은 그림책으로 한국형 슬로리딩을 한답시고 꽤 긴 시간 동안 좌판에 물건 늘어놓듯이 여러 가지 활동을 한 적이 있다. 그때 우리 반 아이들의 반응이 딱 "그거 왜 해요?"였다. 그런데 더 웃픈 건 내 반응이 딱 "그래, 우리 이거 왜 하지?"였다. 결국 도중에 그만 두고 도망치듯 정

리했던 기억이 있다.

질문은 바탕[質]에 대한 물음[問]이다. 질문으로부터 출발해서 질문으로 샛길에 들어섰다가 질문으로 화두를 던져야 '생각'이란 걸 하게 된다. 아예 질문하지 않거나 질문하는 척하거나 질문을 파괴하는 자가 되어서는 안 된다. 질문을 통해 목적에 서서히 다가서야 한다. 목표에 눈이 멀어 목적을 잃어버리면 생각 없이 살게 된다. 목표와 목적의 차이는 양과 질의 차이로도 볼 수 있는데, 무엇을 얼마나 해야겠다고 생각하는 것이 목표라면, 왜 그것을 해야 하는지 의미를 부여하는 것이 목적이라고 할 수 있겠다. 슬로리딩은 양보다 질을 추구하며 '생각의 성장'이라는 목적 지향적인 독서법이다. 만약 목표(goal)와 목적(object)의 차이를 이해하지 않고 대충 넘어간다면 우리의 소중한 시간과 에너지를 낭비해 버리게 될 것이다.

우리 주변에서도 최근 슬로리딩을 함에 있어 목표와 목적을 헷갈려 하거나 이해하지 못하고 흘러가는 경우들을 종종 볼 수 있다. 출판사에서 슬로리딩이라는 트렌드에 발맞추어 전래동화 바로 뒤에 슬로리딩 노트를 부록으로 넣어 기획 출판을 하는 경우도 있고, 각종 SNS에 엄마표 슬로리딩을 자랑스럽게 포장하는 경우도 많다. 출판시장에서의 목표와 일부 열혈 엄마들의 목표가 슬로리딩이라는 핫 아이템을 만나 이해관계가 들어맞으면서 빚어지는 풍경들이 그저 씁쓸하기만 하다.

거꾸로 다시 질문해 보자. 좀 더 본질적인 바탕에 대한 물음을 던져 보자.

'왜 책을 읽는가? 무슨 책을 읽어야 하는가? 어떻게 읽어야 하는가?'

앞선 질문에 이어 다음의 질문을 또 해 보자.

　　'우리는 왜 천천히 깊게 읽으려고 하는가? 왜 책을 거듭해서 곱씹어 읽어
　야 하는가?'

이 물음에 스스로 답하면서 목적을 명확히 했다면 두려움 없이 가 보자. 본래의 길과 샛길을 넘나들며 나와 아이들의 삶을 확장시키고 세상을 바라보는 안목을 넓힐 수 있도록 슬로리딩의 세계에 빠져 보자.

▎누구의 시선으로 언제까지 기다릴 것인가(W:Wait)

슬로리딩은 말 그대로 느리게 읽기이다. 느림은 또 다른 기다림의 미학이다. 느림을 참지 못하고 기다려 주지 않으면 속도의 이면에 숨어 있는 몰인간성에 매몰되기 십상이다. '빠름'이 경쟁력으로 여겨지는 시대에 '느림'은 어떤 가치와 속성을 지니고 있을까. 느림은 기다림과 함께 한다. 느리게 읽는다는 것은 읽는 이가 스스로 책 읽기의 주인이 될 수 있도록 기다려 주는 것이다. 어른의 시선으로, 교사의 시선으로, 진행자의 시선으로 내려다보며 될 때까지 주구장창 기다리는 것이 아니라 아이의 시선으로, 학생의 시선으로, 동료의 시선으로 눈높이를 맞추며 때를 기다리는 것이다. 느림과 기다림 속에서 읽는 이는 자신을 돌아보고 그동안 놓쳐 왔던 것들에 대해 생각해 볼 수 있는 여유를 가질 수 있다. 느림과 기다림은 현재와 과거를 이어 주는 매개체 역할을 함과 동시에 미래를 그려볼 수 있는 빈 도화지 역할도 해 준다. 빈 도화지에 순식간에 그려 나가는

것이 아니라, 조금 그리다가 쉬고 또 조금 그리다가 이야기 나누면서 여유 있게 채워 나가는 것이다. 그렇게 느림과 기다림을 선사했을 때 그 그림과 이야기는 안을 풍성하게 만들고 풍요롭게 할 것이다.

아이들과 슬로리딩을 하다 보면 나도 모르게 조급해질 때가 있다. 변명이겠지만 때로는 시간에 쫓겨 아이들을 채근할 때도 있었고 답답함에 에둘러 생각과 해답을 말해 줄 때도 있었다. 역시나 아이들은 금방 눈치를 챈다. 느림과 기다림을 수용하지 못하고 빠름과 서두름에 쌍심지를 켠 모습을 보이면 아이들은 저만치 달아난다. 아이들 입에서 "모르겠어요.", "힘들어요.", "시간 좀 더 주세요." 하는 말이 절로 나온다. 무엇이 이리도 나를 재촉하게 만드는 것인지 야속하기만 할 때도 있었다. 그러기를 몇 번 반복하다가 나중엔 과감히 나에게 '잠깐 멈춤'을 선언했다. 잠깐 멈추어서 주위를 둘러보았다. 책만 읽을 게 아니라 아이들 표정을 읽고 아이들의 늘어져 가는 말과 행동을 읽으려고 노력해 보았다. "좀 더 천천히 갈까요?", "어떤 부분이 힘들어요?"라고 물어보면서 잠깐 멈추어 나를 돌아보고 아이들을 살폈다. 지지와 격려 덕분인지 아이들은 그제야 서서히 살아나기 시작했고, 시간은 좀 더 걸리긴 했지만 즐겁게 슬로리딩을 마무리할 수 있었다.

'가야 할 때가 언제인가를 분명히 알고 가는 이의 뒷모습은 얼마나 아름다운가!'라는 시구절이 떠오른다. 고등학교 때 국어 교과서를 통해 배운 이형기 시인의 '낙화'라는 시의 첫 구절인데 그 시절엔 별 감흥이 없다가 슬로리딩을 하면서 자꾸만 되뇌게 된다. 슬로리딩에서 작품의 아름다움과 깊이를 느끼게 되는 것도 바로 이 '때'가 중요하다고 생각한다. 훌륭한 작품은 한 문장 자체만으로도 그 아름다움과 깊이를 발산할 수 있겠지만 정작 읽는 이가 그것을 느끼지 못하고 체득하지 못한다면 소용이 없는 법이다. 타이밍이 중요하다. 타이밍의 핵심은 조절과 맞춤이다. 앞으로 나가야 할 부분에서는 미끄럼 타듯 가다가 아름다움과 깊이를 느낄 수 있는 부분에서는 다시 느리게 가면서 타이밍을 조절하고 숨고르기를 한 후 중요한 포커스에 "이때다!" 하고 타이밍을 맞추는 것이 필요하다. 물론 이 타이밍은 읽는 이의 시선을 따라 가며 그들의 흥미와 관심을 읽어 나가면서 잡아야 한다. 아이들은 관심이 있을 때 무서운 속도로 배우며, 배움은 결코 감정과 분리될 수 없다. 낚시를 하기 위해 물고기 밥을 던졌는데 아무런 반응이 없다면 포인트를 다시 잡아야 한다. 언제 물고기가 미끼를 물어 찌가 움직일지는 알 수가 없다. 좋은 포인트를 잡아서 타이밍을 기다려야 하는 것이다. 그리고 걸렸을 땐 낚싯대를 확 낚아채듯 깊이 있게 그 속으로 들어가야 한다. 어설프게 들어 올렸다간 물고기를 제대로 건질 수가 없다. 마찬가지로 읽는 이도 적절한 타이밍에 포인트가 되는 샛길 속으로 깊이 들어갔을 때 흥미와 재미를 느끼고 작품의 아름다움을 제대로 만끽할 수가 있다

유기홍

슬로리딩 그 확장 가능성에 대하여

1. 교실 – 적당히 편안해도 좋은 우리들의 공간

열린교육이 교사에게 끼친 영향을 생각해 본다. 혹자는 실패한 교육정책이라고 평하기도 한다. 반면 교육의 내용적인 면에서는 생각할 여지를 주었다고도 한다. 발령받은 지 3~4년 지난 해였다. 경기도 전역에서 이루어진 열린교육 관련 출장과 1박 2일 연수에 열정적으로 참여했던 기억이 있다. 당시 근무하던 학교에서 열린교육 시범학교를 운영하면서 처음 했던 것이 사물함을 이동해서 코너를 만들었던 것이다. 다음으로 칠판 앞에 러그를 깔고 옹기종기 모여앉아 수업 활동을 설명했다. 칠판에는 활동1. 2. 3이 코팅되어 붙여졌다. 어떤 학교에서는 교실의 벽을 부수고 커튼으로 칸막이를 쳐서 수업을 했다. 그리고 수학시간에는 수준별 이동을 했다. 형식이 파괴되면서 전통적인 일제수업에 대해서는 부정적인 평가가 이루어졌다. 형식을 파괴하며 내용의 변화까지 이끌어 내려던 순간, 열린교육의 열기는 거품처럼 사라졌다. 그럼에도 열린교육은 나에게 수업을 다양한 면에서 바라볼 수 있게 하는 관점의 변화를 가져왔다.

수업의 주체로서 교사의 역할에 대한 자각이다. '교육의 질은 교사를 넘지 않는다.'는 교육학자의 말을 경전처럼 받들고 교사의 행동으로만 수업을 평가하는 데서 학생의 교육활동과 그 변화에 관심을 기울이게 되었다. 목표에 집중하게 되고, 학생의 변화와 그에 따른 교육적 효과를 최대화하기 위해 코너학습과 직소우 수업 등 다양한 과목별 수업연구가 이루어졌다.

열린교육 이후 협동수업, 프로젝트 수업, 배움중심 수업, 토론수업, 하브루타 등 다양한 이론들과 교육활동은 내실화와 아동의 변화 발전에 집중하고 있다. 전통적인 독서교육 역시 독후활동에서 시작하여 지금의 슬로리딩까지 다양해지고 있다. 다양하기 때문에 교사들이 끊임없이 고민하는 것이 있다. 그 모든 교육활동을 하면서도 중요한 것은 교육철학의 문제이다. 교육은 사람에 대한 이야기다. 의사가 다친 곳을 물리적으로 고쳐준다면 교사는 한 인간의 전 생애에 걸쳐 지향점이 무엇인가에 대해 고민하게 하는 존재여야 한다. 단순한 지식전 달자로서의 삶은 이제 의미를 가지기 어렵다. 교사에게 학교와 교실은 끊임없는 고민과 번민과 무엇인가를 이루어야 할 공간이다. 그래서 편안한 공간일 수 없다. 매시간 아이들에 집중하고 성취기준을 생각해야 한다. 지금은 아동생활 지도에 대한 끊임없는 사회의 요구와 다양해진 가족의 모습에 따른 보육 기능 까지 학교로 들어와 있다. 24시간 학교는 불이 켜져 있게 되고 20명의 교사와 행정실 식구로 이루어진 공간은 40명의 식구가 더 전문화된 영역에서 일하는 세밀하고 복잡한 학교 사회가 되었다.

교사에게는 이렇듯 끊임없는 고민과 내적 번민의 공간이지만 아이들에게 교실은 즐겁고 적당히 편안해야 할 것이다. 4차 산업혁명을 필두로 한 사회적인 변화는 아이들에게 자유롭고 편안한 공간을 만들어야 한다고 역설한다. 전통적 인 편안함이 가정에서의 역할이었다면 지금의 다양화된 가족의 모습은 불가능 한 요구가 된다. 지식을 추구할 때의 팽팽한 긴장감을 가진 교실이 90년대 초반

까지였다면 지금은 긴장과 편안함이 공존해야한다. 지적 논쟁은 학년이 높아질수록 더 많이 이루어질 것이며, 저학년에서의 공간은 늘 그렇듯 편안함이 먼저일 것이다.

물리적인 편안함보다는 교사와 학생간의 관계를 이야기하고 싶다. 여유로움 속에 책을 읽는다면 어떤 질문과 답도 가능할 것이다. 시작은 편안한 질문과 편한 공간에서 시작하면 좋을 것이다. 우리 반은 매주 주말 이야기를 나눈다. 언제나처럼 주말이야기가 끝나면 원숭이 시리즈를 본다. 매일 볼 수 있는 시간이 정해져 있어서인지 처음에 심드렁했던 분위기는 이제 편안하면서도 긴장감 넘친다. 한쪽에서는 어서 빨리 읽었으면 하고 바라지만 이야기를 담은 손은 나눔을 갈구한다. 아이들과 소통하기를 시작하면 일단 책은 덮어 둔다.

"원숭이의 하루는 어떻게 시작해요?"

"여러분의 하루는 어때요. 주말 하루가 어땠는지 생각해 보세요."

『원숭이의 하루』를 쭉 말하다가 자신의 주말이야기를 한다. 밥 먹는 것부터 이야기하는 연성이부터 "동화책을 봤어요."로 간단하게 끝내는 희원이까지 다양하다. 3월과 4월에는 모든 이야기를 그냥 들어 주었다. 작은 소리는 작은 대로, 주저리주저리 긴 이야기는 그 말대로 듣는다. 듣는 사람은 교사 한 명인데 말하는 사람도 한 명이다. 나머지 16명은 카펫을 만지다가 귀를 잡다가 옆 친구와 손을 마주잡기도 한다. 그래도 이야기가 끝날 때까지 참고 듣는다. 두 번째 이야기할 때는 발표하는 친구에게 소리를 높이라고 손짓을 한다. 세 번째 발표에서는 경청에 대한 자세를 알려 주었다. 교사의 이야기가 멀어짐과 잔소리가 되지 않을 공간의 분위기를 만들기까지 두어 달의 시간이 필요하다.

마음이 여린 1학년은 생각지도 못한 곳에서 울음을 터트린다. 상대를 가리지 않는다. 특히 교사에게는 두 가지 반응을 보인다. 친해지거나 멀어지거나이다. 우리 반 아이들과 책을 읽으며 만든 편안함을 이야기해 보려 한다.

먼저 공간의 편안함이다. 갑자기 확 바뀐 초등학교 교실은 알록달록한 유치원과 어린이집에 비교하자면 뭔가 딱딱하고 긴장감을 불러일으킨다. 그래서인지 2015개정교육과정에서도 유초연계교육에 많은 할애를 하고 있다. 때로는 1학년을 많이 한 선배들의 노하우가 도움이 된다. 유치원 교사 같은 이야기 솜씨와 재미있는 놀잇감과 노래솜씨가 있으면 좋다. 나의 경우 고학년을 많이 해서 공간의 편안함으로 승부를 해야 했다. 최대한 많은 놀이기구들과 동화책을 준비했다. 내가 읽어줄 책들은 아직은 비밀이어야 해서 교사 책상 옆에 두고, 아이들이 자유롭게 읽을 책은 놀이기구 옆에 두었다. 놀잇감은 유치원에서 보던 것과 더 높은 단계를 골고루 두고 자유롭게 놀 수 있게 한다. 가장 큰 공간의 변화는 러그를 중심으로 ㄷ자형 책상 배치와 모둠활동을 할 때 변화를 주는 것이다. 그리고 3월 한 달 동안은 교사를 향해 책상 배치를 했다. 서서히 다양한 공간으로의 변화 가능성을 열어 둔다. 칠판과 뒷면의 게시판은 아이들의 작품을 게시하고 교실 옆면은 '수업 만들기'용으로 비워 두었다. 통합 주제가 바뀔 때마다 아이들의 생각이 걸리고 언제든 볼 수 있게 했다. 이 중에서 교실에서 읽을 책은 학교의 예산과 학급예산을 골고루 사용하여 학년이 함께 읽을 책으로 공동구매해 둔다. 2학기부터는 공동구매한 책으로 '부모님과 책 읽기', '독서형제 책 읽기', '1:1 책 읽기', '모둠원에게 책 읽어 주기'를 본격적으로 해 볼 생각이다.

다음으로 공간의 편안함을 바탕으로 한 관계의 편안함이다. 교실에서의 관계는 교사와 아동, 친구와의 소통의 편안함에서 찾아볼 수 있다. 그리고 학교에서

의 선후배, 가정에서 부모와의 관계도 있다. 의도적인 관계를 시작으로 그 의도
성에 숨겨진 잠재적 관계와 자발적으로 파생된 편안함이 궁극적인 목적이다.
이를 위한 독서활동을 이야기해 본다.

'부모님과 책 읽기'는 집에 있는 책을 매일 1권씩 읽고 알림장에 책 제목 써오
기이다. 1학년이 되어 처음으로 하는 숙제였는데 부모님들과 아이들이 모두 좋
아한다. 이유를 물어보니 그냥 읽기만 하고 책 제목만 쓰니까 편하다는 반응이
가장 많다. 더불어 읽었던 책을 또 읽고 같은 책만 계속 읽어도 된다는 것이 좋
았다고 한다.

'독서형제 책 읽기'는 5학년 1반과 7월 초에 교육과정 시간을 재구성해서 했
던 활동이다. 1학년이 '쌍자음 읽기'가 1학기 마지막에 있어서 시기적으로 조정
하다 보니 방학 전 마지막 활동이 되었다. 도서실에서 5학년과 1학년이 짝이 되
어서 서로에게 책을 읽어 주는 것이다. 첫 시간이라 5학년이 1학년이 원하는 책
을 읽어 주기만 하였다. 간단한 활동인데 자세히 들여다보면 재밌는 장면이 여
럿 나온다.

교사의 역할이 첫 번째다. 두 명의 담임은 사전에 교육과정과 아동의 수준에
대해 면밀히 파악하고 있어야 한다. 그리고 독서형제를 어떻게 지정해 줄 것인
지 조율해야 한다. 다행히 인원수가 비슷하고 도움반 친구가 없어서 2명씩 짝
을 짓고 한 팀만 3명씩 형제를 만들어 주었다. 아이들이 활동을 하는 중간중간
읽어 주는 모습을 살피면서 어색하거나 배려하는 모습을 살펴 주어야 했다. 시
골학교이기도 하고 4학년 때 독서형제를 했던 경험이 5학년 아이들이 의젓하게
활동할 수 있게 했다. 시작은 간단하게 설명해 주고 형제를 만들어 준 후 도서
실 한편에서 관찰하며 독서 후 활동 준비를 했다. 포스트잇에 첫 활동의 소감을

간단히 적어 보게 했다. 1학년은 쓰기가 어려워서 5학년 위주로 쓸 수 있게 했는데, 예상 외로 1학년도 많이 써주었다.

두 번째 장면은 1학년이 5학년에게 책을 읽어 준다. 옆에서 살짝 들어 보니 5학년이 목이 아팠던가 보다. 그래서 1학년이 자기가 좋아하는 동물 책을 5학년 형에게 읽어 주고 있었다. 멀었던 선배가 순간 가까워지고 있었다.

세 번째 장면은 질문하는 형제 사이다. 5학년은 1학년에게 읽은 내용을 물어보고 1학년은 5학년에게 반대로 어떻게 될 것인지를 물어보고 있었다. 물론 첫 만남이기에 질문과 대답이 길게 이어지지는 않았다. 다음은 도서실이 시끄럽다고 누구하나 불평하지 않았다는 것이다. 당연히 옆에서 책 읽는 소리에 방해받을 것도 같은데 잘 듣고 있었다. 신기한 장면이었다. 문득 6학년과 낭독 독서를 하던 생각이 났다. 도서실에서 1:1 낭독을 했는데 옆자리의 소리 때문에 방해받아서 힘들다는 이야기를 했었다. 그래서 낭독 독서 시간이 되면 학교의 편한 공간을 찾아서 30분 동안 집중해서 읽고 오기를 했었다. 시끄러운데 집중되는 시간은 처음이라 가능했을 수도 있다. 시끄러워도 편안한 공간! 2학기의 독서형제 시간이 더욱 기대되는 이유다.

'1:1 책 읽기'는 읽기에 능숙하지 않은 4명을 위해 시작한 아이들끼리의 활동이다. 1학년 교육과정은 여유 있는 시간이 많다. 특히 수학의 경우 위계가 비교적 분명하므로 이미 지식을 알고 있으면 10~15분이면 활동이 끝날 때가 많다. 먼저 끝나면 그 친구들끼리 수학놀이를 하다가 원숭이 시리즈를 읽으면서 시작한 활동이다. 읽기를 좋아하는 친구가 다른 친구와 짝을 지어 선생님처럼 읽어 주는 활동이다. 이때 규칙은 한 가지다. 질문하지 않고 들어 주기. 경청하기다. 하지만 이 한 가지 규칙이 제일 지키기 어렵다. 녹음한 자료를 들어 보아도 아

이들끼리 웃고 떠들며 묻고 대답하고 있다. 그래도 가장 많은 시간을 읽어 주는 활동에 집중한다. 그리고 가장 많이 읽는 책은 선생님과 읽었던 책이다. 이 시간을 통해 아이들의 생각이 깊게 익어 가는 것 같다.

'모둠원에게 책 읽어 주기'는 한 명의 친구가 친한 친구를 모아 읽어 주기 활동이다. 1:1 책 읽어 주기 확장 버전이라 생각한다. 이 두 가지 활동은 동시에 일어나기도 한다. 차이점이라면 질문하고 답하는 활동이 더욱 활발히 일어나고 생각이 다양하다는 것이다. 아직 첫발을 떼는 단계라 2학기에는 이야기식 독서 토론 수업으로 이어 가고 싶다.

공간적 편함에서 관계의 편안함으로 자연스럽게 이어지는 교실공간과 그 속에서 이루어지는 슬로리딩 책 읽기는 따로 떨어져 있지 않다. 물처럼 공기처럼 자연스러우면서 동시에 일어나기도 따로 일어나기도 한다. 결국은 그렇게 적당히 편안해도 좋은 우리들의 공간이 되는 것이다.

2. 놀고 읽으며 자라는 시간 – 그 다양성에 대하여

두 달간에 걸쳐 읽던 원숭이 시리즈가 그 막을 내려가고 있다. 『원숭이의 하루』와 『원숭이는 원숭이』 두 권의 책을 학급문고 책꽂이에 꽂아두고 마음대로 읽으라고 두었다. 1학년 수업은 느슨한 듯하면서도 빠듯하다. 글을 읽고 쓸 수 있는 아이들과 그렇지 못한 아이들이 같이 있기 때문에 수준차가 크다. 수업 목표에 어느 정도 도달하면 부족한 아이와 함께 개별 지도를 해야 하는 시간이 10분 정도 된다. 참고로 우리 반은 80분 블록수업을 한다. 물론 고학년의 블록 수업과는 약간 다르다. 2~3가지 주제로 활동이 계속되는 형태이다. 아이들은 화장실도 비교적 자유롭게 다니면서 놀이나 게임이 포함된 수업이 진행된다. 그 중에서 국어 수업은 읽기 쓰기의 기본적인 지식을 익혀야 하기 때문에 2~3차 시는 글자 쓰기 활동을 한다. 이때 활동이 먼저 끝난 친구들에게 학급 문고의 책을 읽기를 권한다. 3월에는 책을 넘기기만 하던 아이들이 두 권의 책에 대한 관심이 많아졌다. 이미 두세 번 읽었는데도 같은 책을 가지고 와서 읽는다. 신 기한 일이다. 그것도 두세 명이 모여서 한명은 읽어 주고 다른 친구들은 엎드려 서 듣고 있다. 궁금한 나머지 녹음을 해 보았다.

언제나 글을 잘 읽는 친구가 읽는다. 조용한 다른 아이는 듣기 위주다. 그리 고 질문을 하고 물어보는 친구가 한 명 있다.

"여기 받침이 있잖아. ㄱ이야."

"개구리가 두꺼비 같다. 선생님 이 그림 보셨어요? 그 땐 없었는데."

읽으면서 새로움을 계속 발견한다. 국어시간 배운 받침글자부터 자신의 관심 사까지 짧은 시간에 순간순간 생각을 나눈다. 그리고 뒤쪽을 읽는다.

다음 날도 보니 어제 읽었던 부분의 뒤를 같이 읽는다. 뭐가 그렇게 재미있을 까? 궁금해서 물어보니 아직은 "그냥요."란 대답이다. 『원숭이 동생』까지 시리 즈가 끝나면 다시 물어볼 셈이다.

자칫 슬로리딩 하면 교사와 학생의 상호작용만 생각하기 쉽다. 좋은 책은 10 번이고 계속 반복해서 읽는다. 나의 경우도 제인 오스틴의 『오만과 편견』을 좋 아해서 영어로 읽고 다이제스트 된 책으로도 읽고 출판사마다 달라서 해석본을 달리 해서도 읽고 드라마도 보고 영화도 보았다. 줄거리는 같은데 볼 때마다 새 로운 감동이었다. 처음은 리즈의 성격이 마음에 들어서, 드라마에서는 다아시 를 연기한 배우가 좋아서, 그리고 영어는 머리 써 가며 단어를 익히며 보았다.

좋아하면 다른 사람이 뭐라고 하든 그냥 좋아서 한다. 공부가 아닌 좋아함이다. 우리 아이들에게도 슬로리딩을 통해 그냥 책이 좋아서 좋아함으로 다가갈 기회를 만들어 주는 것은 어떨까?

오늘 도서관에 가서 마음에 드는 그림책을 찾아보자. 어떤 책인지 선정하기 힘들면 지도서를 열어 보자. 1학년 아이들에게 좋은 동화책을 많이 선정해 두었다. 나도 그냥 듣기만 하던 책들인데 이렇게 친절하게 알려 주니 다음 달부터 도전해 볼 셈이다.

3. 할머니가 들려주는 이야기 – 교사가 된 손녀에게

90년대 여든 셋의 삶을 마치신 나의 할머니는 인텔리였다. 비교적 넉넉했던 유년기의 양반집에 태어났기에 6·25를 보내고도 간식을 먹을 여유로움이 있었다. 그렇기에 글을 읽고 쓰는 것은 어쩌면 당연한 일이었을 것이다. 시집온 몇 해 동안은 온 동네 군대 간 아들들의 소식을 읽어 주고 희로애락을 함께하셨다. 우체부는 당연한 듯 편지의 주인들에게 사과나무집 둘째 며느리에게 가서 내용을 듣게 하셨단다. 그런 세월 후 자신의 손자 손녀들에게도 이야기와 글 읽어 주기를 좋아하셨다. 나에게 할머니는 둥그렇고 포근한 풍채만큼 편안한 목소리가 어린 시절의 여유로움으로 기억된다. 흙투성이 옷으로 하루를 보내고 저녁 노을이 질 때쯤 대문에 들어서면 일 나가신 엄마 대신 할머니가 넉넉한 웃음으로 맞으신다. 그리고 손녀들이 졸라대는 소리에 옛이야기 한 자락을 꺼내신다.

"옛날에 삼남매가 살았는데……." 그렇게 시작하는 해와 달이 된 오누이 이야기는 국민학교 들어가기 전까지 저녁마다 계속되었다. 지금 생각하면 똑같은 이야기인데 어떻게 싫증내지도 않고 좋아라 할 수 있었을까? 우리는 세월이 지날수록 더 빠르게 더 다양하게 더 많은 정보 속에 파묻혀서 무언가를 얻으려고 한다. 하지만 결국 얻는 것은 한 가지의 의미 있는 무엇이면 만족하곤 한다. 그리고 좋은 것은 끊임없이 되풀이한다. 그것이 취미가 되고 좋아하는 것이 되어 직업이 되고 꿈이 되기도 한다.

할머니의 이야기는 누군가 가져오는 동화책으로 이어졌다. 그 시절 동화책은 조잡한 인쇄였음에도 흔치 않은 희소성으로 읽고 또 읽혀지곤 했다. 우리가 좋아하던 책도 그랬다. 피노키오부터 곶감을 무서워하던 호랑이 이야기의 전래동화까지 어머니가 시리즈로 사주신 24권 동화책을 마르고 닳도록 돌려 읽었다. 할머니에게 조르던 책도 정해져 있었다. 우선 피노키오부터 시작한다.

"어느 마을에 제페토 할아버지가 살았어요. 나무로 만든 인형에게 피노키오라는 이름을 붙여 주었어요……."

서당의 글 읽듯이 띄어 읽기도 없다. 하늘 천, 따 지처럼 붙여 읽었음에도 리듬감은 살아 있다. 할머니가 부르는 노래는 이야기가 되고 상상의 날개를 펼치기에 충분하다. 그것은 할머니가 친척집으로 여행을 떠나기 전까지 매일 저녁 되풀이되던 우리 집의 저녁 풍경이었다.

할머니에 대한 그리움으로 시작한 활동은 아니다. 자연스럽게 읽어 주기 시작한 책 읽기 활동이었다. 3월이 지나고 나서는 관성처럼 계획된 시간에 한 쪽씩 읽어 주었다. 그러다가 어느 날은 읽어 주기만 하다가 또 다른 날은 한 쪽을 읽고 아이들의 초롱초롱한 눈망울에 할머니가 들려주던 이야기를 신생님이 되어서 읽어 주는 손녀인 나의 지금의 모습을 떠올리게 되었다. 할머니 같은 이야기꾼 선생님이 되고 있었다.

슬로리딩을 시작하고 7월초 아침 활동으로 '친구에게 책 읽어 주기'를 시작했다. 어느 정도 글을 읽고 의미를 파악하는 친구들이 있기에 가능한 일이었다. 며칠쯤 지나다 우연히 본 장면이었다. 그날도 『원숭이의 하루』, 『원숭이는 원숭이』, 『원숭이의 동생』 시리즈가 가장 먼저 아이들 손에 들린 것을 보며 흐뭇함을 느끼던 순간이었다. 전학 온 현주 주변에 3명의 여자 친구들이 옹기종기 모여 앉아 있다. 어제도 읽었는데 오늘도 또 같은 책을 읽으며 뭐가 좋은지 서로 웃는다. 그리고 잠시 함께 책을 읽고 듣는다. 그러더니 그림을 보며 한참을 떠든다.

뭐가 그렇게 재밌을까? 저 책을 10번도 넘게 읽었는데 여전히 또 본다. 같은 책을 보면서도 또 보는 이유는 뭘까? 어쩜 할머니가 해 주신 이야기가 들을 때마다 새롭던 것처럼 아이들도 그럴까? 그렇다면 2학기에는 이 책으로 다른 변주곡을 만들어도 좋겠다. 그림책을 어른의 기준으로 보아서 쉽다고 여긴 것일 수도 있겠다. 그렇다면 혼자서 읽는 동화책은 왜 그림만 보고 넘어갈까? 함께 읽는 것과 무슨 차이가 있는 것일까? 질문과 질문이 계속 이어진다.

이야기꾼인 교사와 이야기를 나누고 함께하는 아이들이 함께하는 교실 모습은 처음부터 의도한 것은 아니었다. 그렇지만 이제는 책을 읽는 자연스러운 그런 모습이 우리 교실의 분위기가 되고 있었다. 그리고 지금 나에게 책은 할머니와 함께 한 그 무엇으로 남아 있다. 아마 이 아이들도 원숭이 시리즈가 선생님의 이야기와 친구가 읽어 준 이야기로 남을 것이다.

삶의 모든 순간은 누군가의 기억과 추억을 바탕으로 한다. 지식을 전달하는 교실로의 기능에서 문화 창조자와 생의 전 단계에 걸친 준비과정으로서 교육이 필요하다면 스스로 무엇인가 만들고 의미를 부여할 수 있어야 한다. 그리고 그 시작은 교사와 학생이 함께 만들어야 할 것이다. 교사의 인생의 경험이 학생의 학교생활의 시작이 될 것이므로 할머니가 들려준 이야기를 가지고 있는 교사라면 그 풍성함은 아이들이 상상하는 이야기에 무지개 색을 입혀줄 수 있을 것이다.

4. 교육과정 문해력과 천천히 읽기의 상관관계

매일 아침 자동차로 아이들을 통학시킨다. 정확한 시간에 일어나 차를 타고 가던 중 발견한 것이 하나 있다. 우리가 지나는 시골 작은 건널목에서는 정확히 1분, 4분, 7분, 9분에 좌회전 신호등이 켜진다. 한 달 동안 지나던 길에 우연히 시계를 보며 알게 된 사실이다. 그 후로는 운전이 여유로워졌다. 어차피 속도를 내도 그 시간이 되지 않으면 켜지지 않는 것을 알기 때문이다. 그러면서 가는 길 위로 지나가는 경전철의 모양을 보게 되었다. 어느 날은 은색이었는데 또 다른 날엔 예쁜 도자기 그림이 그려져 있었다. 배차 간격이 넓어서인지 매일 보지는 못하고 지나치는 것이 아쉽게 느껴질 무렵 좁은 농로길 위로 쏟아진 진흙을 보게 되었다. 어제 내린 폭우에 논에서 흘러내린 듯했다. 그리고 새벽부터 나와 고구마를 담는 일꾼들과 출근 버스를 타고 내리는 공장 사람들을 보게 되었다. 1년을 지나도록 보지 않던 것이 급한 것이 없어지는 순간 차례대로 나에게 다가왔다.

교사에게 교육과정은 신호등의 주기적인 변화처럼 규칙적이다. 규칙적이기 때문에 예측 가능하고 그럼에도 잘 알지 못하면 불안함을 가져온다. 7차 교육과정 이전의 교육과정은 예측 가능한 것이었다. 교과서의 변화가 교육과정의

변화였기 때문이다. 책이 바뀌면 여러 번의 교사 연수와 교과서와 지도서를 살펴보는 것으로 수업에 적용할 수 있었다. 7차 교육과정에서부터 '만들어 가는 교육과정'이 논의되었고 학교교육과정부터 서서히 변화되었다. 지금은 학급교육과정에까지 적용되어 성취기준을 중심으로 교과서를 변화시키는 것이 아니라 교육과정 문해력의 개념을 바탕으로 교사가 자신만의 교육과정을 만들 수 있게 되었다. 물론 여러 가지 세부적인 면에서 국가에서 제시하는 교육과정 철학 부분에서 엇갈리는 지점이 없지는 않다. 여기서 중요한 것은 학급에서 교사가 만들 수 있는 '수업 만들기' 부분이 있다는 것이다. 무엇을 어떻게 해야 할 것인지에 대한 교사의 고민을 깊게 하는 지점이면서 동시에 교사가 하고 싶은 교육을 할 수 있는 창의성이 발현될 부분이다. 슬로리딩 책 읽기를 수업에 실천하려 했을 때 가장 많은 고민을 했기 때문에 그것과 관련하여 2015교육과정에서의 교육과정 문해력의 관점에서 살펴보아야 했다. 경기도 교육청에서 제시한 연수 자료에서의 교육과정 문해력의 정의는 아래 표와 같다.

교육과정 문해력의 정의

연구자	정의
Miriam Ben-Peretz(1990)	교육과정 자료들을 시작점으로 교사는 기존 자료에 기초해서 자신의 교육과정적 아이디어들을 개발할 수 있도록 그들의 교육과정적 통찰력, 교육학적 지식, 전문적 상상력을 사용하는 것
정광순(2012)	교사가 국가 수준 교육과정에 대한 자율권을 행사하기 위해 갖추어야 할 능력

연구자	정의
김세영(2014)	주어진 교육과정을 해석 하여 기준에 부합하는 수업을 설계하여 실행하고 평가하는 교육과정 상용 능력
백남진(2013)	교사의 교육과정 재구성에는 교육과정 문해가 필요함
⇩	
경기도교육청	성취기준을 중심으로 교육과정 문서를 읽고 해석하여, 교육과정 재구성과 배움중심수업, 성장중심평가를 실행하는 교육과정 상용 능력

슬로리딩을 적용한다면 교육과정에서 성취기준을 살펴보고 관련 책에서 재구성을 한 후 배움중심수업을 실천하여 성장 중심 평가를 할 수 있는 능력이 문해력이라 할 수 있다. '원숭이 시리즈'를 선정하였다면 관련 성취기준을 뽑아서 수업에 실천하고 평가까지 일원화하여 적용하는 것이라 할 수 있다.

정광순(2013)은 교사가 교육과정을 독해하는 능력, 즉 교육과정 문해력을 개발하는 과정을 다음과 같이 제시하고 있다.

교육과정 문해력을 개발하는 과정

Step1. 교육과정 찾기	• 주어진 교육과정 인식 • 교육과정과 교육과정 자료 구별하기

↓

Stcp2. 교육괴정 읽기	• 문서의 구조, 용어 알기 • 내용 성취기순과 수업시수 찾기 • 종적-횡적 위계 및 연계 파악하기

↓

| Step3. 교육과정 지도 갖기 | • 나의 교육과정 만들기
• 코드표, 블록, 게시물 등 다양한 형태로 만들기 |

↓

| Step4. 교육과정 상용하기 | • 교육과정-교육과정 자료에 활용하기
• 교육과정 압축/확산하기
 - 단원 및 차시의 학습 초점 찾기 |

2015 개정 교육과정을 처음부터 적용하기에는 시기상 힘든 부분이 있었다. 따라서 3월이 지나고 활동을 시작하면서 성취기준을 살핀 후 나만이 교육과정 갖기를 할 수 있었다.

3월에는 4주의 학교적응기간이다. 서두에 말했듯이 교사에게는 교육과정을 분석할 시간이고, 학생에게는 내적 외적 변화를 받아들이고 익숙함을 위한 준비다. 아이들의 교육활동은 학교 둘러보기, 학용품 사용법과 '나' 소개하기, 친구와 짝 알아보기 등 어린이집에서 했던 활동과 연계된 교육활동으로 구성하였다. 그리고 놀이시설 안전과 등하교길 안전 등 틈틈이 반복해야 할 강화된 안전교육에 주의를 기울여야 했다. 마무리할 즈음에는 한글 자모를 배우는 시간으로 선정하였다. 교육과정을 살펴 본 바 '나' 소개하기에 적합한 책을 선정하여 3월 한 달 동안 읽기로 하였다. 진로교육과정의 성취기준 중 '자신의 흥미와 적성을 찾아 자신의 특성을 알아볼 수 있다.', '서로 다른 생각, 감정, 문화 등을 이해할 수 있다.'를 학습목표로 하여 슬로리딩 활동을 실천하기로 했다.

국어과와 바슬즐 교육과정에서 성취기준을 살펴보았더니 1학년 슬로리딩 수업을 통해 성취할 수 있는 부분은 다음과 같았다.

듣기·말하기에서

[2국01 - 03] 자신의 감정을 표현하며 대화를 나눈다.

[2국01 - 04] 듣는 이를 바라보며 바른 자세로 자신 있게 말한다.

[2국01 - 05] 말하는 이와 말의 내용에 집중하며 듣는다.

[2국01 - 06] 바르고 고운 말을 사용하여 말하는 태도를 지닌다.

읽기에서

[2국02 - 05] 읽기에 흥미를 가지고 즐겨 읽는 태도를 지닌다.

쓰기에서

[2국03 - 03] 주변의 사람이나 사물에 대해 짧은 글을 쓴다.

바슬즐 교과에서는

[2바01 - 01] 학교생활에 필요한 규칙과 약속을 정해서 지킨다.

창의적 체험활동에서는 자율활동의 창의주제활동 / 학급 특색활동으로 슬로 리딩 독서하기를 선정하였다.

각 성취기준에 따라 선정된 책은 『춤을 출 거예요』, 『원숭이의 하루』, 『원숭이는 원숭이』, 『원숭이 동생』이다. 『춤을 추어요』는 창의적 체험활동의 학급 특색활동으로 학교적응기간 동안 진로 성취기준의 자아이해활동으로 실시하였다. 『원숭이의 하루』는 국어과 듣기·말하기의 성취기준을 학습 목표로 월, 수, 금요일 국어과 블록 수업시간의 이야기 자료로 사용하였다. 또한 6월 말 그림

일기쓰기의 주변의 짧은 글쓰기의 주제로 활용할 수 있었다. 『원숭이는 원숭이』는 원숭이 자신에 대한 생각을 하게 되고 친구들과 다른 자신의 모습을 발견하면서 할아버지와의 대화를 통해 성장해 가는 이야기를 담고 있다. 1학년 바슬즐 교과의 주제인 '가족'과 연계하여 지도할 수 있는 내용이 많다. 여기에 아이디어를 더하여 원숭이들의 놀이, 차별과 차이에 대한 생각을 바탕으로 한 장애이해교육, 자신의 장점을 찾아서 꿈과 연결지어 보기 활동까지 가능하였다. '원숭이 동생'에서는 가족이 생기면서 '배려'에 대해 알아보고 인성교육까지 발전하여 지도할 수 있다. 자세한 실천 내용은 셋째 마당에 서술하였다.

나만의 교육과정을 실천하기 위해서는 필요한 것은 두 가지였다. 계획성과 지속성이다. 학기 초에 계획을 세우되 변화 가능성을 열어 두고 단원 주제에 따른 자세한 계획을 수립한다. 이때 계획은 계획이므로 아이들과 이야기를 나누면서 아침에 규칙이 바뀌기도 한다. 그럼에도 매월, 매일, 매시간 수업시작 전까지 유추하고 계획한다.

아무리 훌륭한 계획이어도 실패할 수 있다. 실망하지 말고 지속할 수 있는 여유로움이 있으면 더 좋겠다. 내 경험으로는 실패를 통한 즐거움은 더 컸기 때문이다. 현재 나의 지속성은 올해와 내년까지이다. 그렇게 10년 후 아이들의 삶 속에 슬로리딩 책 읽기가 생활이 되었으면 좋겠다.

둘째 마당

· · · · · · · · ·

물음표와 느낌표의
끝없는 조우,
S. L. O. W 리딩

최은희

물음표로 시작되고
느낌표로 끝나는 슬로리딩

　　독서지도는 자발적 독서를 위한 동기부여, 책 읽는 습관, 독해력, 자기표현, 지식의 실용능력 향상 등의 목적을 가지고 있다. 이와 같은 독서지도의 목적을 고려할 경우, 슬로리딩은 독서지도의 전 과정을 아우르는 학습법이라 할 수 있다. 부담 없는 책 읽기로 시작되는 슬로리딩은 독서에 흥미를 느끼지 못하는 아이들에게는 보다 쉽게 책을 접할 수 있게 하고, 책 읽기의 인지과정에 부담을 느껴 독서를 멀리하는 아이들에게는 활동을 통해 책 읽기의 즐거움을 느끼게 할 수 있다. 또한 슬로리딩은 '읽기 행위'에 대한 사고의 전환을 통해 학습을 가까이 할 수 있게 하는 교육 방법이다. 책 읽기란 처음에는 글의 내용을 이해한 후 저자의 의도를 생각하고 분석하여 마지막으로 '나라면 어떻게 했을까?, 또 다른 해결방안은 없을까?'와 같이 비판적으로 적용해 보는 것을, 진정한 책 읽기라 할 수 있다. 즉 책에 대한 이해와 독해를 넘어 책을 통하여 자신의 생각을 확고히 하며, 깨달은 바를 자신의 삶에 적용하는 것이 '책 읽기'이다. 슬로리딩 또한 읽기 전, 중, 후 활동으로 나누어지며 대략 다음과 같이 다섯 가지의 패턴으로 이루어졌다.

1) 부담 없이 책 읽기 : 천천히, 나누어서, 반복해서, 서로 읽어 주기 등.

2) 용어 개념정리 : 단어의 뜻 찾기, 단어의 활용, 문맥 속의 단어

3) 내용 분석하기 : 인물 구도, 내용 전개 등을 마인드맵으로 그리기

4) 다양한 토의·토론 : 단어, 문장, 상황 등에 대한 토의·토론과 디베이트

5) 다양한 활동 : 탐구하기, 체험하기, 역할극 등

1. 토론을 기반으로 하는 슬로리딩

슬로리딩 활동이 최대의 교육 효과를 얻기 위해서는 토론과 글쓰기가 반드시 병행되어야 한다. 이를 위해 필요한 토론으로는 교사의 질문과 학생들의 대답으로 이루어지는 전체 디스커션과 한 주제에 대하여 탐구하기 위해 학생들끼리 질문하고 대답하는 모둠토의토론이 필요하다. 또한 어떤 의견에 대한 논제가 도출되었을 경우 찬반으로 나누어 학급 학생 전체가 참여하는 전체 디베이트가 필요하다.

다음은 위에서 언급한 토론과 그에 관한 일화(예시)이다.

첫째, '전체 디스커션'은 용어의 개념정리 및 내용분석 등을 진행시 적합하다. 이때 교사의 질문은 학생들의 창의적 생각을 이끌어 내거나 문제 해결의 실마리를 찾게 하는 역할을 하기 때문에 매우 중요하다.

초등학교 4학년 아이들과 이솝우화 '말과 당나귀'라는 글로 수업을 했을 때의 일이다. 책의 내용을 요약해 보면, 말과 당나귀를 기르고 있는 주인이 먼 길로 장사를 떠나면서 무거운 짐을 말과 당나귀에게 똑같이 나누어 실었다. 이때 힘이 약한 당나귀가 말에게 짐을 조금만 더 나누어져 주기를 청했으나 말은 거절

했다. 결국 당나귀는 짐의 무게를 견디지 못해 죽게 되었고 말이 모든 짐을 떠 맡아 지게 되었다는 이야기다. 여기에서 잠시 용어 하나를 찾아내어 질문을 던 졌다. "애들아! 말과 당나귀에게 짐을 똑같이 나누어 져 준 것이 공평한 것일 까?" 즉 공평이란 단어에 대하여 생각해 볼 수 있는 기회를 제공한 것이다. 한 아이가 공평하지 않다고 하며 그 이유를 선천적인 체력의 차이라 대답하였다. "그렇다면 어떻게 해야 공평할까? 말과 당나귀의 체력을 테스트를 해서 나누어 져주어야 할까?"라 반문했고, 대답이 없었다. 다시 질문을 던졌다. "지금 이 수 업에 다섯 명이 참여했네. 만약에 간식으로 8조각으로 된 피자가 왔다면 어떻 게 해야 공평하게 나눌 수 있을까?" 수민이라는 아이가 대답했다. "우선 각각 한 사람에게 한 쪽씩 나누어 주어요, 그리고 나머지 세 조각을 모두 열 조각씩 으로 잘라요. 그러면 30조각이 되니까 그것을 다섯 명이 여섯 조각씩 나누어 먹 으면 돼요." 불과 10초도 걸리지 않고 나온 대답이었기에 대답한 아이의 수학적 두뇌를 한껏 칭찬해 주었다.

그리고 다시 질문을 했다. "그렇게 나누면 불만이 없을까? 공평하다는 것은 불만이 없어야 하는 것인데…" 그러자 승언이가 손을 번쩍 들며 대답하기를 "선생님, 피자는 빵이 있는 곳과 토핑이 있는 곳이 맛이 다르고 조각을 낼 때에 똑같이 맛있는 곳도 쪼갤 수 없기에 불만이 생길 수 있습니다. 차라리 배고픈 사람이 더 먹도록 서로 양보하는 것이 좋을 것입니다." 승언이의 인성을 바탕으 로 한 의견을 칭찬하며 다시 질문했다. "수민이는 수학적인 분배를 말하고 승언 이는 서로가 배려하는 분배를 말하였는데 어떤 것이 더 바람직한 분배일까?" 그때에 주원이가 질문이 있다고 손을 들었다. "선생님! 혹시 세금을 낼 때 돈을 많이 번 사람이 많이 내고 적게 번 사람들이 적게 내는 것도 이것과 같은 이치인가요?" 자연스럽게 사회적 불만인 빈부의 격차를 해소하기 위한 방법, 분배의 갈등을 해소하는 방법 등에 대한 토론이 이어지게 되었다.

교사의 질문과 학생 전체가 참여하는 디스커션의 매력을 한껏 맛보는 시간이었다. 이러한 질문의 주제는 단어, 문장, 상황 등에서 얼마든지 찾아 낼 수 있다.

둘째, 슬로리딩은 모둠끼리의 탐구토론이 요구된다. 탐구토론의 활동으로는 책을 읽고 난 후 책 속에 나타난 시대적 배경에 대하여 조사하고 발표하는 시간과 어떤 사건에 대하여 다양한 의견을 조사하여 발표하게 하는 것이 있다. 책 속에는 다양한 사건과 상황이 있기에 해당 주제에 대해 탐구, 발표하는 활동이 이루어 질 경우 책에 대한 이해의 폭이 매우 넓고 깊어질 수 있다. 또한 모둠 활동을 통해 혼자 하는 책 읽기가 아닌 함께하는 책 읽기의 장점을 맛볼 수 있다.

셋째, 책 속에서 논제를 찾아서 디베이트 방식의 토론을 전개하는 것도 바람직한 방법 중 하나이다. 일반 토의토론 방식의 독서토론이 책 내용의 완전한 이해를 목적으로 하는 반면, 디베이트 방식의 독서토론은 토론하기 위해 책을 읽고 관련 근거자료를 찾아 논증하는 것을 목적으로 한다. 따라서 디베이트 방식의 독서토론은 논제에 대한 철저한 분석과 자기논리를 세우는 과정을 통해 진정한 슬로리딩을 경험할 수 있다.

2. 질문으로 시작되는 슬로리딩

슬로리딩은 '천천히, 깊게 읽기'로 표현되기도 한다. 처음 슬로리딩을 실현시킨 하시모토 다케시 선생도 교과서 대신 소설『은수저』를 3년에 걸쳐 읽기와 쓰기, 생각하기 등 다방면으로 접근하였다. 교과서 수업과는 전혀 다른 방향으로 일상생활의 다양한 상식을 배울 수 있도록 하는 '은수저 슬로리딩법'을 시행하여 학습에 흥미가 없는 아이들에게 놀이를 통한 배움에 대한 흥미와 즐거움을 주었다. 여기에서의 중요한 것은 책 한 권으로 3년 동안 교육을 진행했다는 기간과 형식보다 그 과정에 들어 있는 다양한 교육 방법이 중요하다.

이러한 슬로리딩은 토론을 기반으로 이루어지는데, 토론의 핵심은 질문이다. 슬로리딩은 한 권의 책을 천천히, 깊이 있게 읽으면서 자신의 생각을 만들어 가는 과정 중심의 학습법이다. 이때에 단순히 읽는 행위에 그치지 않고 그 안에 나타나는 용어와 상황, 문장의 의미, 줄거리의 또 다른 전개 등에 대하여 질문과 대답을 찾아가는 것으로 나아간다.

특히 그 안에 들어 있는 내용을 통해 배경지식을 활성화하고 나아가 여러 가지 이야깃거리도 경험하고 탐색하면서 자신의 생각을 말과 글로 표현하여 자기 삶과 이어지게 하는 것이 중요하다. 이러한 과정을 통한 슬로리딩의 궁극적인 목적은 '주체적으로 생각하는 힘을 기르는 것'이다. 주체적인 생각은 누군가가 질문을 던져줄 때 시작되는 것인데, 그 누군가에는 본인도 포함되어 있다. 즉, 교사 등과 같은 조력자의 질문 혹은 자신이 자신에게 질문이 주어질 때 주체적인 자기생각이 시작되는 것이다.

슬로리딩은 선정된 도서를 중심으로 교사의 배경지식 질문으로 부터 시작된다. 그러면서 점차 질문이 깊고 넓어지면서 아이들의 질문도 쏟아져 나오기 시작한다. 교실 안에서 교사와 학생들의 질문의 만남은 토론이란 과정을 통해 학생들에게 주체적으로 생각하는 힘을 길러주는 기회를 제공한다. 본 책의 공저자 박영덕 선생님은 안드레스 피 안드레우 작가가 쓴 『벌집이 너무 좁아!』라는 책으로 다양한 질문을 이어 가면서 슬로리딩을 진행하였다.

교사의 질문

1. 먼저 책 표지와 제목 등을 본 후 "어떤 내용일까요?" 라는 내용을 추측하게 하는 질문을 학생들에게 하였다.

2. 두 번째 질문 "여러분, 벌에 대해서 아는 거 있어요? 하나씩 얘기해줄래요?"

3. 세 번째 질문 "그럼 더 알고 싶은 거 있어요?"

아이들의 질문

1. "우리나라에는 벌 종류가 얼마나 되나요?"

2. "벌집은 모양이 얼마나 다양한가요?"

3. "벌도 똥을 싸나요?"

교사의 질문

1. "혹시 지금 살고 있는 집이 좁다고 생각하는 친구 있나요?"

2. "요즘은 많은 사람들이 아파트에 살고 있죠? 여러분은 아파트가 '집'이라고 생각하나요? 아니면 '방'이라고 생각하나요?"

이러한 질문은 아이들이 생각의 틀을 스스로 깨뜨리고 창의적인 생각을 갖게 하며 궁극적으로 자신의 생각을 가질 수 있게 도와준다. 그렇기 때문에 슬로리딩은 '질문'으로 시작한다고 할 수 있다.

3. 질문의 완성을 위한 RND 독서디베이트

질문도 연습이 필요하다. 교사도 질문 연습을 해야 하고 아이들도 질문 연습을 해야 한다. 단순히 많은 질문을 만드는 연습을 하라는 것이 아니다. 질문의 시작은 '주어진 상황과 주제에 대하여 의문점'을 갖는 것이다. 따라서 다양한 관점에서 주제를 바라보는 토론을 통해서 '질문하기'는 훈련되는 것이며 이를 위해 체계적인 토론의 과정이 반드시 선행되어야 한다.

토론은 탐구와 학습, 의견 수렴을 위한 디스커션과 찬반의 의견대립을 해소해 나가기 위한 디베이트가 있다. 어떤 방식의 토론이든지 토론하기 위해서는 질문이 있어야 한다.

1. 왜 이 문제가 발생했을까?
2. 어떻게 이 문제를 풀어갈까?
3. 만약에 이 문제를 풀지 못하면 어떤 일이 발생할까?
4. 지금 어떤 상황에 놓여있는가?
5. 무엇부터 풀어야 효율적일까?

위와 같이 토론을 위해 먼저 스스로에게 던질 수 있는 질문은 무궁무진하다.

토론은 질문의 훈련에 있어 매우 유용한 학습방법이며 또 다른 방편의 슬로리딩이다. 토론하고 질문하는 슬로리딩의 한 방법으로 RND독서디베이트가 있다. RND란 "Reading & Research, Discussion & Debate"를 말한다. 이는 저자와 함께 이 책의 공저자인 유담 교수가 개발한 독서지도방법이다. 즉 텍스트를 읽고 탐구하여 토의토론하고 디베이트를 한 후 생각을 정리하는 사후토론과 정리된 생각을 글로 쓰게 하여 논리력을 키우는 교육방법이다. 독서디베이트는 초등학교 저학년에게는 적용이 어려우며 최소한 4학년 이상의 대상에게 적용하는 것이 바람직한 것으로 다음과 같은 과정을 설명할 수 있다.

1. Reading(읽기)는 기존의 슬로리딩에서 이루어지는 다양한 방법의 읽기로 동일하게 실행하면 된다.

2. Research(조사와 탐구활동)는 모둠으로 나누어 활동하게 한다. 이 과정에서는 책 안에서 주제나 토론논제를 찾아 정하여 이에 대한 자료를 조사해 오는 과정을 기본으로 부수적으로 실행하는 다양한 활동지 만들기, 탐방체험, 놀이 등을 할 수 있다.

3. Discussion(다양한 토의토론)은 책에 대한 내용분석과 용어개념정리, 다양한 입장과 상황에 대한 토의토론을 하는 과정으로 지금까지 이루어진 조사와 탐구활동을 통해 경험한 사실들로 이루어지는 토의토론 활동이다. 단 토의토론 과정은 앞서 행하는 리서치 과정과 병행하는 것이 바람직하다.

4. Debate(지식스포츠 게임)는 선정된 책에 대해 단순한 이해와 독해를 넘어서 책을 비판적, 분석적으로 해석하여 자신의 견해를 만들어 내는 논리세우기 게임이다.

이 과정은 치열한 논리공방을 통해 자신의 견해의 모순점을 다듬거나 더욱 튼튼한 자신의 논리를 세울 수 있는 기회이다. 이 과정에서는 아이들에게 자신의 견해를 갖게 함으로 생각의 정리를 통해 논리적 글쓰기가 가능하게 만들어 주는 효과가 있다. 이에 대한 구체적 방법은 『독서디베이트』라는 책자를 통해 자세히 알 수 있다.

4. 글쓰기를 기반으로 하는 슬로리딩

슬로리딩이 질문인 물음표로 시작했다면 마무리는 느낌표로 마쳐야 한다. 문자 부호에서도 물음표(?)는 구부러진 것을 펴게 되면 느낌표(!)가 되는 것처럼 생각 속에 있는 모든 질문에 대하여 해답을 찾아 나가게 되면 느낌표로 마무리가 되는 것이다. 이러한 과정을 통해서 나타나는 교육적 효과를 문제해결능력의 향상이라고 한다. 느낌표는 느낌표로 만 마음에 남아서는 안 된다. 느낌표는 물음표와 마찬가지로 반드시 표현되어야 한다. 물음표가 질문으로 표현되었다면 느낌표는 반드시 글쓰기로 표현되어야 한다. 그 이유는 글쓰기는 질문에 대한 자신의 생각을 정리하는 것이기 때문이다. 이러한 과정을 거친 후에야 슬로리딩이 완성되었다고 할 수 있다.

글쓰기는 생각의 정리이다. 일차적으로 생각의 정리는 토론을 통해서 이루어진다. 토론은 자신의 생각을 누군가에게 논리적인 말로써 나타내는 것이기 때문에 자신의 생각이 정리되지 않은 상태라면 상대측에게 정확하게 설명할 수 없다. 따라서 토론은 생각을 정리하는 훈련을 하게 한다. 그러나 토론을 하는 과정에서 이루어지는 생각의 정리는 주로 단편적인 소재에 대한 정리가 이루어질 뿐이다. 순발력을 가지고 그 순간에 주어진 질문에 대한 답변을 위주로 생각을 정리하기에 한 가지 주제에 대한 전체적인 견해를 정리하기에는 부족한 부분이 있을 수 있다. 따라서 토론이 끝난 후에는 반드시 글쓰기로 생각정리를 마쳐야만 전체적인 견해에 대한 생각을 정리할 수 있다.

그러나 슬로리딩의 글쓰기는 토론이 끝난 후에만 이루어지는 것이 아니다. 슬로리딩 전 과정을 통해 수시로 글쓰기가 이루어져야 한다.

1. 반복해서 책 읽기를 한 후에 느낌의 변화에 대한 글쓰기
2. 용어정리를 한 후에 용어를 활용한 글쓰기
3. 탐방, 체험, 만들기, 놀이 등의 활동 후에 글쓰기
4. 토의토론 후에 글쓰기
5. 한 책 슬로리딩을 마친 후에 글쓰기

위와 같이 각 과정마다 글쓰기를 하는 것이 슬로리딩의 특징이며, 물음표를 느낌표로 만들고 그 느낌표를 글쓰기로 완성하는 것이 슬로리딩인 것이다.

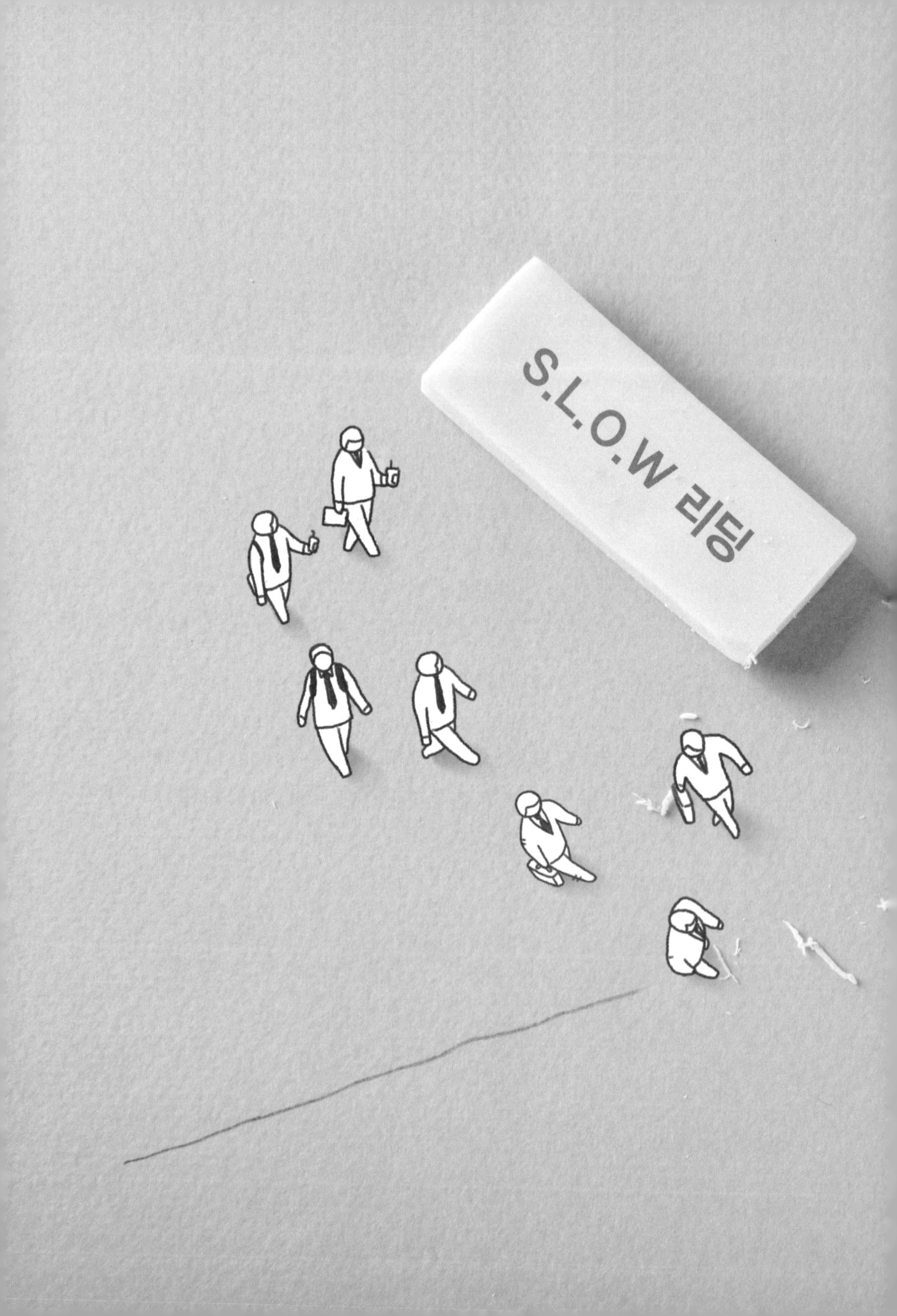
S.L.O.W 리딩

셋째 마당

책과 만나는 위대한 세상,
교실 속 이야기

유기홍

저학년(1~2학년) 그림책 한 쪽과 질문 10가지

아침 시간 연구실을 간다. 운동장에서 축구지도, 체육수업, 스포츠클럽운영으로 눈 코 뜰 새 없는 한 선생님이 말씀하신다.

"1학년 힘드시죠? 점심 먹을 때 표정 보면 알아요."

마음 속으로 뜨끔 한다.

교실에 가서 오늘은 아이들에게 웃어야지 다짐한다.

"선생님, 오늘 기분 좋으신가 봐요?"

여러 생각이 동시에 머리를 스친다.

'얼굴에 책임진다고 했는데 나와의 약속을 지키지 못했네. 선생님들도 알고, 아이들도 아는데 정작 난 모르고 있었구나!'

교사에게 교실은 물리적 공간만 아닌 정신적 울타리를 만들게 한다. 울타리가 투명하고 여과성이 높을수록 수업과 아이들의 생활은 모두에게 생동감을 줄 가능성이 많다.

오랜만에 하는 1학년 생활에서 나만의 고민 때문에 아이들과의 연결 짓기에 실패하고 있지 않은가? 반성하게 된다. 늘어나는 흰머리만큼 경력이 쌓인다는 것은 남과의 다름을 의미한다. 반대로 남과 달라야 함에도 기존에 가지고 있던 것은 놓지 못하고, 그 위에 새로운 무엇을 얹으면서 높이는 높아지면서도 근본에 대해 잊고 살게 된다.

　삶에도 빼기와 더하기를 잘해야 만족도가 높아지듯 수업에도 빼기와 더하기를 잘해야 교실안의 배움은 커질 것이다. 지금 우리 교실에서 빼기 할 것은 무엇인지 생각해 본다. 3월의 시작을 넣어 두고, 4월의 파릇함을 교실 가득 가져와야겠다. 아이들은 벌써 개나리를 꽂으며 '나리 나리 개나리~~' 노래를 자연스럽게 부른다. 아이들의 자유로움을 따라가지 못하는 교사의 구태의연함을 매 순간 느낀다.

　아침 동그란 러그에 모이며 오늘도 『춤을 출 거예요』를 펼친다. 한쪽에서

　"선생님 왜 매일 1쪽씩만 읽어요?"

　"응, 선생님도 많이 읽고 싶은데, 친구들과 이야기하다 보니까 더 못 읽고 있어요. 오늘은 뒤까지 더 읽어 보기로 해요." 그럼에도 역시 1쪽만 읽었다.

　아직 아이들이 글을 읽고, 자연스럽게 생각을 정리하여 쓰는 것이 어려운 시기다. 그래서 생각한 것이 그림책 한 쪽을 읽고, 다양한 생각을 나누어 보기로 했다. 처음의 의도는 하루에 그림책 하나씩 읽어 보는 것이었다. 그렇게 4권의 책을 읽었더니, 아이들은 듣기만 하고 중간에 끼어들어서 질문하는 친구들은 더 이상 집중하지 않았다. 그렇게 읽은 책은 교실 한쪽에 꽂아 두고 일주일을 지켜보았다. 그랬더니 예상외의 활동을 시작했다. 몇몇의 아이들은 들었던 책 중에서 한 가지 책을 정해 매일매일 조금씩 보고 있었다. 아이들은 자기가 좋아하는 것에 집중하는 경향이 있다. 매일 같은 책을 읽어도 다른 배움을 얻어 가는 초등학교 1학년 시기다.

　더하기와 빼기를 하려면 우리 반 아이들의 모습을 알아야 했다. 1학년 아이들의 어린이집 생활부터 1학년까지의 교육적인 상황은 이렇다. 2012년 누리과정

이 시작되면서 어린이집과 유치원을 다녔기 때문에 한글을 놀이로 배웠다. 그럼에도 집에서 부모님과 한글과 수학학습지를 한 아이들이 있고, 전혀 하지 않고 입학한 아이들도 있다. 2009개정 교육과정의 1학년과의 가장 큰 차이점은 입학초기 적응활동이 끝나면 받아쓰기와 그림일기를 숙제로 낼 수 있었다. 하지만 2015교육과정이 적용되는 올해부터는 여유 있는 한글 교육이 교육과정의 주요 내용으로 1학기 중에는 읽기와 쓰기를 배우는 과정이다. 따라서 받아쓰기와 알림장 쓰기는 1학기 말부터 가능할 것이다.

아이들의 내면을 관찰하는 방법으로 '꾸준히 바라보기'를 한다. 9시 10분부터 3월 한 달 동안 글을 읽는 정도와 이해력, 그리고 표현할 때의 독특한 특징들을 관찰할 수 있었다. 가만히 바라보며 알 수 있는 것과 이야기를 나누며 알게 되어지는 것에는 차이가 많다. 아침에 아이들을 바라보면 재미있는 현상을 알게 된다. 항상 같은 시간에 와서 같은 친구들과 어울린다. 18명의 친구들이 있어도 이야기는 한정된 아이들끼리 한다. 어느 날 그 친구와 놀이를 하지 않는다면 다툼이 있는 것이다.

바라보기는 한 달 이상 꾸준히 해야 한다. 나의 경우는 매일 1명이나 2명을 정해놓고 바라본다. 의도적인 습관을 가지면 자연스러운 생활이 된다. 그러면 예민한 아이들은 교사를 느끼고 어색해한다. 교사의 눈길을 알게 되면 묻기도 하고, 자연스럽게 행동하기도 하며 친구들에게 큰 소리로 알리기도 한다. 그렇게 되기까지 한 학기 정도 걸린다. 의도적인 습관을 들일 때는 불편하고 무엇을 봐야 할지 의무감에 부담스럽기도 했다.

한 달 동안의 '바라보기'로 알아낸 아이들의 모습은 이렇다.

• 읽기와 쓰기는 서투르지만 자신의 이야기는 할 수 있다.

- 교사가 읽어 주는 책을 좋아하고 함께 읽은 책은 되풀이해서 읽는다고 해서 싫증 내지 않는다.
- 친구들에게 읽어 주기 좋아하는 아이와 듣기를 좋아하는 아이가 있다. 성향이 다르고 읽기에 자신감이 없는 아이와 내성적인 아이는 듣기를 선호한다. 외향적이지만 읽기가 힘든 친구는 끊임없이 질문하고 혼잣말을 한다.
- 부모님과 책 읽기를 많이 한 아이일수록 빠져들어 듣기를 하고 교사가 하는 질문의 의미를 파악한 대답을 한다.
- 10명의 아이가 있다면 그중 4명은 꼼지락거리며 띄엄띄엄 이야기를 듣는다.

▶ 질문. 꾸준히 바라보기 "오늘의 기분은 무슨 색인가요?"

유치원에서 러그에 앉아 하루를 시작하듯이 교실에서도 그렇게 책 읽기를 시작했다. 책 읽기 시작을 얘기하자면 이렇다. 회복적 생활교육의 서클을 만들어 서로의 얼굴을 보고 이름을 알고 기분을 먼저 이야기한다. 원형 러그를 가지고 있어서 러그 둘레에 앉으면 자연스럽게 원이 만들어진다. 3월 한 달 동안 자연스러운 우리교실 아침 풍경이었다. 쑥스럽게 앉아서 편안한 이야기 나누기를 목표로 했다.

매일 질문은 조금씩 다르게 시작한다.

"오늘을 시작하는 기분을 색깔로 표현하고 이유를 말해 보세요. 선생님의 오늘 기분을 나타내는 색깔은 빨강이에요. 왜냐하면 심장의 붉은 색처럼 우리 반 친구들과 이야기하는 것을 두근거리며 기대하기 때문이에요."

이렇게 교사를 시작으로 오른쪽으로 돌아가면서 말하기를 시작하였다. 첫 날

은 이름만 이야기하고, 다음에는 이름과 짝꿍의 이름을 이야기하면서 조금씩 범위를 넓혔다. 17명이 모두 말하기까지 10분이상의 시간이 걸린다. 하지만 일주일 정도 지나면 자기 차례를 준비해서 5분이면 소개가 끝나고 그날의 질문에 따라 이야기를 한다.

3월 한 달 동안 함께 했던 시작 질문은 이런 것들이다.

- 오늘의 기분을 날씨로 이야기해 보세요.
- 오늘 가장 기대되는 활동은 무엇인지 이야기해 보세요.
- 놀이 시간에 가장 하고 싶은 놀이와 하고 싶은 친구를 이야기해 보세요.
- 주말 동안 가장 맛있었던 음식은 무엇이 있었는지 이야기해 보세요.
- 1학년이 되어서 가장 친해진 친구와 사귀고 싶은 친구를 이야기해 보세요.

1학년의 집중 시간은 10분에서 15분 내외다. 책을 읽고 이야기를 나누기 위해 집중해서 듣는 시간을 습관화할 필요가 있었다. 아침에 등교한 후 80분간 국어와 수학의 기초 기본학습에 주력한다. 20분 쉬는 시간 이후 재구성된 프로젝트 학습이나 주제중심 교육과정의 교육활동을 한다. 점심 이후는 예체능 활동으로 마무리를 한다. 아침 집중이 더 잘 되는 시간에 국어와 수학이 기초학습을 함으로써 효율성을 높인다. 80분간 블록수업을 하기 위해 15분에 20분 단위로 활동을 세분화해서 장소의 이동을 통해 집중효과를 높이는 것이다.

따라서 처음 10분간은 서클 활동으로 자신의 이야기를 함으로써 혼자 듣고 말하기를 2명 이상 다수의 듣고 말하기로 전환시킨다. 주말이야기 등을 통해 특정 요일은 그 시간이 길어질 수도 있다. 다음은 러그에 모여 앉아서 공간을 이동시킴으로써 흥미도를 높인다. 자연스럽게 앞에 했던 듣기 말하기 활동은 책을 읽는 선생님에게 집중된다. 이때 그림이 많아서 생각의 여백을 주는 책으로 선정된 것이 『춤을 출 거예요』이다. 입학 초 적응기에 자기소개를 하면서 꿈에 대한 이야기를 나누게 된다. 이때 활용하기 좋은 책이기도 하다. 또한 그림 보고 이야기 활동을 다양하게 할 수 있는 장점도 있다.

아이들과 이야기를 나누다 보면 정신이 없다. 여기저기서 하고 싶은 말은 많은데 듣는 이는 선생님 한 명이다. 그러다 보니 질서도 없고 순서도 없다. 이 쪽 이야기를 듣다보면 저 편의 아이는 혼자 말하고 끝낸다. 혼자 읽는 책이 아닌 함께 읽는 책 활동을 위해서는 듣는 일이 무엇보다 중요하다. 자연히 듣기와 말하기를 하면서 교사가 읽어 주는 책에 집중하는 것도 서로 배워야 했다.

『춤을 출 거예요』의 한 장면이다. 책을 읽을 때처럼 책 표지 그림 이야기로 시작했다. 노란색 표지를 앞뒤로 보여 준 뒤

"이 친구가 하고 있는 것은 무엇일까요?

"무엇에 대한 책일 것 같아요?"

두 가지 질문인데 10분 동안 이야기가 이어졌다.

"제가 하는 발레예요."

"눈을 감고 있어요."

"우리가 배운 글자 니은(ㄴ)이에요."

여기저기서 서로 말하느라 모두가 시끌벅적한 첫 동화읽기 시간이었다. 무엇인가 규칙은 있어야겠는데 너무 강한 규칙은 의욕을 빼앗을 것 같았다. 서로 이야기하면서도 귀를 기울일 수 있는 그 무엇이 필요했다. 그래서 매주 월요일마다 수제가 있는 주말이야기를 나누었다. 매주 월요일 9시부터 듣고 말하는 법을 배우기 위한 한 가지 팁을 배우는 시간으로 활용한 것이다.

매주 월요일에는 서클 후 주말이야기를 나눈다. 처음은 서클을 유지하면서 이야기를 하다가 ㄷ자형 자리에서 짝과 이야기 나누기도 했다. 모둠을 만들어서 모둠끼리 돌아가며 듣고 말한다. 듣고 말하기 다음 단계는 질문하기다. 1분 동안 이야기를 한 후 모둠원이 돌아가면서 궁금한 것을 질문한다. 발표하는 사람은 이야기를 마친 후 자리에서 일어나 질문에 답한다. 형식을 가르치면 다음부터는 모둠 성향에 따라 자유롭게 활동한다. 아이들의 이야기가 궁금해서 돌아다니면서 들어 본다.

"엄마랑 아울렛 가서 옷을 샀어요. 외할머니와 같이 다녔는데 너무 힘들었어요."

"어디 아울렛 갔니?" "니 옷은 뭘로 샀어?" "날씨가 좋았니?"

두 마디의 이야기와 세 가지 질문이 동시에 일어난다. 멀티 플레이어인 아이들은 말하면서 대답도 해 준다. 굳이 형식을 가르치지 않아도 좋았다는 생각이 든다.

교사에게는 직업병이 하나 있다. 단계를 가르치고 기초가 튼튼해야 한다. 그러므로 수업을 할 때는 몇 가지 틀에 얽매이게 된다. 개인적인 경험에서 보았을 때 경력이 적을 때는 매뉴얼대로 하는 것이 편해서 경력이 쌓일수록 대부분의 수업이 실패하지 않는 안정적인 방법이기 때문이었다. 동기유발을 통해 흥미를 키우고 방법으로는 아이들이 재미있어 하면서 목표와 연관된 것일수록 좋다. 학습목표는 아이들의 수업도달점을 알려 주었을 때 더 명확해질 수 있다. 활동은 2~3가지로 정하고 활동에 앞서 지식적인 면에 대한 충분한 마중물이 필요하다. 용어의 정의와 찾거나 활동을 통해 깨달아야 할 내용이 명확할수록 수업 중 평가활동은 자연스럽게 이루어지게 된다. 이런 내용이 익숙하기 때문에 독서토론수업을 하거나 책을 읽어줄 때도 알아야 될 절차나 단계를 세세히 가르치게 된다.

1학년이기 때문에 모른다고 생각했지만 자연스럽게 그 단계를 넘어서서 질문과 대답을 하고 있었다. 나도 모르는 사이 아이들은 그렇게 크고 있는 것이었다. 교사가 질문을 10가지 준비했다면 수업 중에는 2가지 정도의 질문이 유효하다. 좋은 질문은 아이들에게서 나온다.

1. 춤을 출 거예요 : 궁금해요, 빨리 읽어요.

강경수 글 그림, 『춤을 출 거예요』, 그림책공작소, 2015

올해도 어김없이 3월 학교적응기를 하는 동안 아이들 살펴보기를 시작했다. 처음에는 의도적으로 해야 습관이 이루어진다. 그리고 너무 자주 쳐다보면 곤란해 하는 아이도 있기 때문에 자연스럽게 편하게 보는 것이 중요했다. 입학식 다음날, 하루가 지나기 전에 눈에 띄는 두 명이 있었다. 자연히 지금까지도 가장 많이 이름을 부르는 아이가 되었다. 관찰도 가장 많이 하게 되었다. 3월부터 『춤을 출 거예요』를 읽어 주기 시작했다. 일 년 동안 책을 읽어 주고 이야기 나누기를 할 예정이었으므로 평소의 행동과 언어습관을 이해하는 것이 중요했다.

그중 영철이는 "선생님 저 글자 잘 몰라요."라고 큰 소리로 말하며 이리저리 넘치는 에너지를 발산하고 돌아다녔다.

책을 읽어 주면 서서 듣고, 질문을 하면 생각보다 손이 먼저 들어진다. 그리고 자신이 발표하지 못하면 이마 가득 주름을 지으며 불만을 표현한다. 그리고 혼자서 큰소리로 하고 싶은 말을 해 버린다. 자연히 책 한 쪽을 넘기기 힘들었다. 책 읽기 시간의 장면을 살펴보면 "주인공이 춤을 어디에서 추고 있나요?"

"막대기 위에서요"

"여러분은 막대기 위에서 춤출 수 있나요?"

"못 해요. 하지만 동화잖아요. 그리고 거기는 아니어도 열심히 하잖아요. 저도 발레학원에서 연습해서 다리가 아파요. 그래도 오늘 갈 거예요."

"그럼 이 친구처럼 열심히 노력하고 있는 것이 있나요?"

"저는 축구를 연습해요. 친구를 모아서 축구부를 만들 거예요."

이때 영철이가 손을 든다.

"그런데 다리가 이상해요. 막대기가 부러질 거예요. 저는 춤추는 거 싫어해요. 여자애가 날아다녀요."

열심히 함께 책을 읽는데 영철이는 질문과 다른 대답을 한다. 그럼에도 책과 관계있는 이야기를 하고 있다. 질문과 상관없다고 무시할 수는 없다. 단지 교사의 질문을 이해하지 못하는 것일 수도 있고 자기 이야기는 끝까지 해야 하는 단계를 벗어나지 못했을 수도 있다. 동생이 아직 어려서 더 많은 관심이 필요한 것일 수도 있다. 여러 가지 가능성을 열어 두고 다음날부터 쉬는 시간을 지켜보기로 했다.

시작은 책 읽기 시간의 대답이었지만 영철이에게 소통하는 법을 알려 주지 못하면 성공의 기억보다 실패나 친구들로부터 다른 대답만 하는 아이로 낙인지어질 수도 있기 때문에 신중히 해야 했다. 글을 읽지 못하는 것도 함께 책을 읽는 활동에 여러 불안 요소를 던져 주었다. 아울러 주변 친구들로부터 "선생님 궁금해요. 빨리 읽어요."라는 요구가 시작되었다. 한 명을 위해 다른 친구들을 기다리게 할 수도 없다. 그렇다고 마냥 영철이에게 맞출 수도 없다. 그 중간의 어느 지점에서 줄타기를 하며 책 읽어 주기는 계속되었다.

물론 시기가 되면 당연히 글을 읽겠지만 수리력에 비해 글 읽기 능력이 현저히 떨어지는 것도 문제였다. 쉬는 시간의 활동을 보면 경험에 의한 게임에는 능하지만 새롭게 규칙을 정하고 게임판의 설명서를 읽어서 활동하는 것에는 뒤로 물러나 있다. 그리고 잘못 알게 된 규칙에 친구들이 설명을 해 주면 끝까지 자신이 옳다고 우기고 본다. 그러다 큰소리로 싸운다. 그러다가 교사에게 불려 나와 충고를 듣고 뚱한 얼굴로 공부를 한다. 반복되는 한 달을 보내고 조금은 쉬어야 했다. 교사도 아이도 서로에게 예민해 있었다. 그리고 주변의 친구들에게 영철이가 좋지 않은 의미로 비춰지기 시작했다. 다행히 손뼉은 마주쳐야 소리 나듯 영철이와 함께하는 친구들과도 서로의 생각을 나눠 보게 했더니 놀이에 여유가 생겼다.

우선은 『춤을 출 거예요』를 혼자서 읽어 보게 했다. 역시 받침 없는 글자는 잘 읽는데 받침이 있으면 마음대로 읽는다. 조합형으로 읽기를 해 보면 읽다가도 문장을 읽을 때면 첫 자음만 동일하고 나머지는 다르다. 부모님과의 면담으로 성격이 급해서 놀이치료도 받았다고 하는데, 글 읽기는 통문자로 가르치는 것이 더 나을지도 모른다는 결론에 이르렀다.

아침 수업시작 전 그림동화책 읽기로 시작한다. 이번에는 『원숭이의 하루』를 다시 읽고 하고 싶은 활동 이야기를 하려 한다. 역시 영철이가 가장 먼저 손을 들고 발표할 것이다. 글자를 읽지 못하는 친구들은 누구보다 관찰력과 눈치가

빠르다. 교사는 작은 일들도 확대해서 그 숨은 의미를 찾아보는 것이 중요하다. 그리고 멀리서 쉬엄쉬엄 바라보기도 해야 한다. 모든 교육 활동에는 잠재적 교육과정이 있다.

어느 날 영철이의 이마를 보게 되었다. 3월에는 양 눈썹 가득 찌푸려져 있던 것이 쭉 펴져 있다. 내가 무엇을 새롭게 한 것은 없다. 함께 책 읽고, 혼자도 읽어 보고 친구에게 읽어달라고 부탁하고, 집에서 엄마와 매일숙제로 그림동화책 한 권씩 읽기 하는 것이 전부다. 그렇게 영철이와 읽은 『춤을 출 거예요』 이야기를 질문과 함께 풀어 보겠다.

▌질문 1. 그림을 보고 떠오른 생각은 무엇인가요?

그림책의 좋은 점은 그림이 의미하는 바가 여러 가지라는 것이다. 이 질문은 모든 페이지의 첫 물음으로 적당하다. 처음 『춤을 출 거예요』를 읽어 주면서 가장 곤란했던 것이 어떤 질문을 할 것인가였다. 그래서 읽어줄 책에 포스트잇으로 질문지를 붙여 두었다.

> ▶ 여러분은 오늘 무엇을 할 예정인가요?
>
> 예상답: 저는 오늘 ㅁㅁ을/를 할 거예요.
>
> ▶ 선생님의 질문에 상상해서 말해 보세요. 무엇을 하고 있는지 상상해 보세요?
>
> 예상답: 거실을 지나 ㅁㅁ에서 ㅁㅁ을/를 할 거예요.
>
> ▶ 춤을 추는 아이의 모습은 무엇이 서로 다른가요?
>
> 예상답: ㅁㅁ에서 ㅁㅁ을/를 하고 있는 것이 달라요.

▶ 그림의 풀은 무엇을 의미하나요?

　예상답: 춤추기 힘든 일

▶ 여러분에게 지금(요즘) 힘든 일은 무엇이 있나요?

　이 중에서 가장 많은 이야기를 나눈 질문이 지금 힘든 일은 무엇인가요? 이다. 앞의 질문들이 사실 확인이나 상상해서 말하는 질문이라면 지금 힘든 일에서는 아이들이 1학년이 되면서 변화된 생활을 알 수 있게 했다. 그중에서도 영철이는 변화된 친구 관계에 어려움을 이야기했다.

　"유치원에서 친했던 친구가 지금은 저와 놀지 않아요."

　"누굴까?"

　"수희예요. 유치원에서 친했던 두 명 중에 한 명인데요. 한 명은 1반이고 수희가 같은 반이 되어서 참 좋았어요. 그런데 쉬는 시간에 저 말고 다른 친구하고만 놀아요."

　"어떻게 하고 싶니?"

　"지금은 그냥 혼자서 그림 그리고 있을 거예요."

　이런 대화가 있고 나서 쉬는 시간마다 영철이를 지켜보았다. 다행히 2달이 지난 후 모둠원과 친해지기 시작하더니 지금은 우리 반 모두와 친해졌다.

▌질문 2. 나라면 어땠을까요?

　이 책은 저학년과 자신의 꿈에 대한 이야기를 나누기 좋은 책이다. 그래서 3월에 학부모님을 대상으로 한 공개수업의 주제로 활용했다.

언제인가부터 교사들에게 수업을 공개할 때는 '수업 나눔'이라는 이야기를 사용한다. 학부모를 대상으로 할 때는 공개수업, 수업공개, 또는 학부모 참여수업(유치원)이라고 한다. 무엇이 옳은지에 대한 판단은 중요하지 않다. 교육전문가로서는 차이가 분명하다. 많은 교사들이 이야기할 때 학부모들이 수업을 볼 때는 수업이 아닌 '나의 아이'만 본다는 것이다. 경험 많은 교사일수록 이 점을 알고 있기에 수업 활동을 아이들이 발표하고 한 명씩 보여줄 수 있도록 지도안을 작성한다. 나 또한 이런 관점에서 수업을 하였다. 하지만 반대로 생각하면 교실 수업의 주인공인 아이의 입장에서는 부모님이 오거나 누군가 참여하여 수업을 하는 것이 특별한 행사로 여겨지지 않을까? 교사의 입장에서만 수업을 바라보지 말고 일 년을 함께 할 수업의 과정으로 본다면 교사의 의도가 분명한 수업이면 좋겠다. 정말 특별한 수업을 만들거나, 일상적인 수업 속 아이들의 모습을 그대로 보여 주는 것이다. 부모님이 함께 고민할 수 있는 주제라면 더욱 좋을 것이다. 2반 선생님과 공동지도안을 작성하면서 『춤을 출 거예요』를 선정하며 활동 또한 함께 선정했다. 수업의 활동을 요약하자면 다음과 같다.

> ▶ 꿈에 관한 그림책 읽고 이야기 나누기.
> • 선생님이 읽어 주는 꿈에 관한 그림책을 듣고 이야기를 나눈다.
> • 표지그림 보고 생각나는 것은?
> • 주인공이 좋아하고 잘하는 것은? 그 외 등장인물 이야기.
> • 커서 주인공은 어떤 직업을 갖게 되었나요?
> • 내가 잘하는 것과 좋아하는 것 이야기하기.

▶ 활동1: 나의 꿈 인형을 그려요.

- 나의 꿈 인형에 장래 희망과 관련된 옷이나 사물 그리기.
- 색연필, 사인펜, 풀을 미리 준비하여 책상에 놓기.
- 완성 후, 교사가 나무젓가락 인형을 만들어 준다.

▶ 활동2: 나의 꿈을 친구들에게 이야기해요.

- 만든 나의 꿈 인형을 들고 친구들과 서로 이야기를 나누기.

  내가 좋아하는 것은 ㅁㅁ입니다.

  내가 잘하는 것은 ㅁㅁ입니다.

  그래서 나의 꿈은 ㅁㅁ입니다.
- 자리배치: ㄷ자 형태로 짝과 마주보고 1:1 이야기 나누기.
- 이동: 바깥쪽 아동이 교사의 종소리에 맞춰 시계방향으로 움직인다.

▶ 친구들이 그린 그림을 보고 직업 알아맞히기.

- 옷 모습을 보여 주고 직업을 알아맞힌다.

▶ 소감 나누기

- 오늘 수업한 소감을 이야기해 본다.

질문이 자신에게 향했을 때 다양한 대답이 나올 가능성이 많다. 생각하고 상상할 수 있으며 어느 동화책을 읽어도 자신의 입장이 되어서 생각할 수 있을 것

이다. 이 수업 장면에서는 꿈에 대해 이야기하는 것이 주제이기 때문에 동화를 다 읽지는 않았다. 아침에 읽어 주는 활동에 대해 생각해 보고 주인공이 춤을 추며 여러 가지 시련을 넘는 과정까지 읽어 보았다. 실제 교과 활동을 위한 질문을 한 후 1학년 수준에서 활동으로 이어진 수업이다. 끝난 후 학부모 소감을 설문으로 받아 보았다. 가장 많은 학부모들이 처음 아이들과 책을 읽으며 질문과 답을 하는 부분을 인상 깊게 보았다고 응답했다. 집에서는 그냥 읽어 주기만 하고 아이들이 물어볼 때는 빨리 지나치곤 했단다. 시끄럽지만 집중해서 이야기를 듣고 답하는 모습도 새로웠다고 하였다. 그 주에 이루어졌던 학부모 상담에서도 앞으로는 집에서 책을 읽을 때 아이들과 부모님의 생각을 나누며 책을 읽는 방법에 대한 이야기도 한 부분을 차지했다.

2. 원숭이의 하루 : 무엇으로 하루를 보낼까요?

이토우 히로시 저, 김난주 옮김,
『원숭이의 하루』, 비룡소, 2003.

『원숭이의 하루』는 아이들이 가장 좋아하고 오랫동안 읽어 보는 책이다. 이유를 생각해 보자면 선생님과 길게 읽어 본 첫 번째 책이었다. 다음으로는 수업하다가 관련된 활동을 처음으로 했던 책이기도 했다. 무엇이든 처음이 가장 기억에 남는 법이다. 이 책으로는 교육과정과의 연관성 때문에 자기 생각을 표현하는 그림일기 쓰기 수업에 많은 부분을 할애했다. 4월에 읽고 5월에는 매일 아침 하루의 일과 이야기를 할 때 우리 반의 하루를 이야기해 보는 주제로 활용하였다. 6월말에는 이 책을 바탕으로 그림일기쓰기 활동을 했다.

▎수업질문 1. 무엇으로 하루를 보낼까요?

봄이 되면서 아이들의 하루가 바쁘면서도 틀을 갖추어 간다. 적당하게 『원숭이의 하루』를 읽는다. 하루의 일과가 반복되어져 나오기 때문에 우리의 하루를 이야기하기 좋다. 교사의 불안은 정해지지 않고 예측할 수 없는 상황에서 오는 경우가 많다. 마찬가지로 아이들도 예측할 수 없는 상황보다 매일 일정한 시간에 규칙적인 활동을 할 필요성이 있다.

"원숭이의 하루는 어떻게 되나요?" 라고 물으면 "일어나서 세수하고 쉬하고, 이 잡아주고, 개구리 던지기 놀이하고……." 같은 내용이 반복되다가 빠지는 경우도 있다. 그러면 아이들은 바로 빠진 부분을 말한다.

그러다 "오늘 우리는 무슨 활동을 할까요?" 라고 물어본다. 월요일이었다면 "주말 이야기 나눠요. 국어하고 바슬즐 해요."라고 대답한다. 수요일과 금요일이 되면 "이○○ 전담 선생님 만나요."라며 아주 즐거워한다. 그리고 그날의 활동에 대해 자세히 설명하며 하루를 시작한다. 이렇게 『원숭이의 하루』를 읽으며 매일 반복했더니 지금은 스스로 하루의 활동을 챙겨본다. 칠판 옆에 붙여둔 주간 학습 안내장을 보고 책을 꺼내 놓고 준비물을 책상 서랍에 넣어 두는 것으로 하루를 시작한다. 그리고 7월 말의 어느 날부터인가 질문이 많아졌다.

"선생님 여기 자율이 뭐예요?"

"진로가 뭐예요. 이 시간에는 무슨 책 꺼내요?"

불안이 확신으로 바뀌면서 스스로 생각하고 질문을 시작했다.

▍수업질문 2. 원숭이의 하루를 얘기해 볼까요? 나의 하루를 그림 일기로 써요.

1학년 1학기 국어 마지막 단원은 그림일기 쓰기가 주제다. 『원숭이의 하루』를 4월에 읽고 6월에 그림일기 쓰기를 배운다. 책을 읽은 지 한참이 지났지만 여전히 친구들끼리 읽고 있기에 질문을 하면 바로 답이 나온다.

"원숭이의 하루를 이야기해 볼까요?"

매일 하는 활동을 이야기한다.

"여러분의 어제 하루를 아침, 점심, 저녁으로 나누어 이야기해 보세요."

"주말 동안 있었던 일을 아침, 점심, 저녁으로 이야기해 볼까요?"

"그중에서 가장 기억에 남는 일을 골라서 친구와 마주보고 이야기하세요."

이야기를 자세히 하고 많이 할수록 그림으로 표현하고 글로 쓸 때 어렵지 않게 쓸 수 있다. 이렇게 수업을 마치고 나서 우리 반의 그림일기는 여러 가지 체험의 결과를 표현할 때 가장 많이 선택하는 활동이 되었다.

"오늘 이동 소방서 체험에서 기억에 남는 일을 표현해 보세요. 그림도 좋고 글도 좋고 만화로 그려도 되요."

"그림일기로 써도 되나요?"

이렇게 시작된 활동이 물놀이 활동, 텃밭 가꾸기로 했던 꼬마농부 일기쓰기, 여름 마무리 활동하기까지 이어졌다.

3. 원숭이는 원숭이 : 내가 원숭이라면?

이토우 히로시 저, 김난주 옮김,
『원숭이는 원숭이』, 비룡소,
2003.

어제부터 두 번째 책을 읽는다. 매일 첫 수업 시작 전에 10분씩 읽으면서 이야기를 나누고 있다. 처음에는 신기해서 보던 아이들이 세 부류로 바뀌고 있다. 이야기에만 집중하는 아이들, 나누고 듣기 하는 친구와 관심 없는 아이. 그래서 중간에 이야기 그만 나누고 다음 쪽을 보여 달라는 친구가 생겼다. 그러면서도 질문과 답에 적극적이다. 3월에는 구분되지 않았는데, 지금은 앉는 자리에 따라 다르다. 『원숭이의 하루』보다 『원숭이는 원숭이』 읽으면서는 지난 책을 그리워하는 친구들이 많다. 『원숭이의 하루』는 이랬는데, 『원숭이는 원숭이』가 더 재미없다 등.

책을 읽어 주면서 많은 혼잣말이 들어온다. 책을 읽으며 혼란스러움이 아이들이나 교사 모두에게 공통된 현상이다. 그래도 다 읽고 나서 아쉬움에 계속 읽어요 하는 반응에 힘이 난다. 같은 내용을 반복해서 수업하지 않은 오늘이라 더욱 집중하고 준비해야 함에 불안이 더해진다. 오늘 내가 한 것이 바람직한 것이었나? 어떤 의미를 가질 수 있을까? 그리고 아이들의 삶에 미친 영향은 무엇이 있을까? 끊임없이 되풀이되는 생각들은 교실을 풍성하게 할 것이다.

비고츠키는 '상상과 현상'에서 이 시기 연령대의 아이들은 이야기를 듣고 상상하는 것이 익숙한 시기라고 말했다. 그에 따르면 태아에서부터 아이들은 그림을 좋아한다고 쓰고 있다. 그리고 점차 형상화 과정을 거치면서 글로 표현을

하게 되고 글로 표현하는 방법에 좌절을 느끼면서 글로 표현하는 것을 어려워한다고 기록한다. 어떤 형식으로든 인간은 글, 그림, 말로 자신의 생각을 표현하고 있다. 만약 그림으로 표현하는 것이 능숙하면 예술가가 될 것이고 말이 능숙하면 연설가와 그에 따른 일을 하게 될 것이다. 글로 표현하게 되면 작가 등 글로 생각을 전달하는 삶을 살 것이다. 이 세 가지 방법은 서로에게 영향을 미치므로 1학년 아이들에게 그림책을 함께 읽고 나누는 것이 여러모로 의미를 지니게 될 것이다.

『원숭이의 하루』를 읽은 후『원숭이는 원숭이』를 읽었다. 하루에 5~6쪽씩 읽던 것이 지금은 더 빨라진 듯싶다. 여전히 질문과 질문을 하고 있으나, 뒤의 이야기가 너무 궁금하다는 말을 많이 한다. 금요일이라 아이들에게 이야기를 읽는 시간을 빼고 쉬는 시간에 친구들과 보라고 책꽂이에 꽂아 두었다. 국어 글쓰기를 끝내고 책을 보라고 하니 아이들 서너 명이 모여서 원숭이 시리즈를 읽고 있다. 아이들끼리 읽으며 하는 말을 녹음해 보았다. 글을 잘 읽는 영선이가 낭독을 하고, 주변 친구들은 러그에 눕거나 앉아서 편하게 듣고 있다. 그 옆에서는 민철이가『춤을 출 거예요』를 처음부터 혼자 읽고 있다. 그리고 엊그제 전학 온 수연이는『원숭이는 원숭이』를 여자 친구들 2명과 같이 읽는다. 책꽂이에 꽂아두는 것만으로 의도하지 않은 변화들이 일어난다. 옆을 지나가며 살짝 들어보았더니

"개구리 봐. 얼굴 표정이 달라지네."

"내가 읽을 테니까. 넌 잘 들어 봐."

"여기 배는 진짜 크다. 바다거북 할아버지가 그러니까 부딪혀서 머리가 아프지."

아침마다 책을 읽으며 했던 이야기들을 흉내 내고 있는 것 같다. 그렇게 같은 듯 다른 이야기들을 자연스럽게 나눈다. 책을 읽고 서로 의견을 나누는 첫 걸음을 뗀 것이다. 의도적으로 이것저것 학습지를 할 수도 있지만 기다려 주고, 공간과 시간을 제공하는 것만으로 아이들의 삶은 이미 풍성해졌다. 놀이시간을 주었더니 책을 읽고, 책을 읽으며 선생님처럼 질문하고 학생처럼 답하는 것이다. 이런 모방을 통해 나의 삶이 아이들의 삶으로 연결 지어진다. 그래서 『원숭이는 원숭이』에서는 아이들이 하고 싶은 놀이와 활동을 교육과정과 연결 지어 보았다. 다음은 바슬즐 교과의 '가족'과 '여름' 단원을 재구성하면서 '수업 만들기'에서 나온 아이디어를 놀이 활동으로 만든 것이다.

▍'수업 만들기'를 해 보자

2015개정교육과정의 바슬즐 교과서의 가장 큰 변화는 '수업 만들기' 시간이다. 성취기준을 바탕으로 아이들과 교사가 함께 만들어 가는 수업을 할 수 있는 시간이라 할 수 있다. 교사들이 가장 좋아할 수도 또는 두려워할 수도 있는 활동이다. 명확하지 않은 것에 대한 불안이라 할 것이다. 그래서인지 교사용 지도서에는 이 시간에 대한 다양한 예시자료를 준비해 두고 있다. 처음으로 시작해 본다면 이를 활용해도 좋을 듯싶다.

우리 반에서의 수업 만들기는 자유롭게 이야기하기에서 시작한다. 그리고 이를 위한 '이끎 질문'은 원숭이 시리즈에서 나온다. 우선은 원숭이가 하는 놀이를 기억나는 대로 이야기한다. 그중에서 해 보고 싶은 것을 2~3가지 포스트잇에 써 본다. 실제 원숭이보다는 친구와 평소에 하는 놀이들이 많이 나온다. 쓴 순

서대로 칠판에 붙이면 교사는 비슷한 주제끼리 분류해 준다. 그렇게 나온 놀이들이 수업 만들기 시간에 하는 활동으로 정해진다

봄 수업 만들기

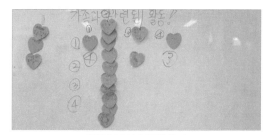

'가족' 포스트 잇에 쓰기

'여름' 분류하기

봄 단원을 수업할 때는 수업 만들기의 의미를 파악하기 힘들다. 교사가 어떤 활동이 가능한지 예를 들어 주고 아이들이 가장 원하는 활동을 몇 가지 선정해서 수업했다.

가족을 주제로 할 때 원숭이는 원숭이를 읽고 있어서 질문 후에 놀이를 분류해서 정할 수 있었다. 여름 단원에서는 『원숭이 동생』을 읽으면서 앞에 읽었던 원숭이 시리즈 전체를 반복해서 보고 있었기 때문에 훨씬 다양한 활동과 주장들이 있어서 풍성한 활동이 가능했다.

▌책처럼 놀아 보자

1) 질문과 함께 놀기1. 무슨 놀이를 하고 싶니? 가족 역할놀이 하기

시작은 간단했다. 수업 만들기에서 원숭이가 노는 놀이에 대한 질문을 했다.

"원숭이들은 어떻게 놀았니?"

"누구랑 놀았을까?"

"친구들이랑 놀 때와 가족이랑 놀 때는 어떤 차이가 있었을까?"

"우리 반에서는 무슨 놀이를 할 수 있을까?"

"가족과 함께하고 싶은 놀이는 무엇이 있을까요?"

많은 질문과 대답 속에 교사는 소꿉놀이 기구를 샀음을 알려 준다. 이를 활용해서 하고 싶은 놀이를 자유롭게 이야기한다. 이때는 모둠원과 활동해야 하기 때문에 모둠끼리 이야기 나누기로 한다. 그리고 정한 것이 가족 역할 놀이를 하고 싶다는 것이었다. 모둠원끼리 하고 싶은 역할을 교실에서 정한 후에 운동장의 그늘진 곳으로 가서 활동을 한다. 준비물은 은박 돗자리와 소꿉놀이 세트로

충분하다. 남자끼리 여자끼리 활동을 함에도 아버지, 어머니, 아들, 딸과 할아버지 할머니의 역할이 나뉜다. 그리고 모든 활동의 마무리는 소감 나누기여야 한다. 처음은 쉽게 "오늘 활동은 어땠니?"로 하면 좋다.

2) 질문과 함께 놀기2. 누구와 놀고 싶니? 친구와 운동장 그림 그려요.

원숭이처럼 놀아보기에서 할 수 있는 재밌는 활동으로 운동장을 활용한 그림 그리기이다. 창의적 체험활동 시간에 유초연계활동으로 시작했다. 질문은 "만약 동생이 있다면 어떻게 놀고 싶니?"이었다. 이 활동을 하기 위해서는 유치원 선생님과 사전 준비과정이 필수다. 유치원에서는 '형과 놀이를 한다면 어떤 놀이를 하고 싶니?'를 질문으로 해서 운동장에 그림을 그리는 활동을 안내한다. 그리고 미리 종이에 그릴 그림을 그려보게 한다. 1학년 친구들은 학교를 주제로 하였기 때문에 학교 모습, 노는 모습, 학교에서 읽은 동화책 속의 장면 등이 나왔다.

유치원 아이들과 활동할 때는 운동장 한편에 커다란 도화지의 의미로 구역을 정해 준다. 1학년은 막대기를 들고서 생각한 밑그림을 그려주고 유치원생들은 플라스틱 음료수병에 물을 넣어서 1학년이 그린 그림 위에 물로 따라 그린다. 커다란 운동장 도화지에 협동작품이 완성되는 것이다.

3) 질문과 함께 놀기3. 어떻게 놀이를 할까요? 규칙을 정해 물놀이하기

여름 수업 만들기에서 '물총놀이'가 정해졌다.

"원숭이라면 여름을 어떻게 지낼까?"

"털이 있어서 더울 텐데 무슨 놀이를 하면 시원할까?"

"여름 놀이로 무엇을 더 하고 싶니?"

물총놀이 시간은 창체 안전한 생활과 바슬즐의 여름놀이 2시간을 활용했다. 물총을 사용하기 때문에 아이들이 서로의 안전에 대한 충분한 인식이 중요했다. 그리고 물총으로 쏘기만 하기에는 단조로운 점이 있기 때문에 활동을 다양화할 필요가 있었다.

안전한 생활에서 원숭이가 한 놀이 중 개구리 던지기를 살펴보았다.

"우리는 개구리 던지기 놀이를 할 수 있을까?"

할 수 있다와 없다 여러 말들이 오고 간다.

"개구리 입장에서 생각해 보자. 내가 개구리라면 개울 건너편으로 던져지면 좋을까?"

"선생님 개구리는 살아 있는데 기분 나쁠 것 같아요."

그럼 우리는 개구리처럼 살아있는 생명체로 놀이를 하면 안 되겠다는 말을 나눈다. 그리고 나서 다치지 않고 물총놀이를 할 수 있는 방법에 대해 이야기를 해 보았다. 우리 학교에서 물총놀이는 전교생이 함께 한 활동이다. 유치원과 1학년은 물놀이까지 더 해서 만족도가 높았다.

안전한 물놀이를 위해서 만든 규칙은 이러했다.

- 얼굴에는 물총 쏘지 않기
- 정해진 구역 안에서 활동하는데 바깥으로 나갔을 때는 선생님 옆에서 60까지 숫자세고 다시 들어가기
- 쉬고 싶을 때는 스탠드에서 앉아서 쉬기
- 한 사람만 공격하지 않기

규칙을 정한 후 운동장에 나가서 물총놀이를 했다. 사전에 커다란 물통에 1반

용과 2반용 물을 미리 받아 두고 시작한다. 물총놀이로 정해진 구역 안에서 의자 위에 놓인 다른 반 공 떨어뜨리기, 친구 등에 물총 쏘기, 하늘로 물총 쏘기 활동을 했다. 그리고 학교 운동장을 이용해서 물길 만들기를 해 보았다. 비가 온 다음날이라 물기가 있는 운동장에서는 아이들이 상상하는 물길이 여러 모양으로 만들어졌다.

같은 활동을 매년 해 왔지만 올해가 더 의미 있는 지점은 책을 바탕으로 스스로 규칙을 정하고 활동을 함으로써 재미와 의미를 높일 수 있었다는 점이다. 끝나고 소감나누기에서도 가장 많이 나온 그림일기의 내용은 물총놀이와 함께 자유롭게 그림 그리다가 물길을 친구와 함께 만들어서 좋았다는 것이었다. 무엇이든 스스로 정해서 하는 것은 비록 실패할지라도 더 큰 의미를 줄 수 있을 것이다.

4) 질문과 함께 놀기 4. 우리 반의 규칙은 어떻게 정할까요?

고학년이었다면 학급규칙은 3월에 정한다. 학교생활이 익숙하지 않은 1학년에게 규칙 정하기는 가장 힘든 일이 될 것이다. 그래서 선생님과 함께 책 읽기가 끝나고 친구들끼리 책 읽기를 하면서 2학기 학급 생활을 위한 규칙 정하기 활동을 했다.

수업의 시작은 원숭이는 원숭이 이야기 중에 '그래도 모두들 사이좋게 살아왔겠지요.'라는 부분이 있다. 이 장면을 보여 주고 사이좋게 지내는 방법에 대한 이야기를 자유롭게 나눈다.

"어떻게 사이좋게 지냈나요?"

"뱀머리여도. 게귀여도. 문어꼬리여도 친구들이 같이 놀아 주어요."

"달라도 함께 놀아요."

"그럼 함께 놀기만 하면 될까?"

"다투기도 할 것 같아요."

"우리 반에서도 서로 다투는 것 같던데……."

이런 얘기들이 오가면서 1학기 동안 다툰 친구들 이야기를 한다. 그러고 나서 서로 사과했는지에 대해 물어 보았다. 머뭇거리는 친구도 있고 사이좋게 지내고 있다는 말을 하는 친구도 있었다. 이야기를 하는 중에 서로의 지난 일에 대한 사과하기 활동을 먼저 하게 되었다. 사과주스를 서로 함께 마시면서 미안한 일에 대해 이야기할 거리를 찾아보게 했다. 우리 반 18명 중 12명의 친구들이 순서대로 사과의 한 마디를 하고 사과주스를 나누어 마셨다. 그렇게 1시간 활동이 끝나고 다음 시간에는 평화로운 2학기를 위한 학급 규칙 만들기 시간을 가지기로 했다.

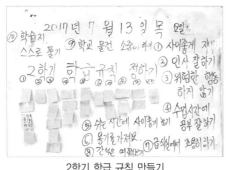
2학기 학급 규칙 만들기

규칙의 필요성에 대해서는 앞 시간 활동으로 대체한다. 다음으로는 규칙이란 무엇인지에 대해 아이들의 의견을 들어 보았다. 여러 가지 생각을 모아 본 결과 '함께 지켜야 하는 것'으로 정의했다. 사전적 의미보다 아이들이 직감을 통해 이해하는 것도 중요할 것이다. 그리고 각자 생각하는 규칙을 한 가지씩 적어 보기 활동을 한다. 그리고 각각의 의견에 대한 대표자가 이유를 설명하게 했다. 재미있는 규칙으로 '용기를

가져요'와 '간식은 여쭤 보기'가 있다. 이 의견을 낸 친구들은 개인적인 경험이 많은 부분을 차지한 것으로 보인다.

칠판에 하나씩 붙여 보았더니 10가지로 분류되었다. 다음으로 다수결의 원칙을 이야기해 주었다. 과반수 많은 의견이 선정됨을 알려 주고, 규칙으로 몇 개를 정하면 좋을지 토의해 보았다. 3가지와 5가지 10가지 의견으로 좁혀졌다. 각각의 근거를 들은 후 손들기를 통해 정해진 규칙의 수가 10가지 모두가 되었다. 교사의 마음으로는 3가지나 5가지가 되면 좋겠다고 생각했는데 해원이가 발표한 근거에 많은 아이들의 마음이 움직였다. 10가지여야 되는 이유가 모든 친구들의 의견이 소중하기 때문이라고 했다. 그리고 이 의견에 가장 많은 반론과 대답들이 오갔다.

"10가지면 너무 많지 않습니까?"

"규칙이 많아서 지키기 어려울 수 있습니다. 어떻게 할 것인가요?"

1학년이 맞는가 싶은 정도의 이야기들에 놀랄 것도 잠시 해원이의 답이 재밌다.

"그래도 친구들의 의견은 소중하기 때문입니다. 그리고 모두가 함께 정하고 찬성했으니까 더 잘 지킬 것입니다."

대답이 끝나고 해원이의 혼잣말도 흐뭇함을 더한다.

"왜 나한테만 이렇게 질문하는 거야."

18명 중 12명의 친구들이 손을 들어 주었다. 2학기가 되어서 잘 지켜질지 지켜볼 일이다. 마지막 활동으로 각자가 만든 규칙을 스스로 적어서 벽에 붙여 두었다.

4. 원숭이 동생 : 왜 원숭이 엄마는 동생만 사랑하나요?

▌마음속의 선함을 찾아서

이토우 히로시 저, 김난주 옮김, 『원숭이 동생』, 비룡소, 2003.

블록 수업을 마치고 쉬는 시간이다. 친구들과 나누어 먹겠다고 현성이가 초콜릿을 가져왔다. 우유와 나누어 먹으면 더 맛있다는 말에 "휴, 그럼 나도 우유 신청할걸." 혼잣말이 들린다. 그 순간 민성이가 먹을 우유가 없단다. 이리 저리 찾아보니 우유를 먹었던 친구가 한 개를 더 마시고 있다. 초콜릿이 맛있으니 또 먹은 것이다. 그 순간 무슨 생각을 했을까? 1학년 아이들 수준에 맞는 반응이었다는 생각이 들었다. 그리고 못 먹은 친구에게 여분의 우유를 주면서 마무리를 지었다. 교실에서는 어렵지 않게 보이는 상황 중 하나다. 개인적이면서 이기적인 결정 뒤에 남을 위해 무언가를 준비하는 누군가가 존재한다.

그러면서 아이들과 만약 '내가 이렇다면 어떻게 했을까?'를 질문한다. 쉽게 생각하는 질문에 1학년 아이들은 다양하고 재밌는 답을 낸다. 함께 천천히 책을 읽으며 그 순간을 알아채는 것도 재밌는 일이다. 사실 우유를 한 개 더 먹은 아이가 답한 순간을 되돌아보면 마음도 알아챌 수 있었다. 『원숭이 동생』을 읽으면서 아이들의 생각을 엿본다.

1) 아이들의 마음 질문 1. 선생님 왜 원숭이 동생만 나와요?

다름을 이해하고 차이를 받아들이는 것은 어른에게도 힘든 일이다. 1학년은 두 가지를 구별하지 못한다. 『원숭이 동생』을 읽으면서 가장 많이 나오는 질문이 있다.

"왜 엄마는 원숭이 동생 이야기만 해요."

"원숭이 형은 어디 있어요?"

그럼 대답해 준다. 『원숭이는 원숭이』의 그 원숭이가 원숭이 형이야. 그러면 또 고개를 끄덕인다. 그림의 장면 장면에서 아이들이 가진 고민들이 보인다.

우리 반은 유난히 맏이면서 동생이 어린 친구들이 많다. 학기 초 그냥 보아 넘긴 가정환경 조사서는 매번 상황이 생겼을 때 다시 보아야 기억에 남는다. 하지만 책을 읽으며 아이들의 말로 표현되었을 때는 바로 기억된다.

"여러분은 동생이랑 사이좋게 지내고 있나요?"

질문 한 가지에 18명이 다르게 대답한다. 그중 혼자인 아이들은 동생이 있었으면 좋겠다고 한다. 동생이 3명인 아이는 쌍둥이 동생들이 힘들다고 하소연이다. 젖먹이 동생이 있으면 너무 어린 동생 때문에 혼자 놀아서 싫다고 한다. 그리고 동생이 없지만 형이 있으면 형이 때려서 싫고 같이 놀아 주지 않아서 재미없다 말한다. 그러다가 또 질문한다.

"그럼 동생이나 형이 어떻게 해 주면 좋겠니?"

평소에 생각이 많았던지 바로 대답을 한다. 동생이 더 컸으면 좋겠다. 형이 놀아 주면 좋겠다. 싫은 이유 속에 답이 있다. 그리고 아직은 어린 마음이 보인다.

"형과 동생과 나의 다른 점은 무엇일까?"

고개를 갸웃거리면서 고민한다. 그렇게 또 다른 수업을 시작한다.

2) 아이들의 마음 질문 2. "여러분은 어렸을 때의 일을 기억하나요?"

나를 인정하고 동생을 이해하면서 스스로 커 간다. 책을 한참 읽다 보면 동생이 엄마 배 속에 있다가 태어나는 이야기가 지나면 원숭이의 이야기를 엄마가 해 주는 장면이 나온다. 이때쯤 동생에 대한 이야기보다는 나에 대한 이야기를 할 수 있다. 원숭이가 어렸을 때 바나나를 먹던 일부터 『원숭이의 하루』에 나오는 일까지 그림으로 표현하는 부분이 있다. 여기를 보면서 아이들에게 물어 보았다.

"여기처럼 엄마와 어렸을 때 이야기를 해 본 적이 있나요? 엄마에게 들은 이야기에는 무엇이 있었나요?"

어렸을 때 다친 이야기와 여행 간 이야기부터 친척과 옆집 친구와 놀았던 일까지 다양하게 나왔다. 그중에서 태어나면서부터 지금까지 일이 모두 기억난다는 대답도 있었다. 자세히 들어 보면 이 친구는 엄마와 많은 이야기를 시시콜콜하게 하는 아이다. 그러니 태어난 이야기부터 스스로 기억하고 있다고 생각했다. 잠깐 그런 부분을 말해 주다 생각하게 되었다. 작은 일이지만 가족과 많은 이야기를 나눈다는 것이 더 중요할 것이다. 그렇게 친구와 친구, 교사와 학생 사이의 나눔을 슬로리딩을 통하는 것도 좋은 방법이 될 것이다.

▌그림으로 글을 쓰는 아이들- 그렇게 한 뼘 더 크다.

그림동화책은 글보다 그림이 더 큰 의미를 가진 책이다. 그림만으로도 충분히 이야기를 만들 수 있기 때문이다.

3월의 마지막 어느 날, 그날도 아침에 옹기종기 모여 슬로리딩 도서로 선정

한 『춤을 출 거예요』를 읽고 있다. 다른 날 수업 같으면 벌떡 일어서서 내 이야기를 듣는 철용이를 보며 앉으라고 이야기를 했을 것이다. 그날따라 춤추는 주인공의 얼굴과 머릿결을 보여 주며 글자가 하나도 있지 않은 장면을 보여 주며 이야기를 나누고 있었다. 철용이가 손을 번쩍 들고 여느 날처럼 가장 많은 질문과 생뚱맞은 대답을 하고 있었다.

"이 친구의 얼굴 표정이 어때요?"

"이 친구처럼 표정을 지었던 기억이 있나요? 있다면 이야기해 볼까요?"

"저는 좋아하는 음식을 먹을 때요. 저도 발레를 하고 있을 때 그런 표정을 지어요."

다양한 답을 이야기하는데, 철용이는 서서 가만히 그림만 쳐다본다. 어느 때와 다른 얼굴 표정은 새로운 충격이었다. 급한 성격에 생각나는 대로가 아닌 무언가 생각하는 모습이 호기심을 불러 일으켰다.

"언제 이런 표정이었을까?"

"응, 머리가 강물 같아요. 놀 때 엄마가 책 읽어 줄 때 그렇게 눈을 감고 있어요."

우리는 많은 말들이 아이들에게 깨달음을 가져다 줄 것이라 생각한다. 하지만, 장면 그림 하나로도 새로운 면을 열어 줄 수 있다. 철용이에게도 자신을 돌아보는 순간이었지만 교사의 입장에서는 편견에 사로잡힌 모습에서 창의성의 새로운 가능성과 나름대로 자기만의 방법으로 수업의 모든 장면에 참여하는 철용이를 보여 준 순간이었다. 나는 슬로리딩을 하면서 '천천히 이야기만 하고 있지 않은가?'라고 느끼는 순간이 있었다. 그래서 그림 한 장면으로 아이들과 이야기에 푹 빠져 보기로 했다. 그랬더니 새로운 아이들이 보였다.

『원숭이 동생』에서는 아이들 속마음을 들여다보고 치유하는 활동이 가능하다. 그리고 1학년 바슬즐 교과의 '가족' 주제에 다양한 수업 만들기의 동기유발 주제로도 좋다. 다음은 우리 반과 함께 지도서에 제공된 활동에 더하기와 빼기를 해서 상황에 맞게 바꾸어 본 것이다. 놀이 활동에서는 창의적인 아이디어가 아이들로부터 나왔다면 지금의 활동들은 교사가 제시하고 활동하면서 바꾸어 간 내용이다.

▎마음 표현하기 질문. 가족과 하고 싶은 일은?– 미래 가족과 여행하기

『원숭이 동생』을 읽으면 가족의 구성원에 대한 질문을 하게 된다. 가족 단원의 첫 활동에서도 마찬가지의 질문으로 시작한다. 그러다 보면 매년 겪는 갈등 상황에 처한다. 가족의 구성원을 친구에게 소개하게 하면 상처받는 경우가 생긴다. 다행히 다양한 가족의 형태에 대해 미리 알려 주고 시작할 수 있다면 더욱 좋을 것이다.

『원숭이 동생』은 그런 면에서 좋다. 엄마와 나, 동생, 할아버지, 원숭이 마을 친구들이 등장인물이다. 책을 다 읽도록 "아빠는 어디 있어요?"라는 질문은 없었다. 엄마의 중요성을 위한 책도 아니다. 그냥 있는 그대로 함께 나누는 것이 좋았던 듯싶다. 그래서인지 '가족'을 주제로 한 교육과정 재구성에서는 우리 가족에 대한 소개는 제일 마지막 시간에 나온다. 그리고 굳이 친구들에게 소개하는 활동은 하지 않았다. 대신 미래의 가족 소개하기와 미래의 가족 여행 꾸미기 활동을 하게 된다.

"원숭이가 가족이 될 수 있을까?"를 물어보았다.

"될 수 있어요. 왜냐하면 우리 집에는 토토가 있는데 강아지여도 엄마가 가족이라고 했어요. 그래서 될 수 있어요."라고 대답한다.

"될 수 없어요. 왜냐하면 원숭이는 키울 수 없기 때문이에요." 아주 실제적인 대답을 하는 친구도 있다.

이런 질문을 바탕으로 미래의 가족을 꾸며 보기로 했다. 그리고 그 가족이 여행이나 체험하는 모습을 NIE기법으로 표현해 보았다. 잡지 사진을 준비해 주고 특별히 동물사진이 골고루 들어가게 나누어 준다. 그리고 모둠끼리 먼저 가족 구성원으로 누가 있으면 좋을지 정하게 한다. 다음으로 어디로 여행을 갈 것인지 아니면 가족행사로 정해도 좋다고 해 준다. 그랬더니 남자 모둠은 가족끼리 축구하는 모습을 표현했다. 그리고 한쪽에는 강아지 한 마리를 오려 둔다. 여자 모둠은 해변으로 여행 가서 배 타는 모습을 표현했다. 낚시하는 아빠와 라면 끓이는 엄마, 그리고 삼촌은 외국인과 결혼했다. 남녀 함께 있는 모둠은 하와이로 여행 간 모습을 표현했다. 그 모둠원 중 한명이 어렸을 때 갔던 하와이 여행을 시간 있을 때마다 이야기하더니 여기서도 표현했나 보다. 그리고 용인의 한 물놀이 공원으로 여행간 가족을 붙여 놓았다. 튜브를 밀어 주는 아빠와 선탠하는 누나와 형 그리고 친척들도 많다.

아직은 1학기라서 짧게 시작하고 조금씩 수업에 들어간 활동들 위주다. 2학기에는 더 계획적인 슬로리딩을 하고 싶다. 읽을 책은 2반 선생님과 미리 주문해서 와 있는데 2학기 교과서가 없다. 성취기준으로 재구성 할 수 없어서 아쉽다. 그래도 1학기처럼 매일 책 읽어 주기를 바탕으로 다시 읽기와 함께 읽기를 바탕으로 깊게 나눠 볼 참이다.

▌책은 에스프레소다.

최근 들어 즐기는 아메리카노 이야기다. 어느 날인가 라디오에서 이탈리아인들의 에스프레소에 대한 사랑을 들었다. 그들은 커피를 마실 때 아메리카노보다 에스프레소 한 잔을 즐긴다고 한다. 그 에스프레소가 모든 커피의 기본이라고 한다. 그래서 그 진함을 좋아하고 바리스타가 되기 위한 사람은 에스프레소를 만드는 것에서 출발한다고 한다. 에스프레소를 잘 만드는 사람일수록 훌륭한 바리스타가 될 가능성이 높다고 한다. 그리고 에스프레소를 만드는 순간 바리스타를 위한 자격의 반 이상을 왔다고 한다. 그러고 보면 책이란 우리에게 교육의 에스프레소 같은 존재인 듯싶다. 당연한 이야기를 길게 하더라도 독서교육의 이름으로 더 세분화되고 있어도 언제나 기본은 항상 똑같았을 것이다. 아메리카노가 에스프레소를 바탕으로 하듯 교육의 기본은 책에서부터 출발할 것이다. 그것을 얼마나 많이 다양하게 읽을 것인가부터 깊게 음미하며 읽느냐 하는 것은 개인의 선택일 수 있다. 슬로리딩의 여러 모습도 결국 한 가지에서 출발한다. 누군가에게는 이런 책 읽기도 이런 독서토론의 방법도 그리고 다른 모습이어도 괜찮다. 책은 에스프레소이고 슬로리딩은 에스프레소를 기본으로 깊게 읽는 또 다른 모습이다.

이선희

중학년(3~4학년) 슬로리딩 입문기

1. 슬로리딩에 눈뜨다

2014년 9월, 그 당시 나는 수석교사로서 선생님들에게 도움이 되는 새로운 연구를 늘 해야 한다는 부담감과 교사토론연구회를 오랫동안 이끌어 오면서 뭔가 한 단계 업그레이드해야 할 필요성을 함께 느끼면서 여러 가지 고민을 하고 있었다. 그러던 차에 우연히 EBS〈다큐 프라임〉에서 슬로리딩을 만나게 되었고, 그 순간 나는 내가 가지고 있던 두 가지 고민이 곧 해결될 것 같다는 직감이 들었다.

▌학교에서의 고민

내가 근무하던 학교는 독서교육에 대해 오랫동안 고민을 해 오고 있었다. 학교가 제법 오래되었고 규모가 컸기 때문에 도서관 시설이 잘 되어 있었고, 많은 책을 보유하고 있었다. 사서선생님도 오래 근무하고 계셔서 여러 가지 여건 등을 잘 갖추어 놓은 데다가 '학부모 도서도우미 제도'가 정착되어 아이들을 위한 독서 프로그램이 잘 운영되고 있었다. 그러나 매년 학년말 교육과정 설문조사를 해 보면 독서교육에 대한 방향전환이 필요하다고 응답하는 교사나 학부모의 비율이 높았다. 이유를 살펴보면 다독아 시상이나 다독반 시상제도로 인해 아이들이 책은 많이 읽긴 하지만 책 편식이 심하고, 쉬운 그림책 위주의 책만 읽다 보니 권수만 채우는 독서가 많다는 것이었다. 또 한 두 줄 책 소감쓰기도 책 내용을 베끼는 수준에 그치는 경우가 많아서 실제로 책이 아이들의 생각을 키워 준다는 느낌이 들지 않는다는 응답도 있었다. 실제로 한 선생님의 말을 빌리면 한 아이가 하루에 책을 5-6권씩 읽어서 다독아 상을 받았지만 책 내용을 물어보면 전혀 모르거나 책에 대한 자신의 생각을 말해 보라고 하면 모른다고 대답한다는 것이었다.

매년 한 번씩 행하고 있는 〈독서 골든벨 퀴즈대회〉도 한 학년 당 1~2권의 책을 정해 주고 그 안에서 문제를 내서 하는 방식인데 실제로 책을 즐겨 읽는 아이들에겐 도전할 만한 좋은 제도지만 평소에 책을 잘 안 읽는 아이들이나 암기에 자신 없는 아이들은 도전조차 하지 않는 경우가 많았다. 그리고 골든벨 퀴즈의 문제도 모두 단답식 문제 위주이기 때문에 암기에 소질 있는 어린이가 유리한 방식이라 생각을 키워주는 데는 적절치 않다는 교사들의 지적이 많았다.

아침자습 시간을 이용해서 도서자원봉사 도우미 어머니가 그림책을 들고 교실로 들어가서 책을 읽어 주던 〈책 읽어 주는 어머니〉라는 프로그램도 아이들이 좋아하는 프로그램이었는데 '9시 등교정책' 때문에 운영이 힘들어지고 말았다. 명맥을 유지하기 위해 일찍 등교하는 아이들을 위한 '도서실 개방 책 읽어 주기 프로그램'으로 대체해서 진행하고 있으나 등교시간이 일정치 않아 아이들이 책 읽는 중간에 드나들다 보니 제내로 효과를 거두지 못하고 있었다.

그렇지만 방학 중에 이루어지는 독서캠프나 학기 중에 저학년을 대상으로 하는 독서연극 등 책과 친해지기 위한 프로그램들이 있어서 그나마 우리 학교 아

이들은 책과 만날 수 있는 여건을 많이 갖추고 있어서 다행이라고 생각했다. 그러나 거기서 한 발 더 나아가 아이들이 책을 읽으면서 생각의 폭을 넓히고 자신만의 생각을 만들어 갈 수 있는 뭔가가 부족하다고 느끼던 차에 〈EBS 다큐프라임 슬로리딩〉은 우리 선생님들에게 한 줄기 빛을 비추어 주었다.

▌교사연구회의 고민

내가 근무하고 있는 지역은 경기도 이천으로 작은 도시이다. 논과 밭이 많은 지역이며 물이 좋아 물과 관련된 공장, 반도체 공장 등도 많은 곳이다. 초등학교가 30개 정도 있지만 학급수가 20학급이 넘는 학교는 손꼽을 정도이고 대부분이 소규모 학교이다. 이곳에서 초등교사 토론교육연구회를 이끌어 온 지도 벌써 6년째 접어들고 있다. 토론교육연구회에서는 주로 토론수업에 관한 연구를 진행하고 있으며 이천, 여주지역 교사들을 위한 토론직무연수도 3번이나 운영하였다. 연구회를 오래 운영하다 보니 기존 회원과 신규 회원들 간의 토론에 대한 이해도가 많은 수준 차이를 보이게 되어 그 격차를 줄이고자 교사 토론연수를 진행한 것이었다. 매달 연구회 모임은 토론수업공개 및 성찰 나눔, 토론학습지 개발, 토론수업디자인 등의 다양한 주제로 진행되고 있으며 방학 중에는 매 학기마다 워크숍도 진행되고 있다. 연구모임에는 늘 20명 내외의 회원들이 참석하고 있으며 수업공개 및 성찰 나눔 때에는 비회원 저경력 교사들의 참여도도 꽤 높은 편이다.

연구회가 오랜 기간 동안 지속되다 보니 수업 시간에 활용할 만한 토론하기 좋은 책도 선정하여 알려 주었으면 좋겠다는 요구를 비롯하여 점점 많은 요구들이 생겨나기 시작했다. 또한 나를 포함하여 우리 연구회의 소속 선생님들도 교과서에 수록된 텍스트만 가지고 토론수업을 하는 데에 많은 어려움을 느끼고 있었다. 교과서에 수록된 텍스트는 어떤 문학 작품의 극히 일부분만 수록되어 있어서 그 내용만으로는 아이들이 함께 나눌 이야기가 별로 없다는 단점을 가지고 있기 때문이다. 어른들이야 삶의 경험이 많아서 그것과 관련하여 다양한 이야기를 할 수 있지만 아이들은 몇 마디 주고받으면 이야기꺼리가 떨어져서 더 이상 대화를 이어가지 못하는 경우가 허다하다.

처음에는 토론수업하기 좋은 도서를 선별하여 추천해 주었다. 그러나 해가 갈수록 회원들의 요구를 따라가지 못하는 일이 많아지게 되었고, 토론 수업하기 좋은 책을 지속적으로 추천해 주는 것은 여간 힘든 일이 아니었다. 책 하나를 추천하려면 내가 먼저 책을 읽어야 하고 그 책은 어느 교과에 어떤 주제로 토론하는 것이 좋고, 평가는 어떻게 하는 것이 좋을 것 같다는 분석이 선행되어야 추천이 가능하기 때문에 매일 학교 도서관에서 살다시피 해도 늘 시간이 모자랄 지경이었다. 또 내가 보기엔 좋은 책인 것 같아 추천을 해도 받는 사람의 취향에 맞지 않을 수도 있어서 추천도서 선정은 '끝이 보이지 않는 노동'으로 느껴지기까지 하였다. 그러던 중 한 권의 책으로 오랜 기간 읽으며 수업을 했다는 아키타 현의 '나다 중·고등학교'의 사례와 용인성서초의 사례는 나에게 사이다 같이 시원한 해결책을 제시해 준 것이다.

▌슬로리딩과의 만남

평소 지상파 방송, 케이블 TV 등은 많이 보는 편이었지만 EBS 교육방송은 잘 보지 않았는데 우연히 EBS 다큐 프라임 〈슬로리딩 3부작〉을 보게 되었다.

우리가 평소 고민하고 있던 내용이라 우리 학교 전교사와 토론연구회 임원들에게도 보게 하였더니 여러 선생님들로부터 우리도 당장 해 봤으면 좋겠다는 응답이 왔다. 나는 곧바로 TV에 등장하는 용인성서초등학교 교무실로 전화를 걸어 프로그램에 출연하신 선생님과 통화를 하였다. 다행히 최영민 선생님이 다른 학교로 전근가시지 않고 그 학교에 근무하고 계셨고 너무나 친절히 응답을 해 주셨다. 전국적으로 방송된 프로그램이라 많은 분들이 관심을 갖고 전화를 걸었을 텐데도 답변을 잘해 주셔서 너무 고마웠다. 알고 싶은 것이 너무 많아 통화만으로는 만족할 수 없어서 학교로 찾아가도 되겠냐고 했더니 흔쾌히 허락해 주셔서 우리 학교 연구부장님이랑 함께 자동차로 한 시간 정도 떨어진 그 학교로 찾아갔다.

그 학교는 우리 학교랑 비슷한 규모로 한 학년에 3학급 정도이고 신설된 학교라 깨끗하고 시설도 좋고 사방이 아파트로 둘러 싸여 있는 도심 속의 주택가에 위치하고 있었다.

최영민 선생님과 인사를 나누고 그간의 슬로리딩 경과를 들었는데 책『슬로리딩, 생각을 키우는 힘』에 나와 있는 내용 대로라서 여기에 옮겨 적지는 않겠다. 선생님의 설명을 들으면서 어렵다거나 우려되는 점 같은 건 생각나지 않고 우리 학교 교사나 학생들도 충분히 할 수 있겠다는 자신감이 점점 생겨났다. 최 선생님은 프로그램이 끝난 후에도 6학년 담임을 맡아 슬로리딩 교육을 계속하고 있다고 하면서 자신의 재산과도 같은 모든 자료를 우리에게 아낌없이 주셨다. 어찌나 용량이 많은지 압축을 해서 USB 외장하드에 받아왔는데 다운받는 데만도 상당한 시간이 걸렸다. 그로부터 며칠 후에는 최 선생님을 우리 학교로 초청해서 연수를 받고 우리 학교와 연구회 회원들의 학교에서 실천을 해 보기로 하였다.

2. 슬로리딩, 단순한 따라 하기를 넘어

슬로리딩의 전문가이신 최선생님의 자료를 몽땅 받아왔으니 '잘 되겠지'라고 생각을 하고 막상 시행하려고 보니 용인 성서초와는 달리 우리 학교 아이들의 수준에 『그 많던 싱아는 누가 다 먹었을까』가 너무 어렵지 않냐는 선생님들의 의견이 지배적이었다. 최 선생님이 말씀하시길 슬로리딩 도서는 "아이들의 수준보다 약간 높아서 교사의 도움이 필요한 책"을 선정하는 것이 좋다고 하셨지만 우리 아이들의 수준보다 '약간 높은 정도'가 아니라 '너무 많이 높은 책'이라는 것이었다. 우리 학교 아이들이 1~4학년까지는 상을 받으려고 그림책이라도 많이 읽지만 고학년이 되면 아예 책에서 손을 놓고 지내는 아이들이 많은데 그 책이 가당키나 하냐는 것이다.

많은 논의 끝에 우리 학교는 당장 책을 정해 시행하는 것은 어렵고 한 학기 동안은 책을 정하지 않고 각 교사마다 추천하는 책을 동학년 교사끼리 같이 읽고 공동지도안을 짜서 수업을 해 보고 그중 가장 적당한 책을 골라 다음 학기에 본격적으로 시행해 보자고 합의를 하게 되었다. 이렇게 시작된 우리의 처음은 '책을 활용한 수업'이라고 하는 것이 옳을 것 같다. 1학기엔 맛보기로 각 학년마다 쉬운 책으로 접근하기로 하여서 그림책이나 아이들이 흥미를 느낄만한 유명한 도서를 정해 수업에 활용해 보았고, 2학기엔 교육과정 재구성을 통해 구체적으로 실행해 보았다. 다음 표는 우리 학교 선생님들이 슬로리딩을 시작하려고 시도해 본 도서이다.

한내초 슬로리딩 시작 도서 목록

학년 \ 선정도서	1학기	2학기
1학년	돼지책	아낌없이 주는 나무
2학년	우리 집은 비밀놀이터, 돼지책	우리집엔 어떤 가족이 살까?
3학년	돼지책	랑랑별 때때롱
4학년	고양이야 미안해, 마당을 나온 암탉	샬롯의 거미줄
5학년	꽃들에게 희망을	그 많던 싱아를 누가 다 먹었을까
6학년	그 많던 싱아를 누가 다 먹었을까, 장발장	

　먼저 1학년에서는 5월 가정의 달을 맞아 『돼지책』을 읽고 '가족이 함께하는 집안일 알아보기'로 슬기로운 생활 시간에 적용해 보았다. 1학년이라 교사가 준비해 온 스티커 메모지도 제대로 뜯지 못해 애를 먹는 등 약간의 어려움을 겪으면서도 재미있게 수업을 했다. 그리고 집안일 쿠폰을 만들어 자신이 할 수 있는 집안일을 하고 부모님의 확인을 받아오도록 하여 학부모님의 폭발적인 반응을 얻었다.

　2학기 때 읽은 '아낌없이 주는 나무'는 워낙 유명한 책이라 유튜브에 애니메이션과 내레이션까지 함께 있는 자료도 있어서 많은 선생님들의 사랑을 받는 책이다. 우리 학교에서는 도서관에 한 학급분량의 책이 있어 수업할 때 한꺼번에 대여를 해서 아이들 각자 한 권씩 가지고 읽으며 수업을 진행하였다. 함께 책을 읽은 후에는 '즐거운 생활' 수업에 적용하여 '아낌없이 주는 나무 주변을 가을동산으로 꾸며 보기'로 차시주제를 정해서 OHP 필름에 색 사인펜으로 나뭇잎, 곤충, 꽃 등의 그림을 그려 책 위에 포개 보면서 가을 동산을 꾸미는 활동을 하였다. 또한 이 책은 '사랑'이라는 커다란 주제로 이야기를 나누기에 적당하고 그림책 장면 하나 하나를 이용해서 여러 교과수업을 할 수 있기 때문에 반복적으로 읽어도 전혀 지루하지 않는 책이다. 아낌없이 주는 나무는 저학년뿐만 아니라 중학년이나 고학년도 토론하기 적당한 주제를 뽑아낼 수 있어서 좋았다.

2학년은 『우리 집에는 어떤 가족이 살까?』 책으로 슬기로운 생활의 다양한 가족의 형태를 알고 다문화가정에 대한 이해를 돕는 시간으로 구성해 보았다. 그리고 국어과 4단원에서는 그동안 슬로리딩으로 읽은 책들을 모두 활용하여 '어떻게 정리할까?'로 비슷한 말, 반대말 등을 찾는 수업으로 구성을 해 보았다.

3학년은 『돼지책』과 『랑랑별 때때롱』을 골랐다. 1학기 『돼지책』으로는 '원인과 결과에 따라 이야기 간추리기'로 책에 나오는 장면을 활용해 수업을 했다. 또한 포토스탠딩토론의 기법을 활용해서 마지막 장면에 이어지는 내용을 모둠아이들이 돌아가며 이야기를 꾸미는 활동을 해 보았다. 돼지책은 '집안 일', '가족', '양성평등' 등의 다양한 주제로 아이들과 이야기를 나눌 수 있으며, 이야기의 주제가 달라질 때마다 짧은 시간 안에 읽기가 가능하며, 다시 읽어도 지루하지 않은 책이다.

2학기에는 『랑랑별 때때롱』으로 긴 시간동안 아이들과 함께 읽으며 수업에 적용을 해 보았다. 『랑랑별 때때롱』은 『멋진 신세계』와 비슷한 내용이기 때문에 이와 관련된 다양한 영화들도 많고 아이들의 흥미를 끌면서도 토론주제가 많은 책이라 교사와 학생 모두 만족한 책이었다. 아이들은 이 책의 작가에 대해서도 관심을 보이면서 '권정생'의 생가가 있는 안동으로 체험학습도 가자고 하여서 계획을 했었는데 3학년이 가기엔 너무 멀다는 학부모들의 의견으로 아쉬움을 남기고 접어야 했다. 대신 목공예체험으로 '동화 속 주인공의 집 만들어 주기'

활동을 했었다.

4학년 1학기 도서였던 『마당을 나온 암탉』은 읽으면 읽을수록 공부할 거리가 많은 책이라 선생님과 학생 모두 좋아하는 책이었다. 이 책은 관련 애니메이션도 재미있게 잘 나와 있고 그림책버전으로도 나와 있어서 저학년의 경우에는 그림책으로 수업을 하여도 좋을 책이다. 2학기 도서인 『샬롯의 거미줄』은 아이들에게 생명에 대한 소중함과 '우정'을 일깨워 줄 수 있는 좋은 책이다. 관련 영화도 나와 있는 데다가 우리 지역에 '돼지 박물관'도 있어서 현장체험학습과도 연계시킬 수 있어 더 좋았다.

5학년에서 고른 『꽃들에게 희망을』은 고학년 슬로리딩으로 적당한 책이다. 특히 '진로', '인내', '성공', '사랑', '행복' 등 다양한 주제로 이야깃거리가 많은 책이라 좋다. 이 책으로는 '작품에 대한 다양한 생각이나 느낌나누기'를 주제로 국어 수업을 해 보았다. 책에 나오는 6가지 장면을 프린트하여 나눠 주고 포토스탠딩 토론 기법을 활용하여 '인생에서 가장 중요한 것은 무엇인가'를 생각해보게 하였다. 4명의 어린이가 한 모둠이 되어 하나의 학습지에 6가지 사진(휴식, 사랑, 음식, 성공, 시련, 희망) 중 하나를 선택하고 오려 학습지 위쪽에 붙이고 인생에서 가장 중요한 것에 대한 자신의 생각을 포스트잇에 적은 후 다음 친구에게 돌리고 그 다음 친구는 이야기를 덧붙인 다음, 마지막으로 친구들의 이야기를 모아 함께 말을 만들어서 완성하는 방식이다. 내가 생각한 것과 다르게 아이들의 선택은 한 가지에 몰리지 않고 아주 다양했다.

5학년 2학기 때에는 『그 많던 싱아를 누가 다 먹었을까?』에 도전해 보았다. 긴 책을 다 읽은 것은 아니고 가정방문과 관련된 부분만 함께 읽고 '다른 이의 관점으로 일기쓰기'를 주제로 수업을 해 보았다. 처음에 아이들의 흥미를 유발

하기 위해 '가정방문 전-가정방문 날-가정방문 후'의 뇌구조를 그리게 한 후 등장인물의 생각이 어떻게 변해 가는지를 알아보고자 하였다. 그리고 다른 사람의 관점에서 일기쓰기에 도전해 보았다. 주인공의 관점, 선생님의 관점, 어머니의 관점, 친구의 관점에서 일기 쓰기를 해 보았는데 뇌구조 그리기가 상당한 효과가 있어서 각 등장인물에게 감정이입을 해서 써 나갔다. 그러나 쓰기 지도가 미리 되어있지 않아 아쉬움이 남는 활동이었다.

6학년도 다소 어려움이 예상되더라도 『그 많던 싱아는 누가 다 먹었을까』를 읽어 보기로 하였다. 초등학교 선생님이라면 누구나 공감하듯이 초등학교에서 가장 바쁜 학년이 6학년이기 때문에 교사들이 따로 책을 선정하기 위해 모여서 책을 읽고 연구할 시간이 절대적으로 부족하다는 의견이 많았다. 그래서 최영민 선생님께 받은 자료가 충분히 많고 6학년 자료를 계속 보내주시겠다고 하여 그대로 해 보기로 하였다. 그러나 수업에 많은 것을 적용하기보다는 오랜 기간 동안 교사와 학생이 함께 책을 읽는 것에 중점을 두었다. 막상 수업에 적용하려고 하니 최선생님의 자료가 우리 학교 6학년 교육과정과 잘 맞지 않아 많은 부분을 수정해야 하는 어려움이 있었기 때문이다. 그래서 수업에 실제로 실행한 것은 학부모 공개수업 때 '문학 작품을 보고 인물의 삶과 자신의 삶을 관련지어 말하기' 한 시간에 그쳤다. 그래도 수업을 참관하신 많은 학부모님들께서 그 어려운 싱아책을 수업에 적용한다는 점과 주인공의 가족에 대한 사랑이 드러나는 대목으로 수업을 이끌어 간 것이 매우 감동적이었다는 말씀을 해 주셨다.

우리 연구회 선생님들도 각지의 학교에서 슬로리딩을 적용해 보기로 하였지만 우리 학교와 마찬가지로 새로운 도전에 대한 거부감과 슬로리딩 책 선정에 대한 어려움 등이 제일 큰 고민으로 떠올라 첫 해의 시행은 힘들다는 의견이 많

앚다. 그래서 우리 학교처럼 각자의 학교에서 책을 선정하고 토론수업으로 가볍게 적용해 보기로 하였다. 아래는 토론교육연구회 회원들이 각자의 학교에서 책을 선정하여 수업에 활용한 사례이다.

토론교육연구회 회원들의 도서 활용 토론수업사례

학년 \ 내용	도서	토론주제	토론기법
1학년	아낌없이 주는 나무	아낌없이 주는 나무와 어울리는 것 찾기	브레인스토밍
	돼지책	우리가족이 함께 할 수 있는 집안일	이야기식
	보들이와 숲 속 친구들	자신의 생각이나 느낌 말하기	이야기식
2학년	돼지책	행복한 가족의 조건	하브루타
	돼지책	이어질 이야기 상상하기	포토스탠딩
	안 돼 데이빗	삶과 관련된 이야기 나누기	이야기식
	도시 쥐와 시골 쥐	상대와 적절하게 반응하며 대화 나누기	하브루타
	아낌없이 주는 나무	가을에 어울리는 행사	창문열기
3학년	돼지책	원인과 결과 알기	이야기식
	랑랑별 때때롱	내가 살고 싶은 마을	가치수직선
	달라도 친구	친구와 사이좋게 지내는 방법	라운드로빙
	행복한 가족	쓰레기 모아 두기 옳은가	가치수직선
4학년	고양이야 미안해	버려진 고양이 집으로 데려오기	PMI
	샬롯의 거미줄	친구를 위해 희생하는 것이 참된 우정이다.	가치수직선

내용 학년	도서	토론주제	토론기법
4학년	마법의 설탕 두 조각	부모님의 잔소리 베스트 3	라운드로빙
5학년	꽃들에게 희망을	인생에서 가장 중요한 것	포토스탠딩
	꽃들에게 희망을	주인공의 성격의 장단점	PMI
	꽃들에게 희망을	인물, 사건, 배경 알아보기	이야기식
6학년	그 많던 싱아를 누가 다 먹었을까	자기의 삶과 관련지어 말하기	이야기식
	나쁜 어린이 표	상벌제도 필요하다	찬반

위의 표에서 보다시피 교사들은 나름대로 책을 선정하여 자신의 수업에 맞게 교육과정을 재구성하고 주제를 정하여 다양한 기법의 토론수업을 실천하였다. 하나의 책으로 여러 가지 기법과 주제가 적용될 수 있음도 표를 통해 알 수 있다. 또한 연구회 회원 선생님들이 선정한 책을 보면 우리 학교에서 인기 있는 책이 다른 학교에서도 인기가 있음을 알 수 있다. 이 책들의 공통점은 하나의 책에 다양한 주제가 담겨 있어 한 번의 수업으로 끝나지 않고, 읽고 또 읽어도 여러 주제로 이야기가 가능한 책들이다. 따라서 여러 선생님들의 수업적용을 통해 슬로리딩으로 교육과정을 재구성하려면 하나의 책에 여러 가지 주제가 담기거나 이야깃거리가 많은 책이 좋다는 것을 알 수 있었다.

이런저런 고민과 실행 후에 오는 오류 등을 수정해서 2016학년도부터는 본격적으로 시행해 보기로 하였다. 그러나 아무리 좋은 것이라도 선생님들에게 강제로 하게 할 수는 없는 일이라 원하는 선생님들만 슬로리딩을 시행하기로 하였다. 2016년도에 시행하기로 한 책은 길게 오래 읽으면서도 흥미를 잃지 않는 책, 또 해당학년의 교육과정과 잘 들어맞는 것들이었다. 그렇게 선택된 도서들

이 3학년 『랑랑별 때때롱』, 4학년 『마당을 나온 암탉』과 『샬롯의 거미줄』이다.

▎2015개정교육과정에 슬로리딩을 더하다

2015개정교육과정은 2017년 초등1, 2학년부터 연차적으로 적용하게 되어있다. 올해 벌써 1, 2학년은 바뀐 교육과정과 교과서로 수업을 하고 있는 것이다. 내년도부터는 3, 4학년이 2019학년도에는 5, 6학년이 시행을 앞두고 있다. 교사들은 너무 자주 바뀌는 교육과정 때문에 힘들어 하고 있고, 그중 새롭게 시행되는 항목들에 대하여 의문을 가지고 있다. 특히 2015개정교육과정 124쪽 '교수학습방향'의 6번째 항목인 "한 학기에 한 권, 학년(군) 수준과 학습자 개인의 특성에 맞는 책을 긴 호흡으로 읽을 수 있도록 도서 준비와 독서 시간 확보 등의 물리적 여건을 조성하고, 읽고, 생각을 나누고, 쓰는 통합적인 독서 활동을 학습자가 경험할 수 있도록 한다."라는 부분에 대해 의문이 많다.

현장에서는 이것이 단순한 책 한 권 읽기인지, 독서토론을 하라는 것인지에 대한 의견이 분분하고 내년도 적용을 위해 무엇을 어떻게 미리 준비해야 하는지에 대해 혼란스러워하고 있다. 그리고 실제로도 나에게(수석교사라는 이유만으로) 문의가 많이 들어온다. 2015개정교육과정의 '한 학기 한 권 읽기'는 독서교육 강화의 방안으로 초등3학년부터 고등학교까지 '매 학기 한 권, 교과서 밖의 책을 수업시간에 끝까지 읽고, 타인과 생각을 나눈 후 자기 생각을 쓰는데 도움이 되도록' 하기 위한 특별 단원을 편성함을 말한다. 한 학기에 책 한 권을 긴 호흡으로 읽고 그와 관련되게 실제 활동을 통해 성취기준을 중심으로 국어수업을 재구성하라는 이야기이다.

교육부에서는 내년도 3, 4학년 국어 교과서에 한 학기에 한 권 읽기를 첫 단원에 설정하였지만 특정도서를 선정해 주지는 않는다고 한다. 한 단원에 최소 8차시[01] 분량으로 제시하였지만 교과 내 영역 통합이나 교과 간 통합, 또는 교과와 삶의 통합적인 방법으로 다양하게 재구성할 수 있다. 그에 따라 교사용지도서에는 독서 전, 독서 중, 독서 후 활동으로 안내되기도 하지만 꼭 그렇게 해야 하는 것은 아니고 교사의 재량에 따라 다양하게 구성할 수 있도록 한다고 한다. 우리 교사들에게는 책선정과 최소 8차시의 수업을 재량껏 구성할 수 있는 권리가 주어진 셈이다. 이렇게 뭔가 마음껏 할 수 있다고 하니 귀찮으면서 좋기도 하고 한편으론 걱정되기도 하는 여러 가지 복잡한 심정일 것이다.

우리 연구회에서는 2015개정교육과정에 이런 내용이 들어간다는 정보를 접한 후 회원들이나 자료를 원하는 동료교사들에게 독서 전–독서 중–독서 후의 다양한 활동을 안내하기 위해 다음과 같이 한 학기 한 책 읽기 활동 예시표를 만들어 보았다.

한 학기 한 책 읽기 활동 예시표

독서 전 활동

- 표지 그림과 제목 보며 내용 상상하여 말하기
- 제목이나 표지와 관련된 경험 이야기하기
- 책과 관련된 배경 지식 이야기하기
- 작가에 대해 알아보기

---

01 2015개정교육과정의 3~4학년 국어 교과서가 아직 각 학교로 배포되기 전이므로 8차시가 확정된 것은 아니다.

독서 전 활동

- 작가의 다른 작품 알아보기
- 제목과 관련된 다른 도서 추천하기
- 자기가 읽은 책 중 가장 좋은 책 친구에게 추천하기
- 자기가 읽은 책 중 가장 좋은 책 소개 글 쓰기
- 친구들이 추천한 좋은 책 중 우리 반 전체가 읽을 책 선정하기(피라미드 토론)

독서 중 활동

- 재미있는 장면이나 표현 찾기
- 감상문 쓰기
- 느낀 점 말하기
- 글쓴이의 마음이나 인물의 마음 짐작하기
- 인물의 성격 파악하기
- 인물 집중 탐구하기
- 주어진 대본으로 역할극 하기
- 주제 정하여 토론하기(다양한 토론기법 적용)
- 글 속의 한 부분을 선택해 글씨 쓰기
- 작가에 대해 알아보기
- 작가에게 궁금한 것 질문하기
- 작가에게 편지쓰기
- 책의 한 부분 실감나게 읽기
- 주인공의 선택이 옳은 일인지 찬반토론하기
- 책을 읽은 후 자신의 느낌을 다양한 방법으로 표현하기(시, 편지쓰기, 에세이 등)
- 내가 아는 노래 가사를 책의 내용으로 바꾸어 보기(노래 가사 바꾸기)

독서 중 활동

- 뒷이야기 바꿔 쓰기
- 인물의 관계도를 마인드맵으로 그리기
- 책의 한 부분을 뽑아 역할극 하기
- 책과 관련된 영화 또는 애니메이션 보기
- 애니메이션을 보고 별점 주기
- 원작과 애니메이션의 다른 점 찾기
- 내가 감독이라면 바꾸고 싶은 결말은?
- 다른 사람에게 추천하는 글쓰기
- 책의 한 부분을 뽑아 사진놀이로 나타내기
- 등장인물 중 내가 되고 싶은 인물은?
- 책 관련 낱말 사전 만들기
- 낱말을 넣어 문장 만들기
- 핵심 낱말에 대해 자세히 탐구하기
- 책에 나오는 장소나 장면에 대해 체험하기
- 책에 나오는 장소에 대해 집중 탐구하기
- 주인공이 겪은 경험 따라 해 보기
- 책의 한 부분을 교육연극의 기법으로 나타내기
- 주인공이 되어 핫시팅 기법으로 묻고 대답하기

독서 후 활동

- 책과 관련된 영화 보기
- 영화나 책을 보고 별점 매기기
- 뒷이야기 상상하여 말하기와 글쓰기

독서 후 활동

- 작가의 의도 파악하기
- 뒷이야기 바꿔 쓰기
- 친구에게 이 책을 추천하는 글쓰기
- 책을 읽고 자신의 느낌 쓰기
- 친구의 소감문 읽고 댓글 달아주기
- 책 읽고 질문 만들어 하브루타 하기
- 작가에게 질문하기
- 작가에게 편지쓰기
- 독서 골든벨 문제 만들기
- 독서 골든벨 대회 도전하기
- 책 읽은 소감을 시로 나타내기
- 책의 내용과 표지 그림이 잘 맞는지 이야기 나누기
- 나만의 창의적인 표지 만들기
- 다양한 형태의 북아트 만들기
- 책 속의 장소 체험한 후 기행문 쓰기

위의 표에서는 독서 전-중-후의 활동으로 나누어 놓았지만 사실은 그런 구분이 모호할 때가 많다. 책을 다 읽고 나서 책의 내용과 표지가 잘 맞는지 물어볼 수도 있고 책을 다 읽기 전에도 작가에게 질문하기 활동을 할 수도 있기 때문이다. 이런 예시들은 상황에 맞게 적절히 섞어서 사용하면 된다.

내가 근무하던 학교에서는 한 학기에 한 권 읽기의 적용을 위해 위의 여러 가지 다양한 수업을 시도해 보다가 국어뿐만 아니라 다른 교과도 통합하여 적용하게 되었고 한 학년이 하나의 책으로 한 학기 교육과정을 재구성하여 '슬로리딩 교육과정'[02]이라 이름을 붙이게 되었다. '슬로리딩 교육과정'이란 교육과정의 성취기준을 중심으로 교육과정을 재구성하되 교과서의 텍스트 대신 각 학년에서 '한 학기에 한 책 읽기'로 선정된 도서를 교육과정 자료로 사용하여 수업하는 것을 말한다. 교사들은 그동안의 도교육청과 지역교육청의 끊임없는 연수를 통해 '교과서가 곧 교육과정이다'라는 생각을 버린 지 오래이며, 교과서는 교육과정의 한 자료로 인식을 하고 있기 때문에 많은 학교에서 교과서뿐 아니라 다양한 도서나 매체 등을 교육과정 자료로 사용하고 있다.

슬로리딩 교육과정은 '한 학기에 한 책 읽기'로 선정한 도서와 가장 잘 맞는 성취기준을 선택하여 차시를 구성하여 수업을 하고 평가까지도 연관성 있게 이루어지기 때문에 학교에서 가르쳐야 할 성취기준을 좀 더 재미있고 깊이 있게 다룰 수 있고 아울러 학생들의 정서발달에도 도움을 준다. 또한 수업 중에는 책과 연관된 부분을 중점적으로 다루기 때문에 맥락을 이해하는 데도 많은 도움이 된다. 그러나 한 학기 동안 가르쳐야 할 교육과정을 분석하고 단원과 차시를 엮는 작업을 해야 하는 것이기 때문에 선생님들에게는 다소 귀찮고 힘든 일이라는 것을 부인할 수는 없다. 하지만 첫 해에 시행해 본 결과 아이들이나 선생님들이 모두 재미있고 의미 있는 경험을 했기 때문에 기꺼이 수고를 감수하면서도 교육과정 재구성[03]작업을 감내하였다.

---

02 국가수준의 교육과정은 지역수준의 교육과정으로, 지역수준의 교육과정은 학교 수준의 교육과정으로, 학교수준의 교육과정은 교실 수준의 교사 교육과정으로 재구성하여 사용할 수 있다. (법률적 근거_초중등교육법 제23조),(교육부 고시 제2015-80호, 초등학교 교육과정,P9),(경기도교육청 교육과정정책과 2016-10,배움중심수업2.0기본문서,P21)

03 '교육과정 재구성'이라는 용어가 적절한가에 대한 여러 가지 논의가 있음에도 불구하고 경기도교육청의 교육과정 관련 문서들에서 보편적으로 사용하는 용어이므로 이 책에서는 교육과정 재구성이라는 용어를 사용하기로 한다.(경기도교육청, 배움중심수업 2.0 기본문서 외)

일본의 나다 중고등학교에서는 국어과위주로 교육과정에 적용하였지만 우리 학교는 '책과 아이들의 삶을 연결시키기 위한' 교육과정 재구성이었기 때문에 국어과에만 국한시키지 않고 모든 교과를 열어 두고 재구성을 해 보았다. '아이들의 삶은 교과로 분리되어 있지 않다'는 말도 있었기에 자신감을 가지고 시도해 본 것이다.

▮교육과정 재구성을 어떻게 할 것인가?

하나의 책을 가지고 교육과정을 재구성하기 위해서 먼저 어떤 교과에 어떤 활동을 할 것인가를 마인드맵으로 구성하여 교육과정 진도표에 적용하였다.

책 한 권으로 적용할 수 있는 과목이나 활동은 동학년 선생님들과 함께 구상하거나 소규모학교에서는 모든 선생님들이 함께 모여서 해도 좋다. 과목별로 분류한 후 자기 학년에 맞게 약간의 수정작업만 거치면 된다. 교실로 가져온 후에는 아이들에게 보여 주고 아이들이 원하는 활동을 더 넣어 주면 학생과 교사 모두 만족하는 교육과정으로 재구성이 가능하다.

매 수업 때마다 다른 도서를 선정하여 수업하는 것은 매우 어려운 일이다. 그러나 하나의 책으로 교육과정을 재구성하여 한 한기나 일 년을 일관성 있게 수업해 본 결과 도서 선정에 대한 걱정도 줄어들고 장점이 많다는 의견이 많았다. 가장 좋은 점은 책 선정 고민이 줄었다는 점이고 아이들이 반복해서 책을 읽다 보니 수업에 대한 참여도와 내용에 대한 이해가 높아지고, 단어의 뜻도 잘 알게 되어 어휘력도 늘어남을 볼 수 있었다. 가장 우려했던 점은 아이들이 같은 책을 계속 읽으니 지루해 하지는 않을까 하는 점이었는데 아이들도 오히려 새 책을 자꾸 읽으라고 하는 것보다는 하나의 책을 반복해서 읽으니 자꾸 새로운 점을 발견하게 되어 좋다는 의견이 많았다. 선생님들도 기존의 주제 중심 교육과정 재구성을 할 때에는 뭔가 새로운 주제를 만들어야 하는 부담이 있었는데 도서를 하나 정하여 교육과정 재구성을 할 때는 그런 부담에서 벗어나 창의적이고 다양한 활동을 많이 생각해 내고 여러 교과에서 적용할 수 있어서 좋다는 의견이 많았다. 하나의 책으로 교육과정을 구성하는 순서는 다음과 같다.

교육과정 재구성 절차

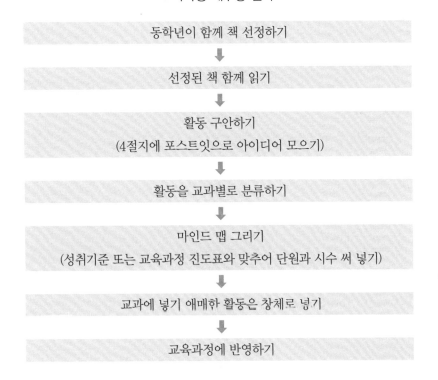

동학년이 함께 책 선정하기

⬇

선정된 책 함께 읽기

⬇

활동 구안하기
(4절지에 포스트잇으로 아이디어 모으기)

⬇

활동을 교과별로 분류하기

⬇

마인드 맵 그리기
(성취기준 또는 교육과정 진도표와 맞추어 단원과 시수 써 넣기)

⬇

교과에 넣기 애매한 활동은 창체로 넣기

⬇

교육과정에 반영하기

▎수업 적용을 위한 학년 군별 성취기준 발췌

수업을 하기 위해서 대부분의 선생님들은 제일 먼저 교과서와 교사용 지도서부터 들추어 본다. 지도서에 나온 단원목표와 학습목표를 보고 수업내용을 훑어보면 딱히 바꾸어야 할 만한 것이 눈에 들어오지 않기 때문에 '교육과정 재구성 꼭 해야 되나?'라는 의문이 드는 것이 사실이다. 실제로 수석교사라서 교육과정 재구성 강의 요청으로 학교에 가면 많은 선생님들이 "교과서와 교사용지도서가 훌륭히 잘 나와 있어 차례대로 가르치면 진도도 딱딱 맞고 좋은데 굳이 교육과정을 재구성해야 하나요?"라는 질문을 한다.

그러나 책 하나를 정해 수업을 하게 되면 교사용지도서보다 먼저 교육과정의 성취기준을 들여다보아야 한다. 책을 통해 수업하려는 내용이 어떤 교과의 어떤 성취기준에 맞는지를 생각해 보아야 하기 때문이다. 성취기준이 정해지면 교과진도표를 보고 해당되는 단원과 차시를 찾아 적용할 수 있고 그렇게 되면 교육과정재구성은 자연스럽게 이루어지게 된다. 혼자의 힘보다는 동학년이 함께 한다면 더 쉽게 할 수 있을 것이다. 아래는 국어과에서 슬로리딩으로 적용할 수 있는 3, 4학년군별 성취기준을 발췌해 본 것이다. 국어외의 다른 교과에서도 얼마든지 슬로리딩 관련 성취기준을 찾을 수 있다.

〈슬로리딩 관련 3, 4학년 국어과 성취기준〉

듣기·말하기영역

4국01-01 대화의 즐거움을 알고 대화를 나눈다.

4국01-03 원인과 결과의 관계를 고려하며 듣고 말한다.

4국01-05 내용을 요약하며 듣는다.

4국01-06 예의를 지키며 듣고 말하는 태도를 지닌다.

읽기영역

4국02-01 문단과 글의 중심생각을 파악한다.

4국02-02 글의 유형을 고려하여 대강의 내용을 간추린다.

4국02-03 글에서 낱말의 의미나 생략된 내용을 짐작한다.

4국02-05 읽기 경험과 느낌을 다른 사람과 나누는 태도를 지닌다.

쓰기영역

4국03-03 관심 있는 주제에 대해 자신의 의견이 드러나게 글을 쓴다.

문법영역

4국04-01 낱말을 분류하고 국어사전에서 찾는다.

4국04-02 낱말과 낱말의 의미 관계를 파악한다.

4국04-03 기본적인 문장의 짜임을 이해하고 사용한다.

문학영역

4국05-01 시각이나 청각 등 감각적 표현에 주목하며 작품을 감상한다.

4국05-02 인물, 사건, 배경에 주목하며 작품을 이해한다.

4국05-03 이야기의 흐름을 파악하여 이어질 내용을 상상하고 표현한다.

4국05-04 작품을 듣거나 읽거나 보고 떠오르는 느낌과 생각을 다양하게 표현한다.

4국05-05 재미나 감동을 느끼며 작품을 즐겨 감상하는 태도를 지닌다.

일반적으로는 각 성취기준마다 다양한 텍스트를 가지고 수업을 하는데 그것보다는 하나의 책을 가지고 여러 성취기준을 적용하여 수업을 하는 것이 훨씬 편하고 장점이 많다. 하나의 책으로 여러 성취기준을 적용하여 수업하는 것은 지식을 더 깊게 탐구하고 생각을 깊고도 넓게 펼칠 수 있는 방법이라 생각한다. 2015개정교육과정에서는 교육과정-수업-평가 일체화를 강조하고 있으므로 수업 후에는 소감을 물으며 수업을 정리하고 상호평가나 개인별로 쓴 학습지 또는 에세이를 통해 평가를 하는 것이 가장 무리 없는 방법이 될 것이다.

3. 슬로리딩의 중학년 교육과정 실천사례

학교란 곳은 아무래도 해마다 전출입이 잦은 곳이라 마음에 맞는 선생님들과 같은 학년을 하면서 하나의 프로젝트를 함께 한다는 것이 상당히 어렵다. 다행히 학교를 옮기지 않은 몇몇 선생님들이 3학년과 4학년에 계셨고, 슬로리딩을 계속하고 싶다고 하여서 2년째부터 본격적으로 슬로리딩 교육과정을 시작하게 되었다. 이 글에서는 슬로리딩의 중학년(3, 4학년) 교육과정 실천사례 위주로 소개하고자 한다.

▎슬로리딩 책 읽기의 방법

『슬로리딩, 생각을 키우는 힘』에서는 슬로리딩 책 읽기의 방법으로 '성독(소리

내어 읽기'을 소개하고 있다. 우리 학교에서도 눈으로 읽기 보다는 '성독'을 권장하고 있는데, 교사와 학생이 한 문장씩 교대로 읽기, 학생만 짝 또는 모둠에서 번갈아 가며 읽기, 다 같이 소리를 맞추어 합독하기, 이 세 가지 방법을 병행해서 하고 있다. 위의 세 가지 중 어떤 방법이 가장 좋으냐고 슬로리딩 책 읽기를 적용한 모든 선생님을 대상으로 물어보았는데 선생님마다 느낀 점이 달라서 딱히 어느 것이 좋다고 말할 수는 없겠다.

어떤 선생님은 위의 세 가지 방법 중 다 같이 소리를 맞추어 합독하는 것이 가장 어려워서 몇 번 시도 끝에 그만두었다고 하는 분도 있고, 어떤 선생님은 세 가지 방법 중에 다 같이 소리 내어 읽는 것이 가장 효과가 좋다고 하는 선생님도 계셨다. 몇 번 시도 끝에 합독을 그만둔 분은 아이들의 읽는 속도가 제각각 달라서 함께 읽으려면 또 다른 훈련이 필요한데 시간낭비인 것 같아서 그만두었다고 하고, 함께 읽는 것이 잘 되는 반에서는 읽는 호흡만 조절하면 의외로 쉽다는 분도 계셨다.

어느 방법이든지 아이들이 눈으로 읽는 것보다는 효과가 좋다고 생각한다는 의견이 대다수였다. 특히 3학년 어느 반에서는 돌아가며 읽기 활동을 통해서 읽기 부진아가 발견되어 놀랐다고 하시는 분도 있었다. 아이들의 소감문을 살펴보면 소리 내어 책을 읽을 기회가 별로 없어서 몰랐는데 자신이 의외로 읽는 능력이 부족함을 깨닫게 되었다는 글도 있었고, 읽으면서 자신의 목소리를 들으니 참 좋았다는 의견, 친구들의 책 읽는 목소리를 듣는 것이 좋았다는 의견들이 있었고, 아이들이 함께 채 읽는 소리로 아침을 시작하니 뭔가 매우 흐뭇하다는 선생님도 계셨다. 4학년 아이의 소감 중에서 인상 깊었던 것은 "나 혼자 읽을 땐 몰랐는데 친구가 『마당을 나온 암탉』에서 초록머리가 잎싹을 떠나는 장

면(172~173쪽)을 읽어 주는데 나도 모르게 눈물이 나서 아이들이 눈치 채지 못하게 눈물을 닦았다."라는 대목이었다. 혼자 읽을 때보다 다른 사람의 목소리로 들을 때 뭔지 모를 깊은 울림이 있다는 사례가 아니겠는가?

정여울은 『소리내어 읽는 즐거움』에서 우리가 좋은 작품을 소리 내어 낭독할 때마다 다른 누구보다도 우선 자기 자신에게 그 작품을 읽어 주고 있는 것이며, 낭독의 첫 번째 효과는 바로 오감의 활성화라고 하였다. 좋은 작품을 소리 내어 읽으면, 오감이 활성화되고, 사물을 바라보고 만지고 느끼는 예민한 감수성의 촉각이 살아나며, 무언가를 더 깊이 오래 생각할 수 있는 집중력이 최고조로 올라가게 된다고도 하였다. 슬로리딩을 적용하는 반에서는 아침 약 10분간을 책 읽는 시간으로 할애하고 있고, 만약 교과 수업 중에 필요한 부분이 있으면 그 부분만 함께 읽고 수업을 하고 있어서 책 한 권을 한 번만 읽는 것이 아니라 몇 번이고 반복하여 읽게 된다. 아이들이 아침마다 책을 소리 내어 읽어서 그런지 집중력도 좋아진 것 같고 수업시간에 무기력하게 앉아 있는 아이가 줄었다고 하는 선생님도 계신 것으로 보아 정여울의 주장이 어느 정도 맞는 것 같다.

아이들이 책 한 권을 자꾸자꾸 반복해서 읽는데 지겹다고 하지 않는지 물어보시는 분이 꽤 있다. 아직 슬로리딩을 경험해 보지 않은 다른 학교에서 가장 궁금한 부분이 바로 이 부분이 아닐까 생각한다. 우리 학교의 사례로 보면 아이들이 지루해할 틈이 없다는 것이다. 간혹 "같은 부분을 또 읽어서 지겨워요." 하는 아이도 있었는데 같은 부분을 읽더라도 막상 다른 활동으로 수업을 하기 때문에 읽는 것이 잠깐 지겨웠더라도 금세 수업에 빠져들어 재미있게 활동을 하게 된다.

우리 학교에서는 1년에 두 권, 슬로리딩으로 정해진 책을 학생 각자가 모두

구입해서 읽는데 형편상 사기 어려운 학생들을 위해 학년별로 40권 정도의 여유분을 도서관에 구비해 두어서 학습에 지장이 없도록 하고 있다. 그렇게 구비된 도서가 3학년『랑랑별 때때롱』, 4학년『마당을 나온 암탉』, 『샬롯의 거미줄』이다. 이 책들로 슬로리딩을 진행하기로 하고 교육과정에 반영하였다. 아래는 학년별 구체적인 실천사례이다.

1)『랑랑별 때때롱』실천노트

권정생 글·정승희 그림,
『랑랑별 때때롱』, 보리, 2014.

우리 학교에서 제일 처음으로 슬로리딩을 시도한 책이 바로『랑랑별 때때롱』이다. 2015년에 나와 함께 맨 처음 슬로리딩을 시작한 학년이 바로 연구부장님이 속해 있는 3학년이었다. 윤종진 연구부장님은 우리 이천초등토론교육연구회 회원이자 같은 학교 동료였기 때문에 평소에 교육과정에 대해 나와 함께 논의를 많이 하고 있었다. 그러다가 슬로리딩에 대해 나와 같은 생각을 가진 것을 알게 되어 학년교육과정에 적용하자고 합의했고 책 선정에서부터 마인드맵 만들기, 교육과정에 적용하는 것까지 많은 아이디어를 함께하였다. 처음에는 욕심내지 말고 국어과에만 적용하자고 했으나 결국에는 다른 교과까지 확대하여 적용하게 되었다.

3학년 국어과를 살펴보면 6단원과 7단원의 내용이『랑랑별 때때롱』책과 많은 부분 연결되는 것을 볼 수 있다. 그래서 학년 선생님들의 동의를 얻어 국어과에 조심스레 적용을 해 본 것이다. 국어과에만 적용할 때는 7단원을 먼저 하

는 것이 낫다고 판단되어 단원 순서만 바꾸어 진도표를 작성하고 텍스트만『랑랑별 때때롱』으로 바꾸어 적용한 것이 전부이다. 그러나 7단원 수업을 마치고 6단원 국어 수업을 해 나가면서 동학년 선생님들로부터 "하다 보니 재미있다.", "아이들이 생각보다 좋아한다.", "별로 어렵지 않다."는 말을 듣게 되었고, 심지어는 "왜 국어과에만 적용하는가? 다른 교과에서도 할 게 많아 보인다."라는 의견까지 듣게 되었다.

윤 부장님과 나는 속으로 쾌재를 부르며 곧 다른 교과목에 적용할 수 있는 것을 찾아보게 되었고, 3학년 선생님들 모두 각자의 아이디어를 내면서 아래와 같은 최종의 마인드맵이 탄생되게 된 것이다. 그리고 권정생의 생가가 있는 안동에까지 체험학습을 가고 싶다는 의견까지도 나왔는데 학생들이 먼저 그런 의견을 냈다는 얘기도 듣게 되었다. 안동체험학습은 그 당시 먼 거리 체험학습이 제한되던 때라서 좌절되고 말았고 가까운 목공교실체험으로 대신하게 되었다. 처음엔 국어과에만 해 보기로 했던 것이 점차 다른 교과로 확대되고 그 결과를 학교 창체 발표회에서 발표하게 되자 다른 학년에서도 거부감 없이 받아들이게 되어, 우리 학교에서 슬로리딩이 정착된 데에는 당시 3학년 교사들의 힘이 매우 컸다고 말할 수 있겠다.

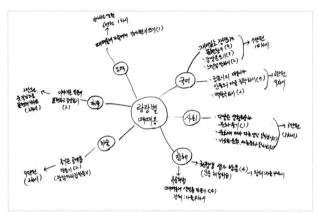

『랑랑별 때때롱』 교육과정 재구성 마인드맵

『랑랑별 때때롱』교과별 활동주제

과목	주제
	재미있는 장면이나 표현 찾기
	감상문 쓰기
	느낀 점 말하기
	글쓴이의 마음이나 인물의 마음 짐작하기
	역할극하기
국어	어느 마을에 살고 싶은가? (가치수직선 토론)
	글 속의 한 부분을 선택해 글씨 쓰기
	작가에 대해 알아보기
	작가에게 궁금한 것 질문하기
	작가에게 편지 쓰기
	랑랑별 때때롱 골든벨

과목	주제
사회	책 속에서 다양한 생활모습과 문화 찾기
	문화에 따라 다른 생각 알아보기
	비슷한 문화, 다른 문화 알아보기
체육	움직임으로 표현하기
미술	종이끈 공예품(왕잠자리집) 만들기
	흰둥이의 날개 만들어 꾸미기
	날개 아래에서 사진 찍기
도덕	감사하는 생활, 때때롱네 가족에게 감사편지 쓰기
창체	권정생 생가 방문
	목공예 체험, 때때롱네 생필품 만들기

　　2015학년도에 나는 3학년 아이들에게 도덕을 전담하여 가르치고 있었는데 될 수 있으면 토론식 수업을 하려고 노력 중이었다. 그때 맨 처음 시도해 본 것이 바로 가치 수직선 토론이다. 학기 초부터 아이들의 발표 훈련을 위해 경청하기와 또박또박 말하기 훈련을 시킨 후에 조심스럽게 가치수직선 토론을 시도해 보았는데 의외로 아이들이 좋아하고 잘하는 것이었다. 아이들은 이 토론방식에 점점 익숙해져갔고 찬성과 반대로만 결정하는 것이 아닌 5가지 선택지 중 하나를 선택하는 것과 '모르겠다'라는 의견도 하나의 의견으로 존중받는 이런 토론방식에 부담을 느끼지 않았던 것 같다.

　　당시 3학년 선생님들 중에는 "3학년 아이들이 무슨 토론이냐."라고 못 미더워 하는 분도 계셨고, 이전의 토론 수업에서의 실패 경험을 가진 분들이 계셨기에 토론수업이 일상화된 상태는 아니었지만 도덕시간을 통해 아이들이 토론 수업에 대한 거부감이 없다는 것을 알고는 각 교실에서도 아래와 같이 가치수직선 토론으로 아이들의 생각을 알아보는 시간을 가지게 되었다. 보탈이네 마을과 때때롱네 마을 중 어느 마을에 살고 싶은지 앞에 나와서 표시하고 한 사람씩 의견도 들어 본 후 최종 선택의 시간도 가지면서 즐겁게 수업을 한 이후로는 '토론수업'과 '슬로리딩'에 대해 교사와 학생 모두 긍정적으로 바뀌게 되는 의미 있는 시간이었다.

가치수직선토론 모습, 어느 마을에 살고 싶은가? 선택의 시간

『랑랑별 때때롱』을 읽으면서 아이들이 가장 좋아하는 장면은 108~109쪽에 모든 등장인물이 흰둥이 날개에 의지하여 매달려 하늘로 올라가는 장면이다. 이 장면이 이 책의 하이라이트라서 그런지 이 책의 표지에도 사용한 것을 볼 수 있다. 아이들은 이 장면을 읽으면서 자신들도 날개를 달고 하늘로 올라갔으면 좋겠다고 하고, 체육시간에 음악에 맞추어 표현하기를 할 때도 많은 모둠에서 꼬리에 꼬리를 물고 하늘로 올라가는 장면을 표현하기도 하였다. 3학년 선생님 중에서 미술에 소질이 있는 분이 있어 우리 학교 강당 앞쪽 무대 벽면에 날개를

그려 놓고 아이들과 함께 날개를 오려 붙인 후 한 사람씩 사진을 찍어 주었다. 남들이 보면 그냥 벽화마을에서 사진 찍었나 보다 할 사진이지만 아이들 모두에게는 의미 있고 이야기가 있는 날개 사진이다.

강당에서 찍은 아이들의 날개 사진

안동 권정생 생가를 가려던 것이 무산되고 나서 현장체험학습 장소 선정을 할 때 아이들이 선택한 것이 목공교실 체험이었다. 아이들은 목공교실에 가서 아무것도 없는 때때롱네 마을에 필요한 것을 만들어 주고 싶다고 했다. 제 손으로 뭔가를 만들어 주고 싶어 하는 마음이 곱고 예뻤다. 막상 목공교실에 가서 만들 수 있는 것이 한정적이어서 교사들은 많이 실망했지만 아이들은 그렇지 않은지 정성껏 만들고 색칠을 해서 책 속의 주인공들에게 주고 싶어 하였다. 빨간색과 노란색으로 지붕을 색칠하여 때때롱네 집도 만들어 주었고, 교실에 돌아와서는 왕잠자리네 집도 만들어 주고 싶다고 하여 종이노끈을 이용해 왕잠자리 집도 만들어 보았다.

목공교실 체험

또 랑랑별네 마을 모습을 그려서 필름모양으로 꾸며서 전시도 해 보았는데 아이들은 마치 동영상 필름 같다며 매우 좋아하였고 틈날 때마다 맨 아래 사진 처럼 검은 색 도화지를 오려붙여 등장인물들의 모습을 표현하였다. 그림이 그 림에서 끝나지 않고 자기의 생활처럼 애착을 가지고 바라보니 그림들이 생명을 가지고 살아 움직이는 것 같았다. 아이들은 단순히 책만 읽은 것이 아니라 책 속에서 함께 경험하고 있었다.

때때롱네 마을모습 그리기

2) 『마당을 나온 암탉』 실천노트

황선미 글 · 김환영 그림,
『마당을 나온 암탉』,
사계절, 2015.

『마당을 나온 암탉』은 책뿐만 아니라 만화영화로도 제작되어 많이 알려진 유명한 책이다. 처음에는 그림책 버전으로 나온 것을 선생님들에게 권하면서 시작되었는데, 원본을 읽어 보면 꿈, 생명, 다문화, 가축의 대량생산, 낳은 정과 기른 정, 입양 등 캐면 캘수록 많은 이야깃거리가 담겨 있어서 보물창고와 같은 책이다. 4학년 아이들에게는 그림책을 먼저 보여 주어 흥미를 유발시키고, 그 다음에 글 양이 많은 원본을 소개하여 더 읽고 싶은 의욕이 생기도록 하였다.

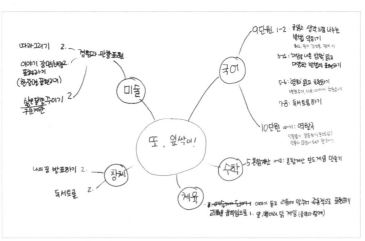

『마당을 나온 암탉』 교육과정 재구성 마인드맵

『마당을 나온 암탉』교과별 활동주제

과목	주제
국어	잎싹이 알을 품은 것은 옳은 일일까? (PMI 토론)
	책을 읽은 후 자신의 느낌을 표현하고 싶은 방법으로 표현하기
	뒷이야기 바꿔 쓰기
	잎싹이 양계장(또는 마당)을 나온 것은 옳은 선택인가? (회전목마토론)
	초록머리가 잎싹을 떠난 것은 옳은 선택인가? (회전목마토론)
	책의 한 부분을 실감나게 읽기
	애니메이션을 본후: 별점주기, 원작과 다른 점 찾기, 다른 사람에게 추천하는 글쓰기
	등장인물 중 내가 되고 싶은 인물은?
	마당 낱말 사전 만들기
	책의 한 부분을 뽑아 역할극 하기
수학	마당을 나온 암탉을 활용해 혼합계산 보드게임 판 만들어 게임하기
체육	마당 식구들을 음악에 맞춰 즉흥적으로 표현하기
	알-병아리-닭 진화게임하기
미술	구운 계란 꾸미기 (마당식구들)
	따라 그리기
	이야기 장면의 배경 꾸미기
창체	나의 꿈 발표하기

『마당을 나온 암탉』에는 다양한 주제와 가치가 담겨있기 때문에 토론주제를 많이 추출해 낼 수 있다. 아래의 논제들은 우리 학교 선생님들, 연구회 회원들과 함께 추출해 본 논제이다. 비슷한 논제들도 눈에 띄는데 같은 주제라 할지라

도 토론의 대상이나 방법에 따라 논제의 진술 방식이 약간씩 달라진다. 아래의
논제들은 학급에서 학년에 맞게 다양한 토론 방식으로 적용하면 된다.

『마당을 나온 암탉』 논제

- 잎싹이 살아난 것은 행운일 뿐이다.
- 자녀 입양에 대한 생각은? (부모님이 동생을 입양한다고 하면?)
- 잎싹이 초록을 키운 것은 잘한 선택이다
- 잎싹이 족제비에게 자신을 희생한 것은 옳은 일인가?
- 나그네의 희생은 옳은 일인가?
- 꿈이 있는 잎싹보다 꿈이 없는 다른 닭이 더 행복하다.
- 잎싹이 마당을 나온 것은 옳은가?
- 가축의 대량사육 바람직한가? (양계장은 필요한가?)
- 동물보호를 위해 육식을 하지 말아야 한다.
- 초록이가 자신을 키워준 잎싹을 떠난 것은 옳은가?
- 나를 희생하면서 남을 위해 사는 것이 잘사는 것인가?
- 타인을 위해 자신의 목숨을 버리는 것은 바람직한가?
- 오리들이 초록머리를 배척한 것은 어쩔 수 없는 선택이다.
- 나그네가 잎싹에게 알을 맡겨두고 간 것은 잘한 일이다.
- 세 종류의 암탉 중에서 어떤 암탉이 가장 행복한가? (닭장 안의 암탉, 양계장
  의 암탉, 마당을 나온 암탉(잎싹이))
- 잎싹, 초록머리, 족제비 셋 다 행복하게 사는 길은 무엇인가?

『마당을 나온 암탉』을 읽고 다음과 같이 자신이 원하는 방법(4컷 만화, 글, 그림과 글, 시, 노랫말 등)으로 느낌을 표현해 보라고 했다. 한 반 아이들이 한 것이 맞나 싶을 정도로 아이들은 다양한 방법으로 자신의 느낌을 표현했다. 아래에 소개한 것 이외에도 글로만 표현한 아이, 자기가 좋아하는 노랫말에 가사만 바꾸어 표현한 아이도 있었고 그림으로만 표현한 아이도 있었다. 아이들이 이렇게 다양한 방법으로 자신의 느낌을 표현할 수 있었는데 그동안 너무 한정된 방법으로만 느낌을 표현하라고 한 것이 아닌가 반성도 하게 되었다.

『마당을 나온 암탉』을 읽고 자유롭게 표현하기

　　아이들은 『마당을 나온 암탉』의 내용 중 잎싹이 족제비에게 자신을 희생하는
장면과 초록머리가 잎싹을 떠나는 장면을 제일 마음 아파한다. 책을 다 읽는 순
간 대부분의 아이들이 가볍게 탄식을 하던가, "아~ 왜요?"라며 강하게 항의한
다. 왜 죽였냐는 거다. 그래서 아이들에게 결말 바꿔 쓰기를 하도록 해 보았다.
대부분의 아이들이 아래와 같이 잎싹이 늙어서 죽는 것으로 마무리 한 것을 볼
수 있었다.

마당을 나온 암탉 3 - 이야기 바꿔 쓰기(내가 쓰는 뒷이야기) -	4학년 1반 (2)번 이름 (권다연)

◆ '마당을 나온 암탉'의 결말을 바꿔 써봅시다.

초록머리가 떠나자 잎싹은 마음이 텅비는 것만 같았다
잎싹은 많은 생각들을 하다가 앞을 바라보았다
어느틈에 늙은 족제비가 다가와 있었다 족제비도 힘이
나지 않았다 족제비는 잎싹을 먹지 않고
다른곳에 갔다 잎싹은 이제 갈대숲의 족제비가
사냥하지 않는것을 알게 되어서 잎싹은 갈대숲에
지내다 반년이 지나고 초록머리가 돌아왔다
잎싹도 힘이 없고 늙어서 그런지 몸이 아파왔다.
잎싹은 초록머리를 껴안다가 초록머리의 품안에서
숨을 거두었다

『마당을 나온 암탉』 인물 탐구를 하다가 '『마당을 나온 암탉』의 등장인물 중 내가 되고 싶은 인물은?'이라는 주제로 이야기를 나누어 보았다. 대부분의 아이들이 초록머리와 잎싹을 선택할 것이라는 선생님들의 예상을 깨고 많은 아이들이 족제비를 선택한 것을 볼 수 있다.

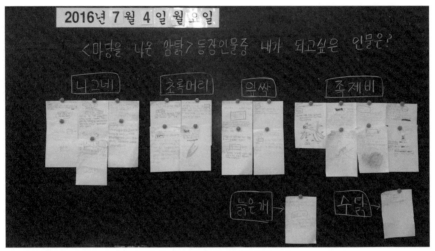

내가 되고 싶은 등장인물 선택하기

족제비가 등장인물 중 가장 강한 캐릭터라서 선택한 아이도 있었고 자기가 치킨을 좋아해서라는 아이다운 황당한 이유를 든 아이도 있었다. 전혀 예상치 못하게 늙은 개나 수탉을 선택한 아이도 있어 급히 아래에 자리를 마련해 준 흔적이 보인다. 늙은 개를 선택한 이이는 자기가 누구를 시키는 것을 좋아해서, 수탉도 자기의 가족을 책임지는 인물이라 선택했다고 하였다. 아이들의 생각은 예상을 뛰어넘는다.

책 읽고 사전 만들기는 다들 많이 하는 활동이라 부연설명이 필요 없을 것 같다. 책 속에서 앞뒤 맥락을 살펴보면서 뜻을 파악하는 것이 가장 좋지만 맥락만으로는 해석이 되지 않는 단어는 국어사전을 직접 찾아보면서 사전 만들기를 해 보았다. 처음엔 한 10쪽 정도만 분량을 정해 주고 그 안에서 찾으라고 한 다음 교실 창문아래에 집게를 이용해 게시를 해 두고 계속 추가해서 넣을 수 있도록 하였다.

책을 읽고 아이들이 만든 사전

아래의 별점주기 학습지는 『마당을 나온 암탉』 애니메이션을 보고 나서 한 활동지이다. 애니메이션을 보고 별점을 준 후 다른 사람에게 이 애니메이션을 추천하는 글을 써 보도록 하였고, 애니메이션과 원작의 다른 점을 찾아 적어 보도록 하였다. 예전에는 학기말에 시간 남을 때 애니메이션을 보여 주곤 했었는데 학기 중 국어시간에 애니메이션으로 공부를 할 수 있다는 사실에 신기해 하다가 원작과 다른 점을 찾기 위해 집중해서 영화를 보고 글을 써 내려 가는 모습이 너무 진지하여 낯설게 느껴지기도 했다.

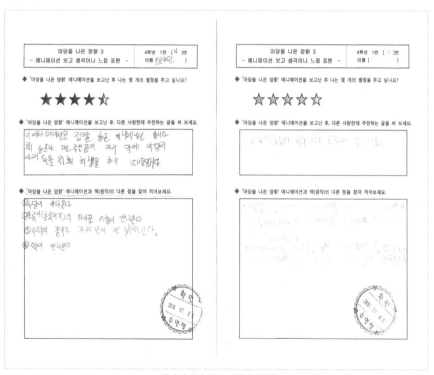

애니메이션 보고 별점 주기

아이들이 좋아했던 활동 중 하나가 과학의 동물탐구이다. 『마당을 나온 암탉』에 등장하는 동물들 중 2가지를 선택해 자세히 조사해 오라고 했더니 각자 자신이 탐구하고 싶은 방법으로 정성껏 조사를 해 왔다. 요즘은 모든 아이들이 학원에 다니고 학습지 하느라 너무 바쁘다 보니 가정학습 과제는 잘 제시하지 않는 편이다. 이 과제를 냈을 때도 '과연 얼마나 해 오겠어?'라고 생각하고 기대를 별로 하지 않았는데 자기 나름대로 글과 그림, Q&A 방식으로 등으로 다양하게 조사를 해 왔다. 아이들 스스로가 하고 싶어서 열심히 한 결과물을 보니 이런 것이 바로 자기 스스로 배우고자 하는 자기 주도적 학습이고, 배움 중심 수업의 결정체가 아닌가 하고 흐뭇한 마음이 들었다.

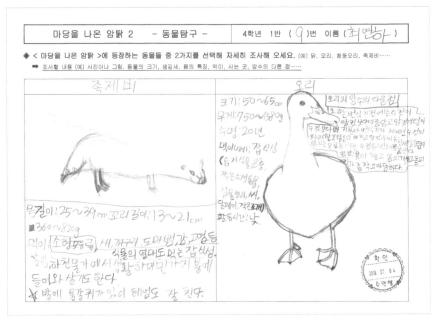

『마당을 나온 암탉』에 등장한 동물 탐구하기」

미술시간에는 책 관련 활동할 것이 매우 많은데 아래와 같이 '주변 대상을 탐색하여 자신의 느낌과 생각을 다양한 방법으로 나타낼 수 있다'는 성취기준을 정하여 두 가지 정도로 적용해 보았다. 먼저 '달걀에 책 속의 장면 그리기'이다. 학급 운영비로 구운 계란을 인터넷 구매하여 색 사인펜으로 그림을 그리고 혹여 건강에 해로울까 봐 껍질에 그린 사인펜성분이 계란 속살로 침투하기 전에 완성하는 모둠부터 사진으로 남기고 그 자리에서 바로 까먹도록 하였다. 아이들은 그림을 그리자마자 서둘러 사진을 찍고 껍질을 까서 먹느라 너무너무 즐거워하였고 한 시간 내내 웃음이 끊이지 않았다.

또 '잎싹과 알의 보금자리 꾸미기'를 주제로 '피라미드 책 만들기'를 해 보았다. 아이들은 족제비가 해치지 않아야 한다며 가시덩쿨이나 나뭇가지 등을 촘촘히 그려 넣어 알과 둥지를 정성스럽게 만들어 주었다. 그 모습 속에서 선생님들은 생명을 소중히 여기는 아이들의 예쁜 마음을 보았고 감동을 받았다.

달걀에 책 속의 장면그리기

피라미드 책 만들기

　창체 시간에는 자신의 꿈에 대해 생각해 보는 시간을 가졌다. 주인공 잎싹은 자신의 주어진 처지대로 사는 인물이 아니라 자신의 꿈을 이루기 위해 노력하는 인물이기 때문에 진로교육 주제로도 적당하다. 아래와 같이 잎싹이 꿈을 이루어가는 모습에서 본받을 점, 잎싹의 꿈이 훌륭한 이유에 대해 생각해 보았다. 또한 꿈이란 무엇인지 나만의 용어 사전도 만들어 보고, 존 고다드 씨처럼 버킷 리스트도 만들어 보았다. 아이들에게 자신의 장래희망을 물어보면 너무 막연해서 생각할 수 있는 것이 제한적인데 아래와 같이 책과 연관 지어 이야기했을 때 꿈이 매우 구체적으로 진술되는 것을 볼 수 있다.

[창체] 나의 꿈 발표하기

마지막으로 수학시간 적용사례이다. 4학년 아이들은 자연수의 혼합계산에 대해 배울 때 수학책이나 수학 익힘책에 나오는 문제만으로도 힘들어 하고 하기 싫어한다. 그래서 혼합계산의 마지막 시간에 모둠별로 『마당을 나온 암탉』을 활용하여 '혼합계산 보드판 만들기'를 제시해 보았다. 무려 두 시간에 걸쳐 아래와 같이 지름길, 추락하는 길도 넣고, 계산문제도 내고 정답지도 만들어 진지하게 보드게임을 하는 모습을 보여 주었다. 자신들이 만든 문제로 게임을 해서 이긴 사람이 나오면 끝내라고 했더니 다른 모둠이랑 보드판을 바꾸어서 해도 되냐고 묻는다. 수학 익힘책을 한 쪽만 더 풀라고 해도 항의하던 아이들인데

이게 웬일인가 싶어 허락을 했더니 쉬는 시간에도 푹 빠져들어 계산을 하고 있
다. 정말 생각지도 못한 좋은 점이었다.

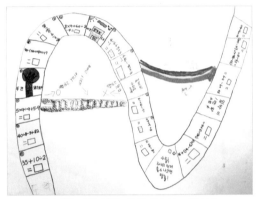

『마당을 나온 암탉』 혼합계산 보드게임 판

3) 『샬롯의 거미줄』 실천노트

엘윈 브룩스 화이트 글, 가스 윌
리엄즈 그림, 김화곤 옮김, 『샬롯
의 거미줄』, 시공주니어, 2016

『샬롯의 거미줄』은 외국작가가 쓴 책이라
슬로리딩 도서로 선정해도 되는지 우려되는
마음도 있었다. 처음에 성서초 최영민 선생님
으로부터 『그 많던 싱아를 누가 다 먹었을까』
처럼 우리나라의 문화와 역사를 알 수 있는
책이 좋다는 얘기를 들었고, 일본의 하시모토
다케시도 자기 나라의 역사와 문화가 들어있
는 『은수저』라는 책을 선정했기 때문에 더 걱
정이 되었다. 그러나 슬로리딩의 독서교재를

꼭 우리나라 문학작품으로 정해야 한다는 근거는 어디에서도 찾을 수 없었다. 『샬롯의 거미줄』은 성장소설로 '우정'이라는 가치가 가장 중심이 되는 책이었기 때문에 우리 아이들의 눈높이와 맞아 떨어져 선생님들과 오랜 논의 끝에 선정되었다. 우리가 『샬롯의 거미줄』을 포기하지 못한 또 한 가지 가장 큰 이유는 이 책이 4학년 2학기 교육과정과 잘 맞아떨어지는 주제가 많아서였다. 이런 책을 선정하면 자연스럽게 교육과정에 녹여낼 수 있기 때문에 무리 없이 실천이 가능하다는 장점이 있었다.

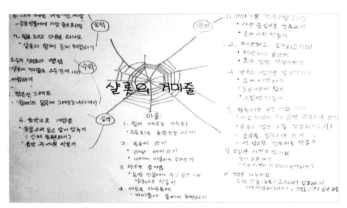

『샬롯의 거미줄』 교육과정 재구성 마인드맵

『샬롯의 거미줄』교과별 활동주제

과목	주제
국어	재미있는 말을 넣어 문장 쓰기 내가 샬롯이라면 월버를 위해 품평회에 가겠다(가치수직선 토론) 샬롯의 거미줄 등장인물 마인드 맵 그리기

과목	주제
국어	컴퓨터로 인상깊은 부분을 컴퓨터로 쓰고 감상문 쓰기
	책 광고문을 컴퓨터로 만들기
	그림책 만들기
	영화보고 장단점, 흥미로운 점 찾기, 내가 감독이라면 바꾸고 싶은 결말은?
	등장인물에게 제안하는 글쓰기
	샬롯의 거미줄 나만의 사전 만들기
	책의 한 부분을 뽑아 역할극 하기
	등장인물(동물) 조사하여 발표하기
	인상 깊은 장면을 사진놀로 표현하고 무슨 장면인지 알아맞히기
수학	샬롯의 거미줄로 소수문제 내기
	샬롯의 거미줄로 어림하기
	윌버의 몸무게 그래프로 나타내기
음악	동물소리 듣고 알아맞히기, 동물관련 신체표현하기(동물의 사육제)
	음악주사위 만들어 음악놀이 하기
미술	수묵화로 인상 깊은 장면 그리기
	붓글씨로 나에게 어울리는 글자 쓰기
	거미줄에 붙여 표현하기
	등장인물에게 주고 싶은 그릇 찰흙으로 만들기
도덕	샬롯과 함께 문제해결하기
창체	나에게 어울리는 꿈 발표하기

『샬롯의 거미줄』을 읽고 국어과에 적용할 수업 아이디어는 매우 많았다. 먼저 가치수직선 토론을 해 보았는데 1학기의『마당을 나온 암탉』에서 토론한 학습지와 비교해 보면 아이들이 생각도 많아지고 할 말도 많아졌음을 알 수 있었

다. 학습지에 여백이 없을 정도로 자신의 생각을 써 넣은 것을 볼 수 있다. 1학기 때는 단어의 뜻 파악 등 단편적인 것들에 중점을 두었다면 2학기에는 그 단어를 확장시킬 수 있도록 단어를 넣어 문장 만들기도 자주 해 보았다.

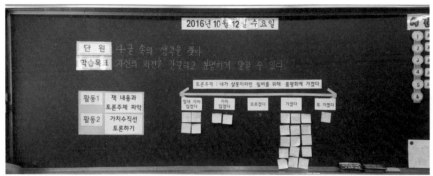

가치수직선 토론 장면

토론 학습지와 문장만들기 학습지

『샬롯의 거미줄』에는 수많은 등장인물이 나온다. 많은 인물들이 얽히고설켜 서로에게 영향을 주는 것이다. 우리가 살아가는 세상도 그렇지 않을까 생각해 볼 수 있도록 인물의 관계도 그리기를 해 보았다. 아이들은 자기만의 방식으로 인물 관계도를 그렸는데 교사들의 생각에는 단순히 거미줄처럼 관계망만 그릴 것이라고 예상을 했지만 인물 각자에 대한 탐구내용도 넣어가면서 관계도를 그려낸 것을 보고 깜짝 놀랄 수밖에 없었다. 우리는 한 시간 정도면 다 그릴 수 있을 것이라 생각했는데 시간을 더 달라고 해서 두 시간 동안이나 집중하며 이 작업을 해낸 아이들이 너무나 대견스러웠다. 아이들 스스로도 매우 만족해 한 활동이었다.

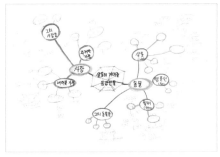

『샬롯의 거미줄』 인물 관계도

이 책은 영화로도 나와 있는데 다코타 패닝의 어린 시절 모습도 볼 수 있고 한국말로 더빙도 되어 있어 아이들이 감상하기에 좋은 작품이다. 1학기 때처럼 원작을 다 읽은 후 영화를 보여 주고 PMI 토론기법을 활용해서 좋았던 점, 아쉬웠던 점, 흥미로웠던 점을 쓰고 내가 감독이라면 바꾸고 싶은 부분을 써 보라고 하였다. 『마당을 나온 암탉』처럼 주인공이 죽어 버린 것을 안타까워 한 아이들은 자신이 감독이 되어 샬롯을 살려내기도 하고 썩어 버린 계란을 부활시키기도 하였다.

또 다른 활동으로 책 속의 한 장면을 교육연극 기법 중 하나인 '사진 놀이'로 표현해 보았다. 인상 깊은 장면을 정지동작으로 나타내고 그 장면이 어떤 장면인지 다른 모둠이 알아맞히도록 했는데 모두들 책을 읽은 상태라서 알아맞히느라 떠들썩하였고 시키지도 않았는데 자신들이 알아서 책상과 걸상, 교실안의 물품 등을 소품으로 사용하였다. 아이들의 사진놀이 활동 모습을 보면서 수업을 하는 교사나 참관교사들 모두 놀랐다. 아이들이 이렇게 적극적으로 변하다니…

인상 깊은 장면 사진 놀이로 표현하기

   국어시간에는 '나만의 가치사전 만들기'와 '하브루타 질문 만들기' 활동도 시
도해보았다. 나만의 가치사전 만들기는 도덕책에 나오는 활동을 참고로 했고,
질문 만들기 수업은 하브루타를 활용한 것이다. 학습지를 걷어서 살펴보니 1학
기에 비해 학습지를 메우는 양이 아이들마다 상당히 늘어나 있었고 생각도 많
이 성장한 것을 볼 수 있었다.

   4학년 2학기 미술교과에는 『샬롯의 거미줄』과 연관 지을 수 있는 활동이 많
았다. 먼저 샬롯이 거미줄에 어떻게 글씨를 새겼을지 상상해 보며 거미줄에 글
씨 새기기를 해 보았다. 자기가 원하는 글자를 거미줄의 모양대로 꾸미는 것이
그리 쉽지 않았기에 처음엔 쉽게 생각했던 아이들이 서로 고민을 나누며 진지
하게 꾸미는 모습이 귀여웠다. 나중에는 반마다 개성 있게 교실 벽면에 장식도
해 보았다.

거미줄에 글씨 새기기

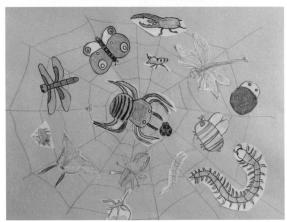

『샬롯의 거미줄』 미술관련 활동 작품들

'수묵화로 인상 깊은 장면 나타내기' 작품은 후에 국어시간에 생각열기 부분에도 사용할 수 있었고, '거미줄에 걸린 곤충 나타내기'는 교실 뒷면을 아름답게 장식해 주기도 했다.

진로교육 시간에는 자신이 듣고 싶은 긍정적인 말과 이루고 싶은 꿈을 거미줄에 표현해 보라고 하였다. 아이들은 자신이 제일 듣고 싶은 말로 거미줄을 꾸미고, 자기의 사진을 활용해 자신이 되고 싶은 미래의 모습도 표현하였다.

자기 사진으로 거미줄 꾸미기

2학기 현장체험학습은 우리지역에 있는 어린이 동물농장으로 갔는데 거기서 모든 돼지를 보고 『샬롯의 거미줄』의 주인공 이름인 '윌버'라고 부르면서 모두들 너무나 좋아하였다. 평소 동물체험학습장에 학생들을 데리고 가 보면 돼지에게 가까이 가기를 꺼려하고 직접 만져 보기도 꺼리는데 사진에서 보다시피 모든 아이들이 윌버를 한 번이라도 더 만져 보고 싶다며 손을 내미는 모습이 아이다워 귀여웠다. 비 오는 날엔 교실이나 복도에 있는 거미줄이나 거미를 보고

도 '샬롯'이라고 좋아하며 죽이지 말고 그냥 두라고 하여 한동안 교실에서 거미
줄을 방치해 두기도 했다.

동물농장에서 '월버'를 만난 아이들

4. 슬로리딩에서 의미 찾기

처음 우리가 슬로리딩을 시작하게 된 계기는 다독 위주의 독서교육으로 인한 문제점을 해결할 수 있는 좋은 방법이라 생각되어 시도하게 되었다고 앞에서도 밝혔었다. 그런데 정작 일본의 하시모토 다케시는 왜 슬로리딩을 시작했는지 몹시도 궁금하여 나다 중학교에서 3년간 국어과 교재로 사용했다는 『은수저』를 읽어 보았다. 지금으로부터 약 100년 전의 일본의 어린아이가 성장하면서 보고 듣고 느끼고 배운 모든 것들이 녹아 있는 책이었다. 아이의 성장과정이 오롯이 들어있을 뿐 아니라 일본의 역사와 문화에 대해서도 생생하게 그려져 있었다. 이 책을 처음 읽는 나에게도 책과 연관되어 아이들과 어떤 공부를 하고 어떤 체험을 했을 것이라는 것이 실감나게 다가왔다.

『천천히 깊게 읽는 즐거움』의 저자 이토 우지다카는 하시모토 다케시에게 왜 한 작품을 오랜 시간 들여 꼼꼼히 읽는 수업을 해야겠다고 생각했는지 물어보았다고 한다. 그는 학생의 기억에 오래 남는 국어교육을 해 보고 싶어서 한 권의 책으로 가르쳐야겠다고 결심했으며 '학생이 주인공이 되어서' 글을 읽어야 스스로 흥미를 가지고 읽을 수 있고 국어 실력도 차근차근 쌓을 수 있을 것이라 생각했다고 말했다.

하시모토 다케시는 이 책을 읽으면서 '샛길로 빠지기'를 권장했는데, 가령 책에서 옛날 아이들이 즐겨먹던 전통 과자에 대한 이야기가 나오면 도쿄 옛 상점을 수소문해서 기어이 구해다가 학생들과 함께 먹어 보는 등의 '삶에서의 직접 체험'을 말하는 것으로 책과 삶은 동떨어진 것이 아니라는 것을 아이들에게 가르치고자 하는 선생님의 의도였을 것이다. 책을 읽으면서 아이들은 자신의 삶과 책이 어떻게 연결되는지를 알았을 것이며 주인공이 느끼는 감수성을 그대로 공감하였을 것이다. 은수저로 공부를 한 천여 명의 졸업생들이 일본 각계에서 창조적인 리더로서 사회를 이끌어 가고 있다니 참으로 놀랍다.

나는 은수저로 공부한 졸업생들이 창조적인 리더로서 성장한 것이 '슬로리딩, 정독(精讀)'의 힘일지, '샛길로 빠지기'의 힘일지를 곰곰이 생각해 보았다. 책하나를 깊이 생각하며 자세히 읽는 정독은 책의 내용을 깊게 이해하는 데 도움을 주고 아이들로 하여금 깊은 사고력과 상상력을 더해 준다. 이것이 바로 '정독'의 힘일 것이다. 여기에 '샛길로 빠지기'를 더하여서 삶과 연결시키고 창의적인 생각의 물꼬를 터준 것이 아닐까 생각해 보았다. 그래서 우리 학교도 하나의 책을 정해 선생님과 함께 정독을 하고, 이를 교육과정에 녹여내서 삶과 책을 하나로 이어 주고 아이들의 창의적인 생각의 물꼬를 터주기 위한 시도로서 '슬로리딩 교육과정 재구성'을 시작하게 된 것이다.

앞의 글에서 언급한 바와 같이 우리 학교는 책의 선정에서부터 많은 고민이 있었고 적용함에 있어서도 학년별로 편차가 심했다. 아마 다른 학교도 구성원의 수가 많을수록 마음을 맞추기가 쉽지 않을 것이라 생각된다. 아래는 선생님들과 학생들에게 1년간 슬로리딩으로 수업을 한 후의 소감을 받아 정리해 본 것이다.

▍슬로리딩을 경험한 후 교사들의 반응

▶ 3학년 교사 김○○

1학기에도 책 한 권을 선정해 학년에서 같은 내용으로 수업을 했는데 그때는 책을 교과서 대신 새로운 제재로 활용한 수업이었다. 이번에는 올 한

해 동안 3학년에서 슬로리딩을 해 보고자 선정한 『랑랑별 때때롱』 책을 활용하여 3학년에 맞는 토론 수업을 해 보자는 시작에서 준비한 수업이었다. 해당 차시 수업을 하기 전에 책에 나오는 마을의 특징을 모둠별로 정리해 보는 활동이 먼저 진행되었고 그 결과물을 이번 수업에 활용하여서 수업의 연결도 좋았고 수업 진행의 부담도 없어 보였다. 생각보다 아이들이 책의 내용을 잘 파악하고 있었고 더 나아가 작가의 의도까지 잘 파악하고 있어 조금 놀랐다. 하지만 작가의 의도까지 잘 파악하고 있었던 점은 여러 입장이 되도록 균등하게 나뉘어 의견을 주고받을 수 있는 토론 진행에는 어려움이 되었다. 과거로 돌아가는 모습을 하고 있는 '때때롱 마을'에 살고 싶다는 아이들이 과반수 이상이어서 다른 그룹에 질문도 하고 응답도 해 주는 활동이 생각보다 활발하지 않아 다소 아쉬웠다. 수업의 도입 부분에는 『랑랑별 때때롱』 책의 삽화를 이용해 지금 지구의 모습, 때때롱 마을의 모습, 보탈이네 마을의 모습을 간단히 확인해 보았으며 나아가 수업의 전개 부분에서 수업 시간에 활용할 때때롱 마을의 모습과 보탈이 마을의 모습을 좀 더 구체적으로 정리해 토론 활동에 이용하였다. 개인별 의견을 정하기 전에 근거로 활용할 내용을 같이 정리해서 아이들이 자기주장에 대한 근거를 정리하는 데 어려움이 없었던 것 같다. 선택한 가치의 비율이 어느 한 쪽으로 치우쳐 조금 아쉬움이 있었지만 경험해 보면 어렵지 않은, 아이들의 반응도 좋은 토론 수업이라는 좋은 경험을 한 것 같다.

▶ 3학년교사 이○○

3학년 아이들과 처음해 보는 토론 수업이라 어떨까 하는 부담과 기대감이 교차되었습니다. 다행히 수석선생님의 도움을 받아 연수 때 실습을 해 보았던 것이 가장 큰 도움이 되어 비교적 어려움 없이 수업 준비를 잘 할 수 있었고, 평소 슬로리딩으로 수업하고 있는 『때때롱 랑랑별』 책 속에서 토론 주제를 찾아내어 토론 수업을 해 보니 아이들과 함께 책 내용에 대해 더 깊이 생각해 볼 수 있어 좋았고 아이들에게 진정한 슬로리딩으로 수업하고 있다는 보람이 느껴져서 좋았습니다.

▶ 4학년교사 정○○

해마다 아이들에게 독서지도를 하며 으레 '다독'을 강조해 왔었다. 다독을 통해 아이들이 간접적으로나마 많은 것을 경험하게 하는 것이 중요하다고 생각했기 때문이다. 그런데 학급에서 다독을 지도하다 보면 하는 아이들만 열심히 하고 대부분의 아이들은 몇 권 읽다 포기해 버리고 흥미를 갖지 못하는 것을 여러 번 경험했다. 처음에 '슬로리딩'에 대한 얘기를 들었을 때 실은 나부터가 '슬로리딩'에 대해 잘 모르고 있었기에 사전 이해가 필요했다. 그래서 슬로리딩에 대한 EBS 다큐부터 봤다. 이후 수석선생님의 교직원 연수도 도움이 되었다. 하지만 막상 우리 학년에서 한 번 해 보자 하니 여전히 '한 학기에 겨우 1권? 너무 적지 않아?'라는 생각부터 앞섰다. 일단 슬로리딩 책을 정하고 동학년 교사들이 각자 책을 읽고서 다시 모였다. 슬로리딩을 교육과정 안으로 가져오기 위해 수석선생님과 함께 한 학기의 전 과목 교육과정 진도표를 펴쳐 놓고, 성취기준을 살펴보고, 슬로리딩 책을 활용할 수 있는 과목별 성취기준을 뽑아 봤다. 어떤 활동들을 해 보면 좋을지 각자의 생각을 여러 장의 포스트잇에 써본 후 도화지 위에 분류했다. 교사 4명의

생각을 모으니 다양한 것들이 모여졌다. 그것들을 정리하고 추려서 한눈에 보기 편한 마인드맵을 그렸다. 2시간 이내에 모든 준비가 끝났다. 이 마인드 맵은 중요한 길잡이가 되었다.

슬로리딩 교육의 취지를 안내하니 대부분의 아이들이 각자의 책을 한 권씩 샀고, 일부 아이들은 학교도서관, 외부도서관에서 책을 빌려와 늘 가지고 다녔다. 교사와 학생이, 또 학생끼리 소리 내어 번갈아 주고받으며 읽기도 하고, 때로는 책 내용의 일부를 발췌해 학습내용으로 이용했다. 책을 읽으며 챕터별로 낱말사전도 만들어 보게 하고, 인상적인 장면을 보고 그리게도 했다. 또 마침 해당 책을 소재로 한 동명의 영화가 있어 영화를 보며 영화와 책에 대해서도 얘기해 보았다. 책 내용을 수학 혼합계산 보드게임의 소재로 삼기도 하고, 체육시간 표현활동의 소재로도 활용했다. 천천히, 아이들이 책을 자꾸자꾸 읽게 만들면서 교육과도 접목시켰다.

학부모 공개수업 때 『샬롯의 거미줄』의 내용으로 가치수직선 토론을 했다. 1시간 수업이 끝나가는 데도 할 말이 많은 아이들 때문에 쉬는 시간 없이 15분 정도를 더 이어서 수업했다. 우리 반만이 아니라 그날 4학년 모든 반들이 연장 수업을 했다 한다. 그 수업을 보고 그날 한 학부모님이 카톡으로 보낸 메시지가 기억난다. 아이들의 열띤 토론을 보며 정말 감동적이었고, 본인도 그 책을 꼭 읽어 봐야겠다며, 앞으로는 아이가 읽는 책을 함께 읽어 봐야겠다는 다짐의 말씀을 하셨다.

한 학기를 마치며, 우리 학년 아이들은 모두 『마당을 나온 암탉』을 읽었고, 수업시간에 그 책과 관련된 다양한 활동들을 해 보았으며, 책 내용에 대해 각자가 뭐가 됐든 할 말이 생겼다. 누구는 할 말이 많았고, 누구는 이제 너무 많이 얘기해서 지루하다고도 하였다. 하지만 누구나 『마당을 나온 암탉』이란 책에 대해 할 말이 생겼다. 2학기에 『샬롯의 거미줄』을 읽어 가며 아이들은 슬로리딩 활동에 더욱 익숙해졌으며 1학기에 읽은 『마당을 나온 암탉』과 견주어 자신의 마음에 더 드는 책을 고르기도 하였다.

의미 있었다. 나에게도 아이들에게도. 책을 좋아해 많이는 읽으나 자세히는 읽지 않았던 학생들에게는 책 한 권을 정독하는 계기가 되었고, 책을 읽지 않았던 학생들에게도 자의든 타의든 한 권을 속속들이 읽어봄으로써 그 책에 대해 자세히 알게 되는 계기가 된 것이다. 누군가 너 그 책 읽어봤어? 라고 한다면 우리 아이들은 누구라도 그 책에 대해 많든 적든 나름대로 할 말이 있을 것이다. 슬로리딩에 대해 걱정이 앞섰던 나였지만, 몇 명이 아닌 거의 대부분의 아이들에게 유의미한 활동이었음에 만족스러웠고, 동학년 선생님들과 함께 다양한 수업을 해 나갈 수 있었음에 뿌듯하고 보람 있었다. 혼자 해 보기엔 엄두도 나지 않고 버거웠겠지만 십시일반 동료들의 생각들을 모으니 생각보다 어렵지 않게 잘 해 나갈 수 있었다. '함께'의 중요성을 한 번 더 생각하며, 중요한 길잡이 역할을 해 주었던 수석선생님에게도 감사하다.

▍슬로리딩을 경험한 후 학생들의 반응

곽○○: 책의 내용을 정확히 알 수 있었다. 그리고 다른 애들의 생각을 알 수 있었고 다 같이 책 내용을 알고 있으니까 토론도 할 수 있었다. 책의 재미를 알 수 있었다.

김○○: 책으로 봤던 것들을 영화로도 다시 보고, 수업 시간에 여러 가지 활동을 하며 반복해서 책을 보다 보니 의외로 재미있었던 것 같다.

최○○: 재밌고 신나고 즐겁고도 때로는 슬픈(이야기의 결말이 슬퍼서) 시간을 보냈다. 정말 좋았고 행복했다.

이○○: 다 같이 책을 읽고 나서 토론을 하니까 다른 친구들이 가진 여러 가지 생각을 알아볼 수 있었다. 수업시간에 읽은 책이랑 연관된 여러 가지 활동을 해 봤는데, 그중에서도 인상적인 장면을 찾아 사진 놀이로 표현하기가 정말 재미있었다.

고○○: 책 한 권으로 한 학기 동안 교과서에 나오는 활동 말고도 여러 가지 활동을 할 수 있다는 것이 놀랍고 신기했다. 교과서엔 없지만 우리가 읽은 책으로 공부를 하니까 더 새롭고 좋았다.

최○○: 나는 1학기 때 읽었던 책보다 2학기에 읽었던 『샬롯의 거미줄』이 더 재미있었다. 책 내용과 관련지어 해 봤던 달걀에 그리기나 거미줄에 꾸미기도 정말 재미있었다.

이○○: 재미는 있었지만 점점 지루해지기도 했다. 하지만 1학기에 읽었던 『마당을 나온 암탉』은 다음에도 또 보고 싶다.

이○○: 책을 읽고 여러 가지 해 본 것 중에 재미있는 것도 많았지만, 토론이나 글쓰기는 나한테는 좀 어려웠다.

권○○: 책도 읽고, 책 제목이랑 같은 영화도 보니까 집중이 잘 됐고 더 재밌었다. 책을 읽으면서 내가 직접 낱말사전을 만들어 보며 많은 낱말 뜻을 알게 되었다. 가치수직선 토론을 해 본 것도 재미있었다.

김○○: 『마당을 나온 암탉』이랑 『샬롯의 거미줄』을 읽고 나서 친구들이랑

토론을 했는데, 많은 생각이 들었다. 『마당을 나온 암탉』이랑 『샬
롯의 거미줄』 덕분에 토론이 즐겁고 토론을 잘하게 되었다.

위의 소감문뿐 아니라 슬로리딩을 맛 본 다른 선생님들의 의견도 들어 본 후
아래와 같이 장단점들을 정리해 보았다.

첫째, 시작은 힘들었지만 한 학기가 너무 재미있다. 처음엔 듣기에도 생소한
슬로리딩이었지만 책을 읽어 나가면서 아이들이 점점 책에 빠져드는 것 같았고
다소 긴 책을 읽다 보니 할 말이 점점 많아지고 수업에 적용할 활동이 늘어나다
보니 수업시간에 교사나 아이들 모두 점점 재미있어졌다는 것이다.

둘째, 자발적인 교육과정 재구성이 이루어졌다. 교사들에게 물어보면 학기
초 교육과정 재구성에 대한 부담이 크고 교과서만 착실히 해도 되는 것을 왜 자
꾸 교육과정 재구성을 하라고 하는지 짜증도 났었다고 한다. 그런데 이렇게 책
한 권으로 수업을 구상하고 직접 적용하다 보니 자연스럽게 교육과정 재구성에
도 손을 대게 되었고 그것이 결코 어렵거나 귀찮지 않았다는 것이다.

셋째, 동학년 교사공동체의 결속력이 공고해졌다. 동학년 선생님들과 모이면
늘 자기 반 아이들 이야기, 수업이야기를 나누면서도 막상 수업을 보여 주거나
공동지도안 짜는 일들에 대해서는 부담감이 있었다. 하지만 하나의 책으로 함
께 교육과정을 재구성하게 되니까 수업이야기와 평가이야기가 저절로 나오게
되고 공동지도안 작성, 공동학습지 만들기, 함께 수업보기 등이 누군가의 강요
없이도 저절로 이루어지게 되었다. 사실 교과시만으로 수업을 할 때에는 지도
서에 자세한 안내가 나오기 때문에 굳이 모여 지도안을 다시 짜는 일이 거의 없
었는데 이러한 점에서도 변화가 이루어지게 된 것이다.

넷째, 슬로리딩을 통해 아이들의 평소 학습 태도에서 찾기 힘든 집중력을 이끌어 내는 '이야기'의 힘을 느낄 수 있었다. 또한 아이들의 삶과 교사가 가르치는 내용의 교차점을 찾기 힘들었는데 이야기가 그 통로가 되어 주어 아이들과 친밀한 느낌을 가지며 수업할 수 있어서 좋았다.

그러나 아래와 같이 아쉬운 점들도 눈에 띄었다.

첫째는 아이들과 책을 읽기보다 '어떤 활동을 할까?'에 신경 쓰다 보니 어느 순간 '리딩'보다는 '액션'에 초점을 맞추고 있는 자신을 발견하게 된다는 분들도 계셨다. 리딩이 삶이 되려면 활동을 연계하는 것도 의미 있지만 자칫 배가 산으로 가게 될 수도 있다는 의견도 깊이 생각해 보아야 할 것이다.

둘째는 '슬로리딩'이라는 용어 사용이 마음에 걸린다는 의견이었다. 굳이 외국말로 '슬로리딩'이라고 써야 하나 하는 것이었다. 우리나라의 예전 서당식 교육 자체가 하나의 책을 다 같이 소리 내어 읽으면서 외우고, 뜻을 풀이하고 쓰기도 하고, 훈장님의 물음에 답을 하며 깨우치는 방식이었다. 이런 교육방식은 우리나라에서 해 온 오래된 방식이니 따지고 보면 우리가 원조인데 '슬로리딩'이라고 하면 마치 우리가 남을 따라 하는 것처럼 보일 것이 아니냐는 의견들이 많았다.

이런 고민에 빠지다 보니 '온 작품읽기, 온 책 읽기' 등의 용어들이 언급되고 관련 서적도 사서 읽게 되면서 용어사용에 대한 고민이 더욱 커지게 되었다. 첨엔 학교 선생님들과 함께 고민하다가 연구회 선생님들과도 함께 의견을 나누었는데, 결국 '슬로리딩'이라는 용어를 그냥 사용하는 것으로 결론을 내렸다. 우리가 하는 방식은 책 하나를 완전히 읽기 때문에 온 작품읽기도 되지만 '한 학기에 책 한 권'을 오래 읽으면서 교육과정 안에 완전히 녹여내기 때문에 그런 방식을 설명할 만한 다른 단어가 딱히 떠오르지 않았기 때문이었다. '슬로리딩'이라는 용어가 충분히 만족스럽지는 않았다. 그러나 이미 사용되고 있는 용어를 굳이 다른 용어로 만들어 내는 것도 억지스럽고, 누가 그 용어를 먼저 사용했느냐는 문제보다 우리 스스로 그 방식에 대한 깊은 고민과 실천을 통해 좋은 수업과 좋은 교육을 해 보자는 뜻이 더 중요한 것이 아니냐는 말들로 우리 스스로를 위로하면서 용어에 대한 고민을 접기로 하였다.

아직까지 현직 교사들 사이에서는 슬로리딩에 대한 말들이 많다. 누군가는 참 좋다고도 하지만 외국말로 된 용어 때문에 거부감이 든다는 사람도 많다. 또 새로운 교육방법이 유행하면 교사들만 더 피곤해진다고 싫어하는 사람도 있다. 직접 체험을 해 본 선생님들 중에서도 좋은 건 알겠는데 손이 많이 가서 싫다고 하는 분들도 계신다. 그러나 여러 가지 힘든 일이 있었음에도 불구하고 3년간이나 실천해 본 우리는 슬로리딩으로 수업을 하며 좋았던 기억이 더 많다.

『슬로리딩, 생각을 키우는 힘』에서는 '어른이 되면 고마워할 슬로리딩'이라고 언급했지만 아이들이 어른이 되어 고마워하지 않아도 좋다. 우리보다 먼저 실시한 학교에서처럼 아이들에게 놀랄 만한 변화가 보이지 않아도 좋다. 교육이란, 말 그대로 백년지대계(百年之大計), 먼 장래까지 내다보고 세우는 큰 계획이므로 지금 당장 눈에 보이는 효과를 가지고 자랑할 생각은 눈곱만큼도 없다. 슬로리딩으로 교육과정을 운영하면서 아이들이 즐거웠다고 하고, 공부하는 것이 재미있다고 하였으며, 자기 스스로 탐구하기를 즐겨 하였으니 그것으로 되었다.

슬로리딩의 조선판인 서당교육에서는 모르는 내용도 자꾸자꾸 읽다 보면 어느 순간 무릎을 탁 치는 깨달음의 순간이 온다고 하였고 그 깨달음의 경지가 공부의 목표가 된다고 한다. 사토마나부 교수도 『학교의 도전』에서 학력이 낮은

학생이 학력을 회복할 때는 의미 있는 경험들이 축적되어 한 순간에 점프를 하듯이 단번에 회복한다는 이야기를 하였다. 우리가 하고 있는 슬로리딩 수업이 바로 이 의미 있는 경험들을 아이들에게 제공하는 수업이라 생각한다. 하나의 책을 가지고 구석구석 탐구하면서 읽고 자신의 삶과 하나하나 엮어 나가는 수업을 통해 지식과 경험들이 씨실과 날실처럼 엮여서 어느 순간 스파크를 일으켜서 깨달아지는 것이 슬로리딩 수업인 것이다.

2,500년 전의 공자는 "학이시습지 불역열호(學而時習之 不亦說乎), 배우고 때때로 익히면 또한 기쁘지 아니한가?"라고 하면서 "몰랐던 것을 배우고 그것을 때에 맞추어 실천하는 것에 삶의 기쁨이 있다"고 했다. 슬로리딩 수업을 하면서 2,000년대를 사는 우리 아이들도 공자와 같이 배움을 통해 삶의 기쁨을 느낄 수 있다는 것을 깨닫는 것을 보았다. 아이들이 앞으로 남은 100년 가까운 긴 인생 동안 행복하게 살아가려면 스스로 배우고 익히는 기쁨을 누릴 수 있어야 하지 않을까? 그래야 힘든 시련을 겪어도 이겨낼 에너지를 스스로 만들어 내고 스스로 세상 이치를 깨달아서 살아갈 힘을 얻게 되지 않을까?

장혜민

고학년(5~6학년)을 위한 길동이 프로젝트

1. 왜 『홍길동전』인가?

정종목, 『홍길동전』,
창작과비평사, 2004.

우리나라의 초등학교 1학년 학생들부터 6학년 학생들에게 '우리 역사 속 인물 중에 가장 기억에 남는 또는 가장 훌륭한 인물은 누구인가?'라는 질문을 던졌을 때 많은 학생들의 입에 자주 오르는 인물은 세종대왕, 이순신 장군이다. 가끔 유관순 열사나 안중근 의사도 나온다. 하지만 홍길동이라는 이름은 거의 듣기 힘들다. 그런데 왜 학생들에게 더 친숙하고 쉬운 인물이 아닌 홍길동이라는 인물을 가지고 슬로리딩과 함께 프로젝트 수업을 시작하게 되었을까?

▎첫 번째 이유는 바로 홍길농이라는 인물이 가지고 있는 특수성이다.

앞에서 이야기한, 또는 많이 다루어지는 위인들의 경우에는 너무 바른 생활의 모범적인 인물들이다. 솔직히 훌륭한 점, 칭찬할 점들은 많아 교육적으로 가

르칠 것은 많지만 다르게 생각하거나 이야기할 것들은 많지 않은 것이 사실이다. 우스갯소리로 누가 감히 세종대왕의 업적이나 이순신 장군의 말씀에 토를 달 것인가? 특히 우리 아이들에게 영웅시 되다 보니 토의나 토론 학습에서 이야기하다 보면 답이 너무 정해지는 경향이 있어서 위인들을 가지고 어떤 이야기를 끌어 나가는 데에는 교사도 힘들고 학생들의 경우에도 재미없어 하는 경우가 많다. 하지만 홍길동이라면 이야기가 다르다. 특히 도술을 부리는 홍길동의 모습은 책 읽기를 좋아하지 않는 우리 반 남자친구들의 호기심을 이끌어 내는 데 많은 도움이 되었다. 또한 지위나 권력이 있는 사람도 아니고 너무 어른이지 않은 소년 홍길동의 모습이, 이런 어린 홍길동이 어른들이 가지고 있는 잘못된 틀, 사회적인 모습을 변화하려는 모습이 사춘기가 오기 시작하며 부모와 선생님, 학교의 제도에 약간의 반항을 하고 싶은 6학년 친구들에게는 더 재미를 불러일으킬 수 있으리라는 생각이 들었다.

▌두 번째 이유는 교육과정과의 연계성이다.

사회 교육과정을 보면 5학년 2학기에서 구석기시대부터 조선 전기의 역사를 다루고 있다면 6학년 1학기에는 조선 후기부터 광복과 민주화 운동을 거쳐 현재까지의 우리나라의 역사에 대해 다루고 있다. 그리고 6학년 2학기 1단원에서는 우리나라의 정치, 삼권분립, 인권에 대해 이야기를 하고 있다. 6학년 1학기 1단원 조선 후기의 사회 모습에서 서민문화를 다룰 때 지은이를 알 수 있는 최초의 한글 소설은 허균의 『홍길동전』이라는 내용을 이야기하게 된다. 그러면서 아이들은 자연스럽게 홍길동전에 대한 이야기와 조선사회의 신분제도의 문제점을 알게 된다. 그런데 6학년을 5년째 가르치고 있는데 『홍길동전』 이야기를 읽은 학생들이 거의 없어 매월 3월이면 우리 반 학생들과 『홍길동전』을 읽게 되었다. 그리고 책 속에서 조선 시대의 모습, 조선시대의 신분제도의 문제점, 탐관오리들의 모습, 백성들의 아픔 등이 잘 나타나 있고 책을 읽음으로써 자연스럽게 우리 아이들도 알게 되고, 느낄 수 있게 되었다. 사회 역사시간에 교사들이 가르칠 것들이 책 안에 자연스럽게 나와 있는 것을 보면서 이 책으로 조선후기 모습에 대한 사회 수업을 하면 참 좋겠다는 생각이 들었다. 하지만 한 번의 읽기로 이 모든 것을 알아 가기도 이해시키기도 어려웠다. 그러다 보니 자연스럽게 슬로리딩이 필요했고 슬로리딩이 자연스럽게 교육과정으로 들어올 수밖에 없었다. 또 슬로리딩이 단순 읽기가 아닌 의미 있는 읽기 활동이 되기 위해서, 그리고 우리의 삶과 이어지기 위해서 목적에 맞는 학습 활동들이 생기고 그것을 하기 위해서 여러 교과가 어우러지게 되며 결국 교육과정 재구성 통한 프로젝트 학습이 이루어진다. 즉, 슬로리딩은 결국에는 프로젝트 학습으로 이어질 수밖에 없다. 그리고 『홍길동전』은 다른 책들보다 6학년 사회 교과의 역사와 정치라는 중요한 2가지 주제를 바탕으로 국어, 음악, 미술, 도덕 등 다양한 교과와 쉽게 연계하여 운영이 가능하다. 그리고 이런 활동을 통해 쉽게 책 속에서 이야기하고자 하는 바를 학생들과 이야기해 보면서 우리의 삶과 연결한 다양한 모습에 대해 생각해 볼 수 있게 해 준다.

▌세 번째 이유는 우리 생활과의 연계성이다.

비록 홍길동의 배경은 조선시대지만 그 안에 담겨 있는 내용, 이야기하고자 하는 바는 현재 우리 삶에서도 고민하고 생각해야 할 것이다. 잘못된 사회적 관

습이나 제도로 인해 힘들어 하는 홍길동 개인의 삶을 통해, 잘못된 정치와 탐관 오리들의 횡포로 힘들어 하는 백성들의 모습을 통해 실제 우리의 삶 속에서 경험하게 되는 다양한 제도들의 문제점과 정치와 우리 삶의 연계성에 대해 여러 가지 생각할 거리들을 던진다. 그래서 단순하게 1학기 역사수업뿐만이 아닌 2학기의 사회 교육과정의 정치까지 연계성을 갖고 지도할 수 있다. 특히 2016년과 2017년도는 바른 정치가 무엇인지, 바른 리더가 우리의 삶에서 얼마나 중요한지를 정말 절실하게 느끼고 생각하게 해 주었던 해였다. 바로 최순실 게이트로 인해 많은 사람들이 정치에 관심을 갖게 되고 잘못된 사회의 모순을 바로 잡기 위해 노력하였다. 그리고 그 모습을 우리 아이들이 보았고 실제로 참여도 했기 때문에 우리 아이들에게 홍길동이 잘못된 사회 제도에 대항하는 모습, 율도국을 건설하는 모습은 실제 우리 삶과 연결하여 생각해 볼 수 있게 되고 우리가 바라는 우리나라의 모습으로까지 이어져 나갈 수 있게 된다.

이와 같이 『홍길동전』은 슬로리딩과 프로젝트 학습의 필연적인 만남으로 단순하게 책 한 권 읽기로 끝나는 것이 아닌 우리나라의 역사를 시작으로 내용과 인물탐구, 공정하고 바른 사회의 모습, 우리가 바라는 나라와 진정한 리더의 모습까지 생각해 보게 한다. 그래서 『홍길동전』으로 슬로리딩 프로젝트 학습을 시작해 보았다.

2. 『홍길동전』 어떻게 읽을까?

슬로리딩을 하게 되면 하나의 책을 전체 또는 부분으로 나누어서 여러 번 읽게 된다. 하지만 같은 내용을 이미 알고 있는 내용을 우리 학생들에게 여러 번 읽게 하는 것은 결코 쉽지 않다. 요즘 독서의 중요성은 강조되지만 갈수록 책을 읽으려는 학생들은 줄어들고 있는 추세인데, 한 번 읽기도 힘든 책을 여러 번 반복해서 읽으라니…….

나 역시 이 프로젝트를 시작하면서 가장 힘들고 또 가장 고민하게 만든 것이 '어떻게 하면 아이들이 여러 번 반복해서 읽어도 많이 지루해 하거나 재미없어 하지 않을까?'와 같은 책 읽기의 방법이었다. 그 방법은 아직도 찾는 중이다. 그러나 1학기 동안 활동을 하면서 알게 된 것은 읽는 방법과 연계되는 교육과정 활동 내용에 따라 조금 차이는 있지만 전반적으로 아이들이 같은 책을 여러 번 읽는 것을 내가 생각한 것처럼 싫어하지는 않는다는 것이다. 왜냐하면 책을 읽어야만 교육과정과 연계된 활동을 하는데 더 도움이 되기 때문이다. 활동을 하기 위해서는 책 내용을 잘 알고 있어야 하고 그러다 보니 책을 다시 보게 된다. 토론이나 이어지는 글을 쓰기 위해서는 책 내용을 잘 알고 있어야 하기 때문에 아이들에게 읽어 보라고 다시 이야기하지 않아도 자연스럽게 아이들은 책을 뒤적거리면서 전체적으로, 부분적으로 보게 된다.

또 아이들에게 책을 읽으라고 하면 자주 물어보는 질문 "독서록 써야 해요?", "몇 줄 써야 해요?" 책 읽기와 독서록을 함께 생각하는 우리 아이들에게 슬로리딩은 독서록이나 그냥 읽고 끝나는 것이 아닌 활동 중심의 역동적인 책 읽기이다. 그래서 매번 읽을 때마다 다른 여러 활동으로 그 내용이 전개되어 재미가 있다. 그렇기 때문에 읽는 것 역시 지루하지 않게 된다. 슬로리딩 프로젝트 학습이 성공하기 위해서는 학생들에게 책 읽기에 대한 재미와 흥미를 높여야 하는데 그러기 위해서는 이렇게 매번 책 읽기와 연계된 다른 활동들이 제시되어야 한다. 그 활동들을 하기 위한 시간을 만들고 내용을 채우는 것이 바로 교육

과정 재구성이다. 그래서 슬로리딩 프로젝트 학습을 하기 위해서 교육과정 재구성은 필수이고 교사의 노력과 역할이 중요하다.

　그리고 여러 번 읽다 보니 학생들 스스로 책 내용에 대한 이해도가 높아 관련 활동에 대한 자신감이 생기게 되어 좀 더 적극적으로 활동에 참여할 수 있고 그것이 책 읽는 것의 필요성을 스스로 느끼게 할 수 있는 것 같다. 현재 우리 반 아이들의 경우 전체 읽기 3번, 부분 읽기 2번 정도 했다. 그런데 우리 반 여학생 한 명은 처음에 읽을 때 내용이 너무 이해가 안 된다면서 읽다가 다시 앞으로 가고 또 읽다가 다시 앞으로 가고를 반복하면서 짜증을 부렸었다. 그리고 질문 만드는 것도 내용 찾는 것도 힘들어 했었다. 하지만 마지막 활동으로 토론과 노래 만들기 활동을 할 때는 자신감 있는 모습으로 재미있게 참여하였다. 심지어 원래 친구들 앞에 나와서 이야기하는 것을 힘들어 하던 친구가 토론 입론 준비도 잘 해 오고 팀 대표로 입론 발표도 잘 하여서 디베이트 결승까지 올라가는 모습을 보였다. 이것 역시 슬로리딩의 힘이 아닌가 싶다.

　다만, 같은 『홍길동전』이라고 해도 여러 종류가 있는데 우리 학교에 있는 『홍길동전』은 조선시대에 사용된 말이나 어투를 그대로 표현하여 학생들이 내용을 이해하는 데 좀 힘들어 하였다. 책을 선정할 때 이런 부분도 신경 쓴다면 학생들의 책 읽기가 좀 수월해지리라 생각된다.

　그럼, 지금부터는 우리 학급에서 슬로리딩을 하기 위해서 책을 읽었던 방법에 대해 소개하고자 한다. 책 읽는 시간은 부분 읽기의 경우에는 수업 시간을 활용하기도 하지만, 전체 읽기를 해야 하는 경우에는 수업 시간만을 가지고 할 수가 없어 아침 시간, 쉬는 시간, 점심시간을 틈틈이 사용하였다. 또 수업을 40분보다 조금 일찍 끝내고 남는 시간에 읽도록 했다. 학생들이 가장 좋아했던 방법은 짝끼리 자유롭게 책을 읽는 것이었다. 이 방법은 슬로리딩뿐만 아니라 평소 긴 글을 읽을 때도 사용하면 좋을 듯싶다.

▌하나, 혼자 읽기

일반적으로 많이 사용하고 가장 학생별 읽는 속도나 이해도의 차이가 컸던 방법이다. 기간을 정해 주고 혼자 학교나 가정에서 틈틈이 읽는 것이다.

우리 반의 경우 『홍길동전』을 4월부터 읽기 시작해서 혼자 읽는 기간을 2주 주었는데 못 읽는 친구들이 좀 많았다. 다른 책 읽기의 경우에는 책을 한 번에 다 읽고 활동을 끝내야 하기 때문에 그때 못 읽으면 안 되어서 교사가 다 읽히려고 노력한다. 물론 슬로리딩도 가능한 다 읽게 하지만, 슬로리딩의 가장 좋은 점이 반복해서 읽는 것이므로 못 읽는 친구들은 못 읽은 대로 다음 읽기로 넘어갈 수 있도록 하였다.

▌둘, 책 읽어 주는 친구

친구들에게 책을 읽어 주기를 희망하는 친구들을 뽑고 그 친구들에게 미리 책 읽는 부분을 나누어 준 후 사전에 실감나게 읽기 연습을 해 와서 친구들에게 책을 읽어 주게 하는 방법이다. 아침 독서 시간이나 수업 시간에 활용하면 좋다.

우리 반의 경우 처음에 희망하는 사람이 없어서 일단 교사가 먼저 앞 몇 부분을 직접 시범을 보이면서 실감나게 읽어 주었더니 신청자가 생겨 그 다음부터 학생들이 나와서 읽어 주었다. 읽어 주는 사람의 마음대로 앞으로 나와서 읽어 주기도 하고 자신의 자리에서 읽어 주기도 하였다. 실감나게 읽어 주다 보니 혼

자 읽을 때보다 더 집중하고 재미있어 하는 모습이 보였다.

처음에는 그냥 읽기만 하다가 아이들이 지겨워해서 친구들이 바뀌는 부분마다 잠시 쉬어가는 타임으로 읽은 내용에 대한 질문(모르는 내용, 궁금한 것들)을 하면서 질문한 친구들, 답변해 준 친구들에게 작은 보답(사탕)을 주니 좀 더 집중하면서 읽었다. 책 읽어 주는 친구들이 책 읽는 것 준비하면서 질문도 만들어 와서 읽고 질문을 던지는 것도 좋을 것 같다.

▎셋, 짝끼리 자유롭게 서로 책 읽어 주기

이 방법은 토론 연구회 선생님들과 책을 읽는 방법에 대한 나의 고민을 이야기하다가 같은 6학년 선생님이 직접 써 보고 효과가 좋다고 알려 준 방법이다. 친구들끼리 짝을 지어서 자유롭게 읽고 싶은 곳에 가서 서로 소리를 내며 읽어 주는 것이다.

처음에 내가 가장 걱정한 것은 서로 책은 안 읽고 떠들기만 하다가, 딴짓만 하다가 오면 어떻게 하나 싶었는데 자유로운 분위기 때문에 잠깐씩은 딴짓도, 떠들기도 하지만 점차 그 횟수가 줄어들고 서로 진지하게 또는 더 즐겁게 책 읽기 하는 모습을 보였다. 전체 내용을 같이 읽는 방법에서는 아이들이 가장 즐겁게 책을 읽었던 것 같다. 자신이 좋아하는 친구와 편안한 자세로 책을 읽으면서 책 읽기의 즐거움도 알게 되는 것 같아 참 좋았다.

다만, 읽는 장소에 대한 범위의 선정에서는 학생들에 대한 믿음을 갖는 것이 중요하다. 하지만 나 역시 처음부터 아이들에게 완전한 자유를 줄 수가 없어 교실 안에서만 자유롭게 눕거나 편한 바닥에 앉거나 벽에 기대서 또는 의자에 앉아서 읽도록 하였다. 우리 반의 경우 학생 수가 적어 교실에서 소리 내어 읽어도 크게 서로 방해가 되지는 않았지만, 학급 인원이 20명 이상 되는 경우에는 좀 더 넓은 장소가 적합할 듯하다. 나 역시 2학기에는 교실을 벗어나 좀 더 넓은 도서관이나 학교 전체로 그 범위를 좀 더 넓혀 볼 생각이다.

▌넷, 낭독한 것 녹음해서 듣기

모둠(팀)별로 책을 부분별로 나누어 주고 그 부분을 낭독하여 녹음해 오도록 하는 것이다. 낭독하는 방법은 모둠(팀)별로 협의하여 정하도록 한다. 그리고 친구들과 함께 부분 읽기를 할 때 해당 부분을 틀어서 친구들이 낭독한 것을 들어 보는 것도 좋은 방법이다. 아직 학급에 적용을 해 보지는 않았지만 2학기 때 이 작업을 해서 활용해 보려고 한다. 다양한 목소리와 방법으로 듣기의 재미와 집중도를 높일 수 있을 거라 생각된다.

또, 시간이 된다면 『홍길동전』에 대한 연극을 하기 전에 대본 리딩한 것도 녹음해서 아이들과 들어 보는 것도 내용 이해도도 높이고 연극을 준비하는 데 도움이 되리라 생각된다.

3. 길동이와 함께하는 푸딩교육과정 1학기 - 내용 탐구편

1학기에서 가장 중요하게 생각하는 것은 『홍길동전』을 읽고 내용에 내해 남구하는 '앎'의 과정이지만 슬로리딩을 하다 보면 '앎'과 '삶'이 분리되기보다는 앎의 과정에서 삶을 들여다보고 삶을 들여다보는 가운데 새로운 앎의 과정을

거치게 된다. 따라서 개인적으로 중점을 1학기에는 '앎'을 위한 내용 탐구에, 2학기에는 '삶'과 이어지는 주제 탐구에 두었지만 결국은 슬로리딩 프로젝트 학습을 하는 동안 이 둘이 계속 이어지게 되며 우리 아이들에게 자연스럽게 앎을 삶으로 적용시키게 흘러간다. 활동을 하고보니 '앎'(내용 탐구)과 '삶'(주제 탐구)으로 나누어 가르친다고 계획한 것 자체가 그다지 의미 없는 작업이었던 것 같기도 하고 오히려 한 가지에 집중하려고 하다 보니 더 힘들고 하고자 하는 의도, 나의 슬로리딩의 목적을 잠시 잃어버린 건 아닌가라는 생각이 들기도 한다.

따라서 내가 여기에서 제시하는 '길동이와 함께하는 푸딩 교육과정'은 내 주관에 의한 것이므로 선생님들 각자 상황에 맞게, 목적에 맞게 변경하면서 운영하면 좋겠다.

1학기에 운영한 내용 탐구, '앎'을 위한 푸딩 교육과정의 큰 목표는 책 속의 인물, 사건, 배경을 통해 『홍길동전』의 내용 이해와 이야기하고자 하는 바가 무엇인지 아는 것이다. 이것을 위해서 다음과 같이 4교과, 총 38차시(첫 수업은 처음에 없다가 나중에 구상한 수업을 실제로 하지는 않았음)를 푸딩 교육과정(슬로리딩과 프로젝트 학습을 연계한 교육과정)으로 운영하였다. 다른 교과에 비해 사회 교과에서 시수를 만드는 것이 상당히 어려웠다. 지도서에 있는 교육과정 운영 시수는 1차시인데 이것을 2차시로 늘려야 했는데 창의적 체험활동의 경우 우리 학교는 다른 활동들로 이미 포화상태인지라 사회 교과의 다른 부분을 재구성을 통해 감축해야만 했다. 이런 운영 시수 확보의 어려움이 있었지만 슬로리딩 프로젝트 학습은 다른 프로젝트 학습보다 책을 통해 중심 주제가 제시됨에 따라 쉽게 교육과정을 재구성할 수 있고 목표가 흔들리지 않고 이어질 수 있다는 큰 장점을 가지고 있다. 그래서 누구든지 쉽게 해 볼 수 있는 것 같다. 그럼 슬로리딩 프로젝트 학습 '길동이와 함께하는 푸딩 교육과정'을 한번 시작해 보자.

〈사회〉

1. 조선사회의 새로운 움직임

- 홍길동 삶의 연표 만들어 보기(3차시)

- 책 속에서 보이는 조선 시대의 사회 모습 찾아보고 이해하기(2차시)

- 민란의 원인, 모습 살펴보기(3차시)

- 조선 후기 서민 문화 이해하기(2차시)

〈국어〉

8. 책 속의 지혜를 찾아서 & 7. 이야기의 구성

- 홍길동 책 읽고 책에서 알게 된 내용 정리해서 소개하기(4차시)

- 『홍길동전』 이야기 전체 줄거리 알아보기(2차시)

- 핫시팅을 이용한 인물의 행동, 배경, 사건의 관계 이해하기(2차시)

- 율도국 이후의 『홍길동전』 뒷이야기 만들어 보기(4차시)

2. 다양한 관점 & 9. 주장과 근거 & 10. 쓴 글을 돌아보며

- 『홍길동전』 토론 논제 정하고 찬반 입론 쓰기(6차시)

- 입론 고쳐 쓰기(3차시)

- 홍길동 독서 디베이트(예선전, 결승전)(4차시)

〈미술〉

3. 즐거운 상상 마당-찍고 또 찍고

　- 홍길동 이야기 중 인상 깊은 장면 상상하여 고무판화로 표현하기(4차시)

〈음악〉

5. 우정을 나누며

　- 『홍길동전』 노래 만들기(노래 가사 바꿔 부르기)(2차시)

▌수업 하나: 길동이 일대기

　이 수업은 실제적으로 내가 한 활동은 아니고 프로젝트를 운영해 가다 보니 우리 아이들이 한 질문을 바탕으로 이 수업을 맨 처음에 하고 시작했으면 더 좋았을 것 같다는 생각이 들어 이 프로젝트 학습을 하시는 분들에게 도움이 되고자 넣어 본 수업이다. 이 수업은 책을 읽기 전후 모두 상관없이 할 수 있으며 책과 인물에 대한 흥미를 느낄 수 있는 있도록 해 준다. 더불어 책 내용을 전체적으로 정리하면서 줄거리와 역사의 흐름을 자연스럽게 이해할 수 있도록 도와주는 활동으로 『홍길동전』을 시작하는 첫 수업으로 적합하다.

　내가 이 수업을 생각하게 된 이유는 우리 아이들의 질문이었다. 슬로리딩에서 질문은 아주 중요하다. 그 질문들이 슬로리딩을 단순하지만 빛나게 만들고 그 답을 찾기 위해 어떤 학습을 왜 해야 할지 제시를 하고 그 답을 기다리고 기대하게 만드는 것이다. 즉 슬로리딩을 이끌어 가는 원동력이기 때문이다. 그런데 많은 교사들이 그 질문들을 무시하거나 그냥 흘려보낸다. 슬로리딩을 준비하는 나 역시 그런 실수를 했고 그 실수를 만회하고 싶어 이 수업을 준비해 보았다.

『홍길동전』을 읽은 아이들에게 가장 먼저, 그리고 많이 들은 질문이 "『홍길동전』은 실제 조선시대 사람이었냐? 아니면 가짜냐?", "그 시대에 진짜 도술이나 분신술을 할 수 있는 사람이 있었느냐?"였다. 그리고 우리가 수업을 시작할 당시 홍길동 드라마 〈역적〉이 하고 있었는데 "왜 드라마랑 내용이 다르냐?"라는 질문도 있었다. 하지만 이 수업은 내가 처음부터 계획하고 있던 수업도 아니었고 그 당시 나는 다른 수업으로 들어가야 한다는 생각뿐이었다. 또 『홍길동전』을 읽고 수업을 하겠다는 마음만 있었지 나조차도 소설 속의 홍길동에 대해서만 알고 있었고 실제 역사 속 인물의 홍길동에 대해서는 전혀 알지 못했다. 그래서 아이들이 그런 질문을 했을 때 다 같이 인터넷 검색으로 홍길동이 실존 인물인지 검색해 보고 그 검색 결과에 대해서만 짧게 이야기하고 끝내 버렸다.

그러다가 토론 교육 연구회 선생님들과 길동이 프로젝트 이야기를 하다가 학생들이 던진 이 질문들이 이 수업에서 얼마나 중요한지 알게 되었다. 매번 어떤 이야기를 읽으면 그 주인공이 죽고 사는 문제, 그 사건들이 실제 있었던 일이었는가가 가장 관심거리인 우리 아이들에게 이 활동은 어떻게 보면 가장 재미있어 할, 가장 궁금해 하는 내용이 담긴 수업이었는데 내가 질문들을 너무 간과하였다. 길동이 프로젝트를 하려는 나의 준비성이 참 허술하다는 생각과 동시에 학생들에게 미안한 생각이 들었다. 슬로리딩에서 샛길 학습이 얼마나 중요하고 아이들이 좋아하는데 놓쳐 버린 수업이라 성말 아쉬웠다. 그래서 다음에 하게 되면 이 과정을 꼭 넣고 싶다는 생각이 들어 수업 활동을 구상해 보았다.

수업 활동

■ 홍길동에 대해 조사하기

▶ 『홍길동전』 책 속에서

- 시대를 알 수 있게 하는 말 찾아보기(왕의 이름, 년도, 시대상 등)

- 홍길동이 한 일을 순서대로 나열해 보기

▶ 실제 역사 속에서(인터넷 조사)

- 홍길동이 실제 역사 속에서 한 일 찾아서 순서대로 나열해 보기

- 홍길동이 실제 산 시대와 그 당시 왕 찾아보기

■ 홍길동 삶의 연표 만들기

▶ 역사 속 홍길동의 삶에 대한 연표 만들기

▶ 책 속 홍길동의 삶에 대한 연표 만들기

▶ 두 인물의 삶에 대해 공통점과 차이점 찾아보기

※ Tip : 조사 및 연표 만들기를 책 속과 실제 역사 속으로 팀을 나누어서 활동
   을 하면 학생들의 활동 과제에 대한 부담이 줄어들어 좀 더 자세하고 구체
   적으로 연표를 작성할 수 있음, 그리고 비교 활동도 친구들과 내용이 다르
   고 다른 팀 것 내용이 생소하니 좀 더 재미가 있음

■ 홍길동 삶의 연표를 통해 알아보는 조선 역사의 흐름

▶ 홍길동이 살던 시대의 왕에 대해 알아보기

▶ 홍길동이 한 일과 관련 있는 역사적 사건 찾아보기

▌수업 둘: 『홍길동전』속 보물찾기(조선 시대 모습)

책을 읽고 그 내용을 잘 이해하려면 이야기의 구성요소인 인물, 사건, 배경을 잘 알고 있어야 한다. 특히 슬로리딩은 한 책을 깊이 있게 읽어 나가는 과정인데 깊이 있는 읽기를 위해서는 책의 내용을 잘 이해하는 데 밑바탕이 되는 배경지식이 무척 중요하다. 그래서 사회와 국어 교육과정을 함께 재구성하여 『홍길동전』의 시간적, 공간적 배경이 되는 조선시대의 다양한 사회적, 제도적 모습을 『홍길동전』 속에서 나오는 내용을 통해 알아보았다.

책 속에서 홍길동에 의해 계속 되풀이 되는 말이 있는데 '아버지를 아버지라 부르지 못하고 형을 형이라 부를 수 없다'라는 것이다. 『홍길동전』의 명대사이자 홍길동의 모든 행동의 근원이고, 또 이 책 속에서 가장 이야기하고 싶은 신분제도의 문제점을 알려 주는 말이기도 하다. 그래서 『홍길동전』을 풀어 나가는 가장 근본적인 이 문제에 대해 이야기를 하려면 자연스럽게 홍길동의 시대적 배경에 대해 이야기를 하지 않을 수 없다.

첫 시작을 여는 질문으로 아이들에게 '呼父呼兄(호부호형)' 한자를 보여 주고 의미를 찾아보라고 했고 왜 홍길동이 호부호형을 하지 못하였는지 그 이유에 대해 생각해 보라고 하였다. 그러고 나서 홍길동을 그렇게 행동하게끔 만든 조선시대의 사회적, 제도적 모습을 책 속에서 찾아보자고 했다. 찾은 모습들을 분류하고 정리해 봄으로써 앞으로 계속 이야기되는 『홍길동전』에 대해 시대적인 배경지식을 갖게 되어 좀 더 깊이 있는 이해가 이루어질 수 있는 밑바탕을 마련해 놓았다.

하지만 책 속에서 조선시대 모습 찾는 것은 교사 입장에서는 쉬워 보였는데 학생들은 아직 조선시대에 대한 지식이 많지 않다 보니 생각보다 어려워하였

다. 그리고 책을 전체적으로 다시 봐야한다는 생각에 학생들이 적극적으로 참여하기를 꺼려 하였다. 그래서 처음에는 짝 활동으로 책 내용 전체에 나와 있는 조선시대의 모습 찾는 것으로 수업을 준비하고 시작했으나 결국 책의 차례에 나와 있는 소제목 13부분을 4모둠으로 나누어 각 모둠별로 3부분만 읽고 맡은 부분에서만 조선시대의 모습을 찾도록 하였다. 그리고 찾은 내용을 간단하게 단어나 짧은 문장으로 정리해서 포스트잇에 적도록 하였다. 그리고 칠판에 각 모둠별로 적은 포스트잇을 다 모아 놓고 반 전체적으로 분류 기준을 만들고 그 기준에 맞게 나누어 보았다. 이렇게 활동하니 시간적으로도 학생들이 참여하기에도 부담이 덜 되어 더 자세하게 읽게 되고 적극적으로 활동에 참여할 수 있었다.

수업 활동

■ 조선시대의 사회 모습 책 속에서 찾아보기

▶ 책 속에 있는 조선 시대의 여러 모습 찾아보기

\- 책 속에서 조선 시대와 관련된 단어나 문장 찾아서 포스트잇에 적기

▶ 책 속에서 나타나는 조선 시대의 모습을 주제별로 분류해 보기

\- 분류 기준을 정해서 포스트잇의 내용 분류하기

▶ 주제별로 분류된 자료를 바탕으로 조선시대의 모습 정리해 보기

※ Tip : 단어나 어휘의 의미를 정확하게 모르는 경우가 많으니 국어사전이나 스마트폰을 활용하여 정의를 찾아가며 읽도록 함.

■ 조선시대 신분 제도에 대해 알아보기

▶ 신분제도에 따른 양반과 백성들의 삶에 대해 알아보기

▶ 홍길동의 신분과 홍길동의 불만에 대해 이야기해 보기

▶ 신분제도의 문제점에 대해 알아보기

※ Tip : 책 속 인물 관계도와 신분 나타내 보는 활동을 넣어도 좋음

■ 조선시대 다른 사회 관습이나 제도 찾아보기

▶ 첩에 대해 알아보기, 첩을 둔 이유에 대해 생각해 보기

▶ 조선시대 남성과 여성의 삶 비교하기

【우리 반에서 찾은 조선의 모습에 대한 분류 현황 및 정리】

〈신분 및 관직〉

➡ 왕, 노비, 첩, 서얼, 본부인, 신하, 백성, 도적, 양반, 탐관오리, 공자님,
좌랑, 재상댁, 서자, 하인, 장군, 도령, 고을 관아, 군수, 경상 감사, 한양
조정, 포도대장, 포졸, 암행어사, 삼정승(영의정, 좌의정, 우의정), 6판서
(이조, 호조, 병조, 공조, 형조, 예조의 우두머리), 금부도사, 병조판서, 종.

⇒ 신분제도가 있었다, 왕이 나라를 다스렸다, 신하들마다 직책이 다르
고 종류가 많았다, 탐관오리가 있었다, 암행어사가 있었다, 지역마다
다스리는 사람들이 있었다, 일부다처제였다, 하인이나 노비가 있었다.

〈신분제도로 인한 모습〉

➡ 서얼이라 업신여기며 수군거림.

임금은 한 나라의 어버이.

아버지를 아버지로 부르지 못하고 형을 형이라 부르지 못함.

첩이나 종의 자식을 천하게 여기고 차별함.

공이 있다 하여도 천한 신분이라 관직을 받을 수 없음.

재상 댁 도령의 말 한 마디에 중들이 다 모이고 음식을 장만하고 함.

서얼에게는 벼슬을 주지 않음.

본부인과 첩을 엄히 구분하고 차별하기 시작함.

본부인이 낳지 않는 자식들은 실력이 있어도 벼슬을 할 수 없음.

국법이 지엄하여 서얼이라는 이유 때문에 가까이 두지 못함.

⇒ 신분에 따른 차별이 심하였다, 서얼(자)에 대한 차별이 심하였다, 자녀는 엄마의 신분을 따랐다, 국법이 강했고 법에도 신분에 따른 차별을 인정했다.

〈백성들의 모습〉

➡ 하늘 아래 두 임금이 있을 수 없다.

깊은 산 속 도적떼.

대개 까막눈 도적들.

본래 선량한 백성인데 못된 벼슬아치들과 양반의 등쌀을 견디다 못해 도적이 됨.

백성은 헐벗고 굶주리는데 절간에 웬 비단이며 은전이며 곡식이 이리도 많음.

탐관오리로 백성을 기름 짜듯 괴롭히고 재물을 빼앗아 견디기 힘듦.

길동을 못 잡으면 괜히 죄 없는 엉뚱한 백성들을 닦달함.

⇒ 탐관오리나 양반들 때문에 백성들이 힘들다, 백성들은 가난했다, 도
적들이 있었다, 백성들이 도적이 된다.

〈탐관오리의 모습〉

➡ 한양에 바치는 봉물.

백성을 괴롭히는 벼슬아치나 양반.

백성을 괴롭히고 제 배만 불리는 탐욕스런 벼슬아치.

본래 선량한 백성인데 못된 벼슬아치들과 양반의 등쌀을 견디다 못해
도적이 됨.

⇒ 백성들을 괴롭혔다, 자기보다 높은 사람들에게 잘 보이려고 했다, 자
기만 생각하고 이기적이다.

〈남자들의 모습〉

➡ 모름지기 세상에 나가 그 이름을 드높여 부모를 드러내고 조상의 이름
을 빛내야 함.

사내가 공자와 맹자를 본받지 못할 바에야 장수라도 되어야 함.

위로는 한 임금을 섬기고 아래로는 만백성의 으뜸이 됨.

사내들끼리의 굳은 맹세.

사내라면 위로는 하늘의 이치를 깨치고 이래로는 땅의 이치를 두루 살
펴야 하오.

⇒ 사내면 이렇게 해야 한다는 것들이 많았다, 남자들은 벼슬을 꼭 해야

했다, 남자들은 무엇이든지 잘 해야 했다, 여자보다 남자가 더 중요하다고 생각했다, 남자들은 스트레스가 많았을 것 같다.

〈기타〉
➡ 상감이 안다면 충성한 일이 소용없이 우리 집에 큰 화가 생김.
나라를 위해, 대감을 위해, 집안을 위해 사람을 죽임.
너의 잘못된 행동은 집안에 화를 끼치고 조상을 욕되게 함.
임금의 귀에까지 들어간다면 더 큰 화를 당할 것이라 곡산 댁을 죽이지 않음.
사람이 지켜야 도리 중에 으뜸이 나라에 충성하고 부모에게 효도하는 일.
임금이나 아비의 명을 거역하는 것은 큰 죄임.
⇒ 가문을 중요하게 생각했다, 효를 중요하게 생각했다, 왕이나 아버지의 말을 잘 들어야 했다, 임금을 무서워했다, 임금의 힘이 강했다.

▌ 수업 셋: 너는 왜?(핫시팅을 활용한 인물 탐색)

이 활동은 책을 읽고 난 후 우리 반 친구들과 자주하는 활동으로 교육연극의 핫시팅 기법을 응용한 수업이다. 주요 인물 선정부터 질문 및 답변 준비 모두 학생들이 직접 중심이 되어 참여하는 수업이다. 질문 내용들이 재미있는 경우가 많고 학생들 중에 그 역할에 푹 빠지는 친구들이 있어 매번 할 때마다 학생들이 무척 재미있어 하고 적극적으로 참여하는 활동이다.

이 활동에서 중요한 것은 질문 만들기와 그 질문에 대한 답변을 준비하는 과정이다. 질문을 만드는 과정에서 전체적인 책의 내용을 다시 한 번 상기하게 된다. 또 인물이 되어 질문에 대한 답변을 생각하면서 인물의 관점에서 책의 내용을 음미해 볼 수 있다. 인물 중심의 슬로리딩을 통해 학생들은 『홍길동전』을 또 다른 시각으로 읽고 이해하면서 책 읽기의 재미를 느낄 수 있었다. 질문을 만들고 그 답변을 생각하면서 학생들은 인물의 성격과 사건, 배경과 사건, 배경과 인물의 행동 등의 연관성을 자연스럽게 이해하게 된다. 그리고 질문과 답변을 통해 슬로리딩은 점차 그 본연의 소박하고 단순한 책 읽기에서 점차 생각하는 힘을 길러 주는 과정으로 변해 간다.

이 과정이 중요한 만큼 교사는 길잡이이자 지원자로서 적극적으로 아이들의 활동 상태를 확인하고 학생들의 경우에 맞게 도움을 주어야 했다. 질문 만드는 것을 어려워하는 친구들의 경우에는 책 내용을 확인하는 단순한 질문을 만들 수 있도록 도와주었다. 또 다양한 질문이 나올 수 있도록 질문의 범위를 열어 놓아야 한다. 하지만 재미만 찾다보면 질문과 해답 모두 책을 너무 벗어나는 경우가 생기는데 그럴 경우에는 학생들이 다시 제자리를 찾아올 수 있도록 이끌어 주어야 했다. 학생들에게 그 질문을 하는 이유, 원하는 답변을 생각하면서 질문을 만들어 볼 수 있도록 안내하였다. 학생들의 창의력과 호기심도 이해하며 책 속에 답이 없을 경우에는 자신이 그 인물이라면 어떻게 대답할지 생각해 보도록 했다. 특히 기억에 남는 질문이 홍 판서에게 한 질문인데 "본부인이 낮에 거질하였으면 밤에 하면 되지 왜 기다리지 않고 춘삼이와 했나요?"였다. 질문을 본 학생들은 킥킥거리며 웃고 홍 판서 역할을 맡은 친구들은 이 답변을 어떻게 해야 할지 무척 당황해 하였다. 책을 통해 우리가 만든 질문이기 때문에

그 부분에 대한 내용을 다시 읽어 보게 하고 왜 그렇게 홍 판서가 할 수밖에 없었는지에 대해 생각해 보라고 했다. 결국 아이들끼리 그 부분을 읽고 이야기를 나누더니 "자신이 꾼 길몽의 힘이 사라지기 전에 아이를 가져야 해서 마음이 너무 급했는데 본부인이 거절을 했고 설득시킬 시간이 없었다. 만약에 내가 그렇게 급하게 하지 않았다면 길몽이 사라져 뛰어난 능력을 가진 길동이는 태어나지 못했을 거다."라고 답을 했다. 책의 내용과 인물의 마음을 아이들이 이해하고 만든 좋은 답변이었다.

답변을 다른 곳에 적지 않고 질문 포스트잇에 적거나 질문지 주변에 다른 포스트잇에 적어 놓으면 활동 후 결과물 전시 기간 동안 학생들이 질문이나 답변에 대해 좀 더 깊게 생각하거나 다른 친구들의 생각을 더 이해하는 데 도움이 될 것이다. 그리고 추가 질문과 인물의 마지막 발언 등은 상황에 맞게 선택적으로 집어넣으면 학생들이 더 흥미를 갖고 참여할 수 있게 된다. 특히 돌발 질문은 학생들의 인물 되기를 더 집중하게 해 주고 재미있게 해 준다. 아이들이 꼭 필요한 질문을 하지 않거나 아니면 주제를 이해하는 데 필요한 질문이 있는 경우 교사가 질문을 던질 수도 있다.

수업 활동

■ 『홍길동전』 정리하기

  ▶ 『홍길동전』 속 인물 찾아보기

  ▶ 『홍길동전』 속 주요 사건 찾아보기

  ▶ 『홍길동전』의 시간적, 공간적 배경에 대해 되짚어 보기

■ 『홍길동전』 속 주요 인물에 대한 질문 만들기

▶ 『홍길동전』 속 주요 인물 선정하기

▶ 각각의 주요 인물에게 하고 싶은 질문 만들고(포스트잇) 붙이기

▶ 친구들이 만든 질문 살펴보기

■ 홍길동 속의 인물 되어 질문에 답하기(핫 시팅 기법 활용)

▶ 뽑기를 통해 주요인물 중 한 명의 인물 되기

▶ 같은 인물을 뽑은 사람끼리 팀 이루기

▶ 같은 인물 팀별로 친구들이 붙여 놓은 질문에 대한 답변 정리하기

▶ 각 인물팀별로 앞에 나와서 그 인물의 입장에서 친구들의 질문과
답변 이야기하기

▶ 추가 질문 또는 인물로서 마지막 하고 싶은 이야기하기(선택 사항)

▶ 곡산댁에게 한 질문

1. 왜 이름이 곡산댁인가요?

2. 진짜 이름이 무엇인가요?

3. 아무리 질투가 난다고 하지만 길동이와 길동이 어머니를 왜 죽이려고
했나요?

4. 순삼이의 첫인상은 어떠했나요?

5. 왜 길동이를 죽이기 위해 그렇게 큰 돈을 썼나요?

▶ 곡산댁에게 한 질문

6. 너는 어떻게, 왜 홍판서의 첩이 되었나요?

7. 어떻게 보면 본인이 길동이를 죽이려고 해서 홍길동이 변했다고 할 수 있는데 어떻게 생각하나요?

▶ 활빈당에게 한 질문

1. 활빈당의 의미는?

2. 왜 이름을 활빈당이라고 지었나요?

3. 활빈당은 왜 도적질을 했나요?

4. 홍길동을 따르면서 불편하고 짜증난 적이 있나요?

5. 왜 홍길동을 시험해 볼 때 돌을 들라고 하였나요?

6. 홍길동에게 왜 도술을 배울 생각은 안 했나요?

7. 홍길동이 하고자 하는 모든 일을 동의하고 따른 이유가 무엇인가요?

8. 왜 홍길동을 믿었나요?

9. 그냥 도적질을 할 때와 불쌍하고 가난한 사람을 도와주기 위해 도적질을 할 때 중 언제가 더 좋았나요?

10. 결혼 후 홍길동은 어땠나요?

▶ 홍판서(홍길동 아버지)에게 한 질문

1. 홍길동이 신분 때문에 힘들다고 할 때마다 왜 길동이를 꾸짖었습니까?

2. 왜 길동이가 집을 나간다고 했을 때 잡지 않고 그냥 보냈나요?

3. 홍길동이가 태어났을 때 느낌이 어땠나요?

▶ 홍판서(홍길동 아버지)에게 한 질문

4. 왜 부인을 3명이나 두었나요?

5. 왜 일부다처제를 선택했나요?

6. 본부인, 곡산댁(첩), 춘섬이(홍길동 어머니) 중 누가 제일 좋았나요?

7. 길동이가 호부호형하지 못하는 것을 불쌍하게 생각하였나요?

8. 본부인이 낮에 거절하였으면 밤에 하면 되지 왜 기다리지 않고 춘삼이
   와 했나요?

9. 길동이 집을 떠난다고 했을 때 어떤 기분이 들었나요?

▶ 홍길동에게 한 질문

1. 길동이는 어디에서 도술을 배웠니?

2. 홍길동은 어떻게 도술을 사용할 줄 알게 되었니?

3. 왜 도적이 되어 활빈당을 만들었나요?

4. 탐관오리들과 싸우면서 포기하고 싶은 적이 있었나요? 있었다면 왜 포
   기하고 싶었나요?

5. 너를 죽이러 온 자객이 살려달라고 했는데 왜 죽였나요?

6. 곡산댁을 죽이지 않았는데 후회하지 않나요?

7. 처음 산 속에서 도적떼를 만났을 때 기분이 어땠나요?

8. 탐관오리나 스님들의 쌀을 훔쳤을 때 쌀을 빼앗긴 사람들의 입장은 생
   각 안 했나요?

9. 왜 탐관오리나 스님들의 물건을 훔쳐서 백성들에게 나누어 주었나요?

10. 당신의 용기는 어디에서 생겨났나요?

▌수업 넷: 서민들의 문화 탄생

전체적으로는 서민문화의 발달 이유 및 종류와 특징을 알아보면서 좀 더 한글소설 부분을 깊게 들어간다. 시간이 된다면 한글소설의 종류들을 다 읽어 보면서 조선시대의 모습이나 잘못된 사회 제도 특히 신분제도에 대한 이야기를 좀 더 하고 싶지만 다 읽어 볼 수 없는 관계로 그중 유일하게 우리가 읽은 『홍길동전』에 대해 좀 더 심도 있게 이야기하면서 당시 서민문화의 역할이자 특징에 대해서 이야기해 보는 시간이다. 더불어 『홍길동전』의 주제에 대해 함께 이야기하는 시간이기도 하다.

수업 활동

■ 조선 후기 서민 문화가 발달된 이유 알아보기

▶ 모내기법, 특용작물 재배의 확대 : 부유한 농민 생성

▶ 실학의 발달로 인한 상업의 중요성 강화 및 발달 : 부유한 상민 발달

▶ 한글의 보급 : 서민들의 글자 익히기로 인한 학습 가능, 양반들의 문화, 사회의 제도에 대한 학습 가능으로 인해 사회 현실 비판

▶ 천주교의 전파 : 평등사상 확대로 인한 신분제도 비판

■ 서민 문화의 종류와 서민 문화에서 나타난 사람들의 생활 모습 알기

▶ 서민 문화별 종류에 따라 팀 나누어 조사학습 후 팀별 발표하기

▶ 풍속화 : 김홍도와 신윤복의 작품의 특성, 작품 속 서민들의 생활 모습, 의복, 사람들이 했던 일 알기

▶ 판소리 : 당시 현실 사회 비판, 함께 즐기는 문화, 판소리의 종류

▶ 탈놀이(탈춤) : 양반이나 관리들의 이중성 비판, 탈놀이 내용

▶ 민화 : 서민들의 바람 이해하기, 서민들의 바람에 따른 표현된 사물 알기

▶ 한글소설 : 당시 현실 사회 비판, 한글소설의 종류

■ 우리나라 최조의 한글 소설인 『홍길동전』에 대해 알아보기

▶ 작가 허균에 대해 알아보기 : 허균의 자전적 소설

▶ 『홍길동전』에서 이야기하고자 하는 내용 이야기하기 : 신분제도 철폐, 탐관오리 응징, 이상 사회(율도국) 건설 등

앞에서 홍길동 전체에 대한 인물, 사건, 배경에 대한 이야기를 중심으로 활동을 펼쳤다면 이번 시간에는 작가의 삶과 이어지는 홍길동의 삶을 통해 작가 허균이 이야기하고자 하는, 전달하고 싶은 이야기에 대해 학생들과 생각해 보고 주제를 찾아보았다. 허균의 삶을 조사해 보고 왜 허균이 이 소설을 썼는지 생각해 보도록 했다. 아이들이 평소 책을 읽을 때 작가에 대해서는 중요하게 생각하지 않았는데 허균에 대해 조사하면서 작가가 누구인지, 어떤 생각을 가지고 있는지, 어떤 삶을 살았는지가 작품에 많은 영향을 미친다는 것을 알게 되었다

우리 반 학생들과 이야기하다 보니 이미 아이들의 상당 부분이 앞의 활동들을 통해 『홍길동전』의 주제는 거의 이해했기 때문에 이 부분을 전개해 나가는 것은 어렵지 않았다. 다만 여기서 찾은 주제를 가지고 우리는 앞으로 율도국의

이야기를 이끌어 나가야 하므로 학생들과 충분하게 서민문화의 전체적인 특징과 그렇게 밖에 표현할 수 없었던 현실적인 상황에 대해 이야기 나누면 좋을 것 같다.

▌수업 다섯: 활빈당을 위하여!(민란의 원인과 과정)

탐관오리는 한자어로 '貪(탐낼 탐), 官(벼슬 관), 汚(더러울 오), 吏(벼슬아치 리)'이며 사전적 정의는 탐욕이 많고 부정을 일삼는 벼슬아치를 뜻한다. 모든 역사 속에서 탐관오리는 항상 존재한다. 심지어 현실 속에서도 탐관오리들은 존재한다.

따라서 이 수업에서 나의 목표는 이런 탐관오리들이 왜 생기게 된 것인지 그당시의 잘못된 사회적 제도나 관습 등을 알아보는 것이었다. 그리고 그것들이 백성들에게 주는 고통을 통해 민란의 원인을 이해하게 되고 동시에 잘못된 제도는 고쳐져야 한다는 생각을 학생들로 하여금 갖게 하는 것이었다. 그래서 사회의 부정부패를 줄이는 방법에서는 어떤 구체적이고 획기적인 방법보다는 학생들에게 이런 인식을 통해 스스로 개선 의지를 가질 수 있도록 하는 것이다.

수업 중에 학생들에게 아래의 질문들을 해 보면 좀 더 학생들의 생각의 폭을 넓힐 수 있는데 도움이 될 것이다.

- 홍길동과 활빈당은 왜 탐관오리 것을 빼앗았을까?
- 홍길동과 활빈당은 왜 도적이 되었을까?
- 왜 홍길동은 백성들을 도와주었을까?
- 백성들은 홍길동을 어떻게 생각했을까?
- 왕이나 신하들은 왜 탐관오리를 잡아서 혼내는 것보다 홍길동을 잡는 데 더

노력했을까?

• 탐관오리들은 왜 백성들의 물건을 빼앗았을까?

수업 활동

■ 그 당시 백성들의 모습에 알아보기

▶ 앞 수업에서 찾은 조선시대 모습 중 백성들의 모습 참고

▶ 홍길동과 활빈당 식구들 모두 왜 도적이 되었는지 생각해 보기

▶ 홍길동과 백성들의 모습을 통해 그 당시 백성들의 마음 생각해 보기

■ 탐관오리의 모습 알아보기

▶ 조선시대 탐관오리들의 모습 살펴보기

▶ 탐관오리들이 백성들의 재물을 빼앗은 이유 생각해 보기

▶ 탐관오리나 나라에 대한 백성들의 마음 생각해 보기

■ 홍길동 외에 조선 후기에 일어난 민란(농민 봉기)에 대해 알아보기

▶ 홍경래의 난, 진주 농민 봉기, 임술 농민 봉기

▶ 각 모둠별로 조사하기 : 각 민란의 원인, 전개과정, 결과, 의의 조사
하기

▶ 모둠별로 조사한 내용 정리하기

▶ 모둠별로 조사한 내용을 가지고 각 난의 전개과정을 웹툰으로 그리
기

▶ 다른 모둠 웹툰 전시 및 감상하고 알게 된 내용 이야기하기

수업 활동

■ 사회의 부정부패를 줄이는 방법 생각해 보기

▶ 실학자들의 이야기 들어 보기(실학자들의 개혁안)

▶ 내가 생각하는 방법에 대해 적고 모둠 친구들에게 발표하기

▶ 모둠별 나온 방법 정리해서 발표하기

┃수업 여섯: 율도국 그 이후(뒷이야기 책 만들기)

홍길동이 조선을 떠나고 율도국이라는 나라를 정벌하여 자신이 그 나라의 왕이 된 뒤 이야기를 만들어 보는 것이다. 『홍길동전』 책 속에서는 '태평성대'라는 작은 소제목으로 그 이야기를 다루고 있으며 홍길동이 평화롭게 율도국을 잘 지배하고 죽어서 신처럼 하늘나라로 사라지는 내용으로 이야기를 마무리하고 있다. 그 부분을 어쩌면 고쳐보는 과정이기도 하다. 율도국이라는 나라를 어떻게 만들고 싶었는지, 잘못된 사회 제도를 어떻게 고치고 싶었는지, 신분제도 특히 서얼이라는 것 때문에 힘들었던 홍길동이 어떤 제도를 통해 자신의 나라를 이끌어 가는지가 좀 더 드러나도록 이야기를 만드는 것이다. 비록 그 당시 홍길동의 입장에서 생각해 보기는 하는 것이지만 우리가 생각하는 좋은 나라의 기준에 대해 생각해 볼 수 있는 시간이었다.

이야기를 만들기 전에 이런 부분에 대해서 생각하도록 잘 이끌어 내는 것도 중요하고 동시에 아이들이 재미만을 우선시하는 것이 아닌 이야기 속의 사건 전개의 자연스러움과 인물의 연계성이 잘 이루어지도록 해야 함을 강조하도록 한다. 우리 학급의 친구들 중에 많은 친구들이 홍길동은 그냥 죽고 그 이후 홍길동의 아들이 이끌어 가는 율도국에 대해 많이 이야기를 썼다. 그중에 갑자기

■ 『홍길동전』의 사건 전개과정 되돌아보기

　▶ 『홍길동전』의 주요 사건과 그 흐름, 역사적 배경 확인하기

　▶ 율도국 정벌 이후의 모습 책을 통해 다시 읽어 보기

　▶ 홍길동이 율도국에서 한 일 정리해 보기

■ 홍길동이 세우고자 하는 율도국 모습

　▶ 홍길동이 조선을 떠난 이유 생각해 보기

　▶ 홍길동이 바라는 율도국의 모습 생각해 보기

　▶ 백성들이 바라는 율도국의 모습 생각해 보기

■ 율도국 그 이후 이야기 책 만들기

　▶ 이야기와 이야기에 맞는 그림 생각하기

　▶ 이야기 책 구성하고 직접 만들기

　▶ 표지 만들기

■ 이야기 책 감상하기

　▶ 모둠 친구들과 만든 이야기 책 돌려 읽기

　▶ 책 맨 뒤 쪽에 서평 한마디 적기

　▶ 책상 위에 책 올려놓고 반 전체로 책 읽고 서평 한마디 적기

　▶ 친구들이 적어준 서평 읽어 보기

홍길동 아들의 사랑 이야기가 내용의 중심이 되는 경우도 있어 이 활동의 목적을 상실하지 않도록 아이들을 잘 지도해야 하겠다.

또 만든 책에 대해 학생들이 읽어 보고 서로 서평을 적는 활동을 통해 다른 친구들의 책 내용을 읽고 내가 쓴 내용과 비교할 수 있는 시간이었다.

이 활동은 우리 아이들이 슬로리딩을 통해 여러 가지 알게 된 사실을 통해 자신만의 생각을 정리하여 표현한 첫 작업이었다. 자신만의 이야기 책 만드는 활동을 학생들 모두 재미있어 했다. 글과 그림을 모두 하려다 보니 몇몇 친구들을 주어진 시간 안에 다 하지 못했는데 더 많은 시간을 주지 못해 아쉬웠다. 기다림이 필요한 슬로리딩을 하기에는 항상 시간이 부족한 것 같다. 여유를 갖고 책을 음미하고 활동을 충분히 즐길 수 있는 시간을 마련하는 것이 슬로리딩에서 중요하다는 생각을 하게 되었다.

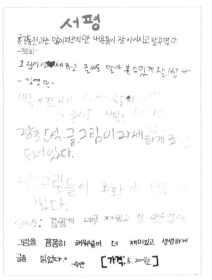

뒷이야기 책과 친구들이 써 준 서평

▎수업 일곱: 『홍길동전』을 생각하며 찍고 또 찍고(고무판화로 표현하기)

이 수업은 가장 인상 깊은 장면을 고무판화로 표현하면서 책의 내용에 대해서도 다시 생각해 보고 슬로리딩을 표현하는 방법의 다양성을 이야기해 보고 싶었다. 책 읽기라고 하면 모두들 국어 교과의 쓰기나 말하기 위주의 활동과 관련을 짓는데 이렇게 미술 교과와 같이 운영할 수 있고 다른 책 읽기보다 슬로리딩이기 때문에 그 활동의 다양성이 더 많은 것 같다. 대부분의 독서 프로젝트는 짧고 굵게 이루어지다. 그러다 보니 한 두 개의 활동으로 마무리 하는 경우가 많다. 하지만 슬로리딩 프로젝트는 그 기간도 시간도 다른 독서 프로젝트와 다르다 보니 좀 더 여유 있게 활동 다양한 활동을 할 수 있다는 장점이 있다. 바로 이런 수업을 구상할 수 있다는 것이다.

수업 활동

■ 판화의 원리 이해하기
　▶ 볼록 판화의 원리 이해하기 : 같은 그림을 여러 장 찍어 내기
　▶ 판화의 용구의 이름과 사용방법 알기
　▶ 조각칼의 이름과 사용법 알기
　▶ 조각칼 사용 시 주의할 점 이해하기

■ 『홍길동전』을 읽고 가장 인상 깊었던 장면 이야기하기
　▶ 모둠 친구들과 『홍길동전』의 가장 인상 깊었던 상면 이야기 나누기
　▶ 친구들과 이야기를 통해 각 모둠별로 표현할 장면 정하기
　▶ 표현할 장면과 관련된 부분 책에서 찾아 읽어 보기

수업 활동

■ 인상 깊은 장면 구성하기

▶ 고무판화 상상 표현과정 알아보기

▶ 장면 밑그림 그리고 판화로 표현할 부분 정하기

▶ 볼록 판화로 표현하는 다양한 방법 알기

▶ 판화로 표현할 부분을 어떤 방법으로 표현할지 정하기

■ 고무판화 이용하여 상상 표현하기

▶ 모둠별로 각 역할에 맞게 고무판화에 직접 그림 그리고 무늬 새기
기

▶ 표현 방법에 맞게 새긴 무늬찍기

▶ 4절지에 배경 그리고 색칠하기

▶ 무늬를 직접 찍거나 찍은 무늬를 오려 배경 위에 붙여 표현하기

▶ 작품 완성하기 및 주변 정리정돈 하기

■ 작품 감상하기

▶ 완성된 작품에 대한 작품설명서와 소감 적기

▶ 친구들의 작품 감상하고 잘된 점, 창의적인 부분 칭찬해 주기

▶ 활동 소감 팀별로 정리하여 이야기하기

『홍길동전』에서 가장 인상 깊은 장면은 분신술과 율도국의 모습이 제일 많았다. 주제가 같아도 표현하는 방법이나 그림의 내용이 달라 크게 상관하지는 않았다. 분신술이나 도술을 부리는 것은 아이들이 당연히 좋아하는 부분이라 그 부분이 인상적이라고 하는 데에는 크게 궁금증이 없었다. 하지만 율도국은 조금 달랐다. 왜 율도국이 인상적이었는지 우리 반 아이들에게 물어보았다.

"왜 율도국의 모습이 인상적이었니?"

"율도국의 평화로운 모습이 좋았어요."

"왠지 행복한 모습을 떠오르게 하고 홍길동이 꿈을 이룬 것 같아요."

"율도국에 대한 이야기를 만들어서 기억에 남아요."

우리 반 아이들의 대부분이 율도국이라는 말 자체가 행복과 평화로움을 뜻하는 것 같고 그래서 그 행복과 평화로움을 표현하고 싶다고 했다. 내가 직접 강조하지 않았음에도 슬로리딩 프로젝트의 여러 활동들을 통해서 우리 아이들은 천천히 율도국에 대해 홍길동처럼 이상을 갖고 다가가고 있는 것 같았다. 천천히 그 책에, 그 내용에 젖어 들어 가면서 우리의 삶과 이어지는 것 그것이 슬로리딩이다. 이처럼 우리의 슬로리딩 프로젝트가 2학기 때에는 도암 율도국 건설을 목표로 하고 있는데 아이들이 자연스럽게 율도국에게 관심을 갖는 것은 참좋은 현상인 것 같다.

그리고 활동을 한 후에 그림에 대한 설명을 적으라고 했는데 아이들이 책 내용과 연관되어 나타내고자 하는 내용을 중심으로 쓸 줄 알았는데 미술 작품 설명하듯 정말 그림 자체에 대한 설명만 하고 있었다. 쓰기 전에 써야 할 내용에 대해 좀 더 자세하게 안내해 주었다면 학생들이 좀 더 생각해서 쓸 수 있었을 텐데 아쉬웠다.

제목: 평화로운 율도국

제목: 율도국 가는 길

▌수업 여덟: 『홍길동전』 독서 디베이트

디베이트는 1학기 슬로리딩 프로젝트 학습을 정리하고 학생들 스스로 자신의 앎을 점검해 보고 보충할 수 있는 활동이었다. 또한 슬로리딩의 본질인 학생 스스로 자신의 생각을 키워 나가는 가장 좋은 방법이기도 하다. 왜냐하면 독서 디베이트의 과정 자체가 책을 읽고 책에 대해 탐구하여 자신의 생각을 만들고 그것을 말과 글로 표현하는 슬로리딩의 과정과 같기 때문이다. 그래서 가장 많은 시간을 들여 준비하였고 이 준비 작업 자체가 생각을 키우게 하는 과정이었다.

토론 활동이 잘 이루어지기 위해서는 입론과 반론이 튼튼해야 한다. 그러기 위해서는 논제 분석과 리서치(조사학습)가 잘 이루어져야 한다. 논제 분석은 교사인 나도 아직 어렵다. 그렇게 때문에 디베이트를 하기 위해서는 교사부터 처음부터 과정 하나하나에 대한 준비를 잘해 놓아야 한다. 길잡이로서 지원자로서의 교사의 역할을 바르게 해야 우리 아이들이 진정한 경험과 체험을 하고 그것을 자신의 삶과 연결시켜 생각할 수 있게 된다. 그리고 토론 활동에 앞서 나는 아이들에게 '토론의 교육적 목적은 승패가 아니라 생각의 다름을 이해하고 알아 가고 서로 배우는 과정이다'라고 항상 이야기한다. 디베이트를 하다 보면 그 내용보다 이기고 지는 것에만 집중하는 경우가 있기 때문이다. 이렇게 승패만 집중하면 결국 이벤트성으로 끝나 버려 슬로리딩의 과정도 토론 활동도 모두 의미를 상실하게 된다.

우리 학급에서 나온 토론 논제들

1. 홍길동은 의적이다

2. 홍길동은 효자이다

3. 홍길동은 율도국의 왕이 될 자격이 있다.

4. 홍인형은 홍길동을 동생으로 아낀다.

5. 조선시대에는 첩(일부다처제)이 필요하다.

6. 조선시대 왕에게는 탐관오리 잡는 것보다 홍길동을 잡는 것이 더 중요하다

7. 홍길동은 역적이다

독서 디베이트 진행 순서(예선전, 결승전)

- 입론(찬반 각 2분씩)

- 숙의(2분): 입론에 대한 팀별 반박 준비 및 협의

- 반박(찬반 각 5분씩): 반박 역할을 맡아 준비한 사람만 질문하도록 함, 답변은 상대팀 전부 가능함

- 숙의(2분): 입론에 대한 팀별 반박 준비 및 협의

- 교차질의(10분): 판정단과 양 팀의 모든 사람이 질문을 하고 답변할 수 있음

- 숙의(2분): 반박과 교차질문을 통해 나온 것에 질문과 답변을 가지고 팀별 최종변론 준비 및 협의

- 최종변론(찬반 각 2분씩)

- 판정 : 판정단 모두의 의견 듣고 판정함

※ Tip : 디베이트 진행 단계마다 숙의 시간을 주는데 주었을 때 반박이나 질문의 내용이 더 깊이가 있는 경우가 많았다. 짧지만 학생들이 가장 집중하고 자신들의 주장을 강조하고 의견을 나누며 정리하는 시간이라 가능한 2~3분 정도 준다.

〈토론 논제 정하기〉

책 속에서 논제 찾기 → 논제 정하기 → 논점 파악하기

※ Tip : 가치수직선 토론을 통해 서로의 생각을 나누면 좀 더 쉽게 논점을 파악하는 데 도움이 된다.

〈논제에 맞게 입론 쓰기〉

입론 쓰는 방법 알기 → 근거 조사 → 찬성과 반대 입장 입론 모두 쓰기

※ Tip : 두 입장 모두에 대해 생각해 보는 것은 학생들의 생각을 확장시키는 좋은 방법이며 동시에 반박을 준비할 때 유용하다.

〈글 고쳐 쓰기〉

- 글 고쳐 쓰는 방법 알기 : 글 전체, 문단, 문장 수준의 방법으로 이해하기
- 자신이 쓴 입론 스스로 고쳐보기
- 모둠 친구들과 돌려가며 친구들이 쓴 입론 고쳐 보기

〈1:1 회전 토론〉

- 두 개의 원을 만들어 서로 마주보게 앉기
- 5분마다 오른쪽으로 이동하며 다른 친구와 만나서 자신의 입론 이야기
  하고 반박하기
- 자리를 바꿀 때마다 찬성과 반대의 입장도 바꾸어서 이야기하기
- 자신의 주장과 근거에서 부족한 부분에 대해 보완하기
- 찬성, 반대 입장에서 반박할 내용 정리하기

〈독서 디베이트〉

- 독서 디베이트 대회 전체 진행 순서 안내
- 팀 정하고 역할 분담하기
- 독서 디베이트 예선전과 결승전 방법 및 규칙 안내
- 예선전 찬반 및 대결 팀 정하기
- 독서 디베이트 예선전(총 2회)
- 결승전 찬반 정하기
- 독서 디베이트 결승전
- 활동 소감 이야기 나누기

결승전 찬성팀 입론 〉 홍길동의 의적이다

우리 찬성 팀의 주장은 '홍길동은 의적이다'입니다. 일단 '의적'의 국어사전에서의 의미를 살펴보면 의적이란 '탐관오리의 재물을 훔쳐다가 가난한 사람들을 도와주는 의로운 도적'이라는 뜻을 가지고 있습니다. 의적은 도적이기는 하지만 의로운 도적으로 도적의 의미를 포함하고 있는 것입니다. 이런 의미로 보면 홍길동은 탐관오리의 재물을 훔쳐 가난한 백성들을 도와준 의로운 활동을 했기에 의로운 도적, 의적이라고 불릴 수 있습니다. 이에 대해 구체적으로 근거를 제시하겠습니다.

우선 첫째, 홍길동은 탐관오리의 물건만 훔쳤습니다.

홍길동은 아무 잘못이 없는 백성들의 물건은 훔치지 않고 힘이 없는 백성들의 물건을 강제로 빼앗은 탐관오리들의 물건만을 훔쳤습니다. 탐관오리의 재물은 결국 탐관오리들이 백성들에게 나쁜 방법으로 주어진 세금보다 더 많이 강제적으로 가져온 것입니다. 오히려 탐관오리들이 백성들의 물건을 도적질한 것입니다. 그 물건만을 훔쳐 결국은 원래 주인에게 가져다 준 것입니다. 백성들의 물건을 빼앗았다면 그건 도적질이지만 탐관오리의 물건만 빼앗았기 때문에 국어사전적 의미에서처럼 의로운 도적, 의적이 맞습니다. 그리고 주인에게 자신의 물건을 되찾아 주는 것은 도적질이 아닙니다.

둘째, 홍길동은 자신의 이익을 위해서가 아닌 백성들을 위해서 한 일입니다.

도적들은 자신들이 잘 살기 위해서 물건을 훔칩니다. 만약 홍길동이 탐관오리들의 물건을 훔치고 그것을 홍길동 자신의 재산을 늘리기 위해 사용하

였다면 홍길동의 의적이 아닌 도적이 맞습니다. 하지만 책 속에서도 이야기 했듯이 훔친 물건들은 원래 주인이었던 백성들에게 나누어 주고 홍길동은 전혀 재산을 탐하지 않았습니다. 홍길동과 활빈당이 도적이었다면 자신들이 부유하게 살면서 백성들을 돕지 않았을 테고 백성들을 위해 자신이 했다고 방을 붙이지도 않았을 것입니다.

마지막으로 홍길동은 시대적 영웅이기 때문에 도적질을 했지만 의적입니다.

우리가 일제 식민지 시대에 이토 히로부미에게 총을 쏜 안중근 의사는 우리 민족에게는 살인자가 아니라 영웅입니다. 이처럼 백성을 돕기 위해 홍길동은 물건을 훔쳤지만 도적이 아닌 영웅인 의적입니다. 왕이나 관리들이 알아서 백성들을 잘 보살폈다면 굳이 홍길동이 나서서 도적질을 통해 백성들을 도와줄 필요가 없었을 텐데 잘 하지 못하였기 때문에 홍길동이 도와준 것입니다. 따라서 백성들에게 홍길동은 영웅이자 의적입니다.

홍길동은 왕과 관리들 대신 백성들을 괴롭히는 탐관오리의 재물만 훔쳐서 자신이 아닌 가난한 백성을 도와주었습니다. 의적의 의미에 맞게 행동하였습니다. 그러므로 홍길동은 도적이 아닌 의적입니다.

결승전 반대팀 입론 > 홍길동은 도적이다.

우리가 일반적으로 도둑질이라고 이야기하는 경우를 생각해 보시기 바랍니다. 도둑질이라는 것은 남의 물건을 허락 없이 훔치거나 빼앗는 것입니다. 그런 도둑질을 하는 사람들 도적이라고 합니다. 책 속에서 나오듯이 홍길동은 탐관오리, 스님들의 물건을 허락 없이 또는 거짓된 방법으로 허락 없이 가져갑니다. 즉 홍길동은 도둑질을 했고 그래서 도적입니다.

좀 더 구체적으로 이야기하자면, 첫째 홍길동이 한 행동 모든 행동은 도둑질과 사기입니다. 자신이 가지고 있는 능력으로 남을 속이거나 남의 물건을 허락 없이 가져갔습니다. 이 행동은 도둑질이고 도둑질은 조선시대와 현재 모두 법적으로 잘못된 행동으로 처벌을 받습니다. 그래서 홍길동이 잘못을 했기 때문에 왕과 나라의 관리들이 모두 홍길동을 잡으려고 합니다. 의로운 행동이었다면 나라에서 상을 주어야지 왜 잡아서 벌을 주려고 하겠습니까? 그러므로 홍길동이 한 행동은 남의 물건을 빼앗은 도둑질이므로 홍길동은 도적입니다.

둘째, 홍길동은 개인적인 억울함과 불만 때문에 도적질을 했습니다.

홍길동이 의적이라면 물건을 훔치게 된 이유가 중요한데 홍길동이 왜 도적이 되었는지 생각해 보면 결국 자신의 신분으로 인해 아버지를 아버지라 부르지 못하고 형을 형이라고 부르지 못하는 조선시대가 싫었고 그런 제도에 대한 화를 그런 식으로 풀어 나간 것입니다. 왕에게 와서도 자신의 이런 신분제도에 대한 억울함만 이야기하고 있습니다. 그리고 결국 병조판서라는 직책을 받고서는 사라집니다. 결국 홍길동이 한 모든 행동은 백성을 위

한 것이 아니라 자신의 불만을 나라에 화풀이한 것이므로 의로운 행동이 아니고 그렇기 때문에 물건을 훔친 도적밖에 될 수 없습니다.

마지막으로 홍길동은 사회 개혁도 하지 못했고 결국 나라에게 혼란만 주고 떠났습니다. 신분제도의 불만을 이야기는 하지만 그렇다고 특별하게 사회 개혁을 위해 노력하는 모습도 없었고 오히려 나라를 더 혼란하게 만들었습니다. 의로운 행동이라는 것은 그 행동이 결국 나라에 도움이 되는 것인데 홍길동이 한 일은 백성들에게 도움이 되는 것처럼 보이지만 나라에 혼란을 주었기 때문에 의롭다고 할 수 없고 그렇기 때문에 의적이라고 할 수 없습니다.

홍길동은 자신의 개인적인 불만을 해결하기 위해 자신의 뛰어난 능력을 도적질과 사기에 사용하였으며 결국 나라까지 혼란스럽게 만듭니다. 의로운 도적이라고 하기에는 이유도 결과도 모두 의롭지 않습니다. 그래서 홍길동은 의적이 아닌 단순한 도적입니다.

〈찬반 반박 및 교차 질의〉

찬성팀: 탐관오리들도 백성들의 재물을 강제로 빼앗았는데, 탐관오리는 괜찮고 왜 홍길동만 도적이라고 합니까?

반대팀: 탐관오리들은 백성들의 재물을 강제로 빼앗은 것이 아니라 세금을 걷은 것인데 그 액수가 좀 많았던 것뿐입니다. 하지만 법적으로 문제가 없었고 나라에서 하라고 한 것입니다. 하지만 홍길동이 탐관오리의 재물은 빼앗은 것은 법적으로 분명히 도둑질입니다. 그

래서 홍길동을 도적이라고 한 것입니다.

찬성팀: 세금제도가 잘못되어서 솔직히 걷어야 하는 금액보다 더 걷고 강제성도 있었습니다. 그런데 법적으로 문제가 없다고 잘못이 없다고 할 수 있나요?

반대팀: 탐관오리의 잘잘못을 따지는 것이 아니라 홍길동의 잘못을 이야기하는 것입니다. 홍길동이 한 행동은 다른 사람의 물건을 강제로 빼앗은 것이니 도적질이 분명합니다. 그리고 악법도 법입니다.

찬성팀: 백성들이 빼앗긴 것을 다시 주인인 백성에게 돌려준 것이 도둑질인가요?

반대팀: 홍길동이 훔친 것은 세금으로 걷은 것으로 세금은 나라를 운영하기 위해 꼭 필요한 것이고 이것의 주인은 백성이 아니라 나라입니다. 그렇기 때문에 주인에게 돌려준 것이 아닙니다.

찬성팀: 의적이라는 말은 도둑이기는 하나 의로운 행동을 한 도둑이므로 홍길동은 백성을 위해 노력했고 재물을 나누어 주는 것은 의로운 행동이 아닌가요?

반대팀: 입론에서 이야기했듯이 의로운 행동은 목적도 결과도 다 의로워야 하는데 홍길동은 신분제도에 대한 불만을 도적질로 해결하려고 했고 결국 나라에 큰 혼란을 주었기 때문에 결과도 의롭지 못했습니다. 따라서 홍길동이 한 행동은 의로운 행동이 아닙니다.

반대팀: 남의 물건을 빼앗았다면 무조건 그것은 도둑질 아닌가요?

찬성팀: 남의 물건을 빼앗는 것이 도둑질 맞습니다. 홍길동이 한 행동은 도둑질이 맞지만 자신이 아닌 백성을 위해 한 행동이므로 의적이라고 하는 것입니다.

반대팀: 홍길동이 백성을 위해 한 도둑질이므로 의적이고 용서받아야 한
다고 생각한다면 가난한 사람을 돕겠다고 사람들이 서로의 물건
을 빼앗는 모든 경우를 다 인정해 주어야 합니까?

찬성팀: 의적은 탐관오리의 물건을 빼앗아 백성들을 도와주는 도적입니
다. 홍길동은 탐관오리의 것만 빼앗아서 백성들을 도와주었으니
의적이 맞지만 좋은 의도로 다른 사람의 것을 빼앗는 것을 다 의
적이라고 하지 않습니다.

반대팀: 법이 있고 관리 중에는 좋은 관리들도 있는데 굳이 나쁜 방법으로
해결해야만 했습니까? 좀 더 다른 방법이 없었을까요?

찬성팀: 그러기에 왕도 신하들도 백성들이 힘들어 하는 것보다 자신들의
권력이 우선이었기 때문에 홍길동이 생각한 가장 빨리 백성을 도
와주고 탐관오리를 혼내 주는 방법으로는 이 방법이 최선이었던
것 같습니다.

▌수업 아홉: 길동이를 위한 응원가-노래 가사 바꿔 부르기

이 수업은 학생들의 흥미와 관심을 좇아서 빠진 샛길 학습이다. 드라마 〈역적〉을 본 우리 반 아이들 몇 명이 흥얼거리면서 부르던 노래를 듣게 되었다. 그 노래를 들으면서 백성들이 그 노래를 왜 불렀는지, 그 노래에는 어떤 마음이 들어있는지를 생각하다가 우리도 『홍길동전』에 나오는 백성들의 마음을 담는 노래를 불러 봐야겠다는 생각이 들어 만들어진 수업이다. 이 활동을 통해 우리 아이들이 그 당시 백성들의 삶과 마음을 이해하고 홍길동의 행동을 백성들의 입장에서 생각해 볼 수 있었다. 이런 샛길 학습은 슬로리딩만의 여유를, 재미를 주는 활동이며 동시에 학생들이 책 읽기에 더 깊게 더 즐겁게 빠질 수 있도록 도와주는 것 같다.

수업 활동

■ 드라마 〈역적〉 시청하기

　▶ 〈역적〉 속에서 백성들이 왕보다 홍길동을 더 따르는 장면 보기

　▶ 백성들이 생각하는 홍길동에 대해 이야기 나누기

　▶ 그 장면에 나오는 노래 듣고 백성들이 노래를 부른 이유 이야기 나
　　누기

■ 길동이 응원가 만들기

　▶ 우리가 책 이야기를 통해 알게 된 길동이의 모습 생각해 보기

　▶ 모둠별로 가사를 바꿀 노래 정하기: 모든 사람이 쉽게 따라 부를 수
　　있는 노래로 선정하기

수업 활동

- ▶ 노래에 맞게 길동이를 응원해 주는 가사 만들기: 가사 안에 길동이
  에게 힘을 줄 수 있는 말, 하고 싶은 말 넣기
- ▶ 모둠별로 만들어진 노래 연습하기

■ 길동이 응원가 부르기
- ▶ 모둠별로 나와서 만든 응원가 부르기
- ▶ 친구들 모두 다 함께 각 팀별로 만든 응원가 가사 보며 함께 부르기
- ▶ 내가 길동이라면 이 노래를 들었을 때의 기분 이야기하기(노래의 좋
  은 점 칭찬하기)
- ▶ 활동 소감 이야기하기

우리 반 학생들은 다른 6학년 친구들에 비해 노래하는 것을 무척 좋아하는 편이라 학생들이 이 활동을 무척 재미있어 했다. 이 전에 캠페인 활동을 준비하면서 가사를 바꾸어서 캠페인 송을 만들어 본 적이 있어 비교적 활동이 쉽게 이루어졌다.

노래 만들기를 할 때 가장 주의할 점은 이 노래를 함께 다 부르고 또 지속적으로 이용하려면 우리 학생들이 따라 부르기 쉬워야 하는 것이다. 그렇게 하기 위해서는 가요보다는 동요가 훨씬 좋다. 학생들에게 그런 점을 인식시켜 가요가 아닌 동요를 가지고 만들 수 있도록 한다.

그리고 만든 노래의 가사를 학생들이 노래 연습하는 동안 교사가 워드로 쳐서 출력하거나 텔레비전 모니터 화면에 띄워서 노래 부르는 동안 보고 할 수 있도록 하는 것이 좋다. 그리고 익숙한 노래라서 가사만 알면 쉽게 따라 부를 수 있기 때문에 처음에는 친구들이 노래하는 것을 듣고 두 번째에 다 같이 불러 보면 좋을 것이다. 영상을 찍어서 아이들과 공유하고 같이 보는 것도 학생들이 참 좋아한다.

제목: **길동 가족**

배경노래: **상어 가족**

분신수울 **참참참참참**

변했다 **참참참참참**

구름 위 **슝슝슝슝슝**

의적 길동!

주문수울 홀롤롤롤롤

주문은 홀롤롤롤롤

우리다 홀롤롤롤롤

의적 길동!

화알빈당 **따땃따땃따**

의로운 **따땃따땃따**

의적들 따땃따땃따

활빈 식구!

홍판서- 케케켁케켁

길동이 케케켁케켁

아버지 케케켁케켁

의적 길동!

홍인형 흑흑흑흑흑

길동이 흑흑흑흑흑

친형님 흑흑흑흑흑

의적 길동!

모두다 냥냐냥냐냥

홍길동 냥냐냥냐냥

인물들 냥냐냥냐냥

의적 길동!

제목: **길동길동 홍길동~**

배경노래: **뽀로로 오프닝 노래**

야~ 홍길동이다~

힘이 센 홍길동~ 활빈당 이끌어~

언제나 달려와 도와주지 백성들

평화로운 율도국 홍길동이 나가신다

좋은 일 나쁜 일

오늘은 또 무슨 일이 생길까

홍길동을 불러 봐요

길동길동 홍길동 길동길동 홍길동

길동 길동 길동 길동 홍길동

좋은 일 생겼다 잔치를 열어라

잔치를 즐겨라 함께하자 백성들아 오늘을

제목: **의로운 홍길동**

배경노래: **네잎클로버**

깊고 작은 산골짜기 사이로

활빈당 훈련하는 작은 나무에

활빈당 사이에 살짝 숨겨진

활빈당의 보~스 홍길동이죠

홍길동 한~명 홍길동 두~명

홍길동 세~명 홍길동 네~명

재물을 가져다 준다는 의로운 홍길동이죠

백서들의 우렁찬 환호받으며

용기를 엎어 쓴 홍길동이야

땅처럼 넓은 마음으로 너를 존경할래!

4. 길동이와 함께하는 푸딩교육과정 2학기 - 주제 탐구편

1학기 시작에서 말한 것과 같이 '앎'과 '삶'을 구분하여 가르친다는 것 자체가 자연스럽지 못하고 오히려 더 어렵다. 그래서 2학기에는 1학기의 앎을 이어 가며 그 앎을 좀 더 구체적으로 우리의 현실 삶과 이어지게 하려고 한다. 왜냐하면 슬로리딩의 최종목표는 앎을 통한 삶으로의 연계이기 때문이다. 1학기에는 조선시대 잘못된 사회 관습에 대한 문제점, 탐관오리들의 부정부패, 홍길동의 삶과 율도국에 대해 이야기를 나누고 생각을 나누어 보았다면 2학기에는 이것들을 현재 우리 사회와 나의 삶에 투영하여 우리가 바라는 사회, 리더, 삶의 모습으로 주제를 살짝 바꾸어서 이야기를 나누어 보려고 한다.

2학기 활동들은 내가 아직 우리 반 학생들과 해 보지 않았기 때문에 구체적인 활동 내용이나 결과를 제시할 수는 없어 앞으로 어떻게 푸딩 교육과정을 운영할지 전체적인 개요 수준에서 설명하고자 한다. 이 슬로리딩 프로젝트 학습의 중심 교과는 1학기와 마찬가지로 사회와 국어이고 이 두 가지 중심 교과와 더불어 도덕과 미술 교과의 내용을 좀 더 보태려고 한다.

2학기 6학년 사회에서 학생들은 처음으로 정치에 대해 이야기를 나누는데, 많은 학생들이 정치는 어른들의 이야기이고 우리들과는 전혀 무관하다고 생각을 한다. 그래서 지루하고 어려운 수업이라고 생각을 한다. 하지만 『홍길동전』슬로리딩을 통해 알게 된 홍길동의 삶처럼 정치로 인해 만들어진 많은 사회 제도나 정책들의 방향은 결국 우리의 삶과 굉장히 밀접한 관련이 있고 많은 영향을 미친다는 것을 알고 있다. 그래서 이번 슬로리딩 프로젝트 학습은 학급 속 작은 율도국을 세우고 실제로 학생들과 한 나라의 정치를 미니멀하게 체험하고 그 경험을 통해 바른 리더의 필요성과 자세, 우리가 바라는 나라에 대해 이야기해 보려고 한다.

또 국어 교과에서는 『홍길동전』 이야기의 시대적 배경을 현대로 바꿔 이야기를 고쳐보며 고쳐진 이야기로 연극을 하려고 한다. 이런 활동을 통해 좀 더 깊이 있게 『홍길동전』을 이해하고 현대에서 사회 제도로 인한 차별이나 문제를 인식했을 때 어떻게 우리가 대처하고 나아가야 하는지 생각해 보고자 한다.

더불어 도덕교과를 통해 공정의 의미와 알아보고 공정한 사회가 어떤 사회인

지 알아보고 우리가 공정한 사회를 만들기 위해서 어떻게 해야 할지도 생각하
도록 한다.

전반적으로 체험과 경험 중심의 슬로리딩 프로젝트인데 단순하게 여러 체험
활동의 연결로만 끝나는 것이 아닌 진정한 체험과 경험이 되어 학생들의 삶 속
으로 들어갈 수 있도록 해야 한다. 수박 겉핥기식 경험이 아닌 심사숙고의 경험
이 될 수 있도록 해야 한다. 그래서 앞의 슬로리딩의 개념 부분에서 이야기했듯
이 교사는 이런 체험과 경험 활동들이 결국 하나의 본질, 즉 이 프로젝트 학습
에서 추구하고자 하는 목표에 도달하는 징검다리가 될 수 있도록 잘 구성해서
운영해야 한다. 2학기 슬로리딩 프로젝트 학습의 흐름은 다음과 같다.

〈국어〉

1. 인물의 삶을 찾아서(6차시)

  - 홍길동이 추구하는 삶 알기(율도국과 연결 지어 생각하기)

5. 이야기 바꾸어 쓰기(6차시)

  - 홍길동이 추구하는 삶과 바라는 사회 모습을 바탕으로 홍길동 이야
    기 현대판으로 바꾸어 보기

11. 문학의 향기(8차시)

  - 현대판 홍길동 이야기 희곡으로 바꾸어 쓰기

  - 연극 준비하고 공연하기

〈도덕〉

6. 공정한 생활(4차시)

- 홍길동과 백성이 바라는 삶을 통해 공정의 의미 알기

- 공정한 사회 모습과 바른 리더의 모습 생각해 보기

〈사회〉

1. 우리나라의 민주 정치(14차시)

 - 정치와 민주정치의 의미 알기

 - 율도국처럼 우리 반을 작은 하나의 나라로 생각하고 정치하기(행정,

  국회, 법원 만들고 체험하기)

 - 바른 리더의 자질 생각해 보기

 - 국회의사당, 청와대, 대법원 체험학습(1~2곳 선택)

〈미술〉

7. 먹 향기 가득한 방(4차시)

 - 우리가 바라는 세상에 대한 소망을 담은 민화 그리기(수묵채색화)

수업 하나: 도암 율도국 세우기

▶ 정치와 민주정치의 의미 알기

▶ 헌법의 의미와 담겨있는 내용 알기

▶ 정당 세우고 슬로건 만들기

수업 둘: 우리가 바라는 도암 율도국 1 - 공정한 사회

▶ 공정의 의미 알기

▶ 공정한 생활을 위한 바른 판단 해 보기

▶ 공정한 나라의 모습 생각해 보기

▶ 공정한 나라를 위해 우

수업 셋: 우리가 바라는 도암 율도국 2 - 율도국 법 만들기(모의국회)

▶ 국회와 국회의원이 하는 일 알아보기

▶ 율도국에 필요한 법 만들어 보기

수업 넷: 우리가 바라는 도암 율도국 3

▶ 율도국 장관되어 말하기(행정)

▶ 행정부와 대통령이 하는 일 알아보기

▶ 행정 각 부의 장관이 되어서 각 부서별 하는 일 알아보기

▶ 도암 율도국 행정 각 부 장관으로서 각 부에서 율도국을 위해 할 일 정하기

▶ 행정부 장관으로서 가져야 할 자세 생각해 보기

수업 다섯: 우리가 바라는 도암 율도국 4 - 율도국 모의재판(법원)

▶ 법원에서 하는 일 알아보기

▶ 사법부가 독립이 되어야 하는 이유에 대해 생각해 보기

▶ 모의재판 체험해 보기

수업 여섯: 우리가 바라는 도암 율도국 5 - 바른 리더의 자질

▶ 바른 리더가 가져야 할 자질에 대해 생각해 보기

▶ 바른 리더란?

수업 일곱: 우리가 바라는 도암 율도국 6 - 민화로 소망 담아 표현하기

▶ 민화에 대해 알아보기

▶ 민화에 내가 바라는 나라에 대한 소망 담아 표현해 보기

수업 여덟: 길동이가 추구하는 삶

▶ 길동이가 추구하는 삶 파악하기

▶ 나와의 삶과 관련지어 생각해 보기

수업 아홉: 현대판 『홍길동전』

▶ 이야기 바꾸어 쓰는 방법 알기

▶ 『홍길동전』을 현대판으로 바꾸어 쓰기

수업 열: 현대판 『홍길동전』 연극하기

▶ 이야기를 희곡으로 바꾸어 쓰는 방법 알기

▶ 현대판 『홍길동전』 희곡으로 바꾸어 쓰기

▶ 연극 준비하기

▶ 연극 공연하기

5. 길동이와 함께하는 푸딩교육과정＋α(아쉬운 점)

▌하나, 1인당 1책으로 준비하면 더 좋아요!

부모님들이 관심도가 많지 않고, 4월에 시작하게 되면서 학교에 있는 책으로 하다 보니 학생 2명당 책 1권으로 이번 교육과정을 운영했는데 그러다 보니 혼자 읽기에서 속도가 나지 않는 친구들이 있어 친구들이 기다리는 경우가 종종 있었다. 혼자읽기에서 좀 더 자유롭게, 수시로 읽게 하기 위해서는 1인 1책이 더 좋은 것 같다. 다만 짝 읽기나 전체 읽기의 경우 2인 1책으로 같이 보다 보니까 오히려 좀 더 집중하게 되고 몇몇 친구들의 경우 먼저 앞서 읽지 않고 같은 속도로 읽어 내려가게 되어 좋은 것 같다. 일단 1인 1책으로 준비하고 그 뒤에 읽는 방법이나 학급 분위기에 따라 선생님이 상황에 맞게 조정하면 될 듯하다. 다음에 한다면 학교 예산을 활용하거나 3월에 미리 학부모님들께 프로젝트 교육과정 안내하면서 교과서처럼 자주 사용하게 되므로 1인 1책으로 준비할 수 있도록 할 것이다.

▌둘, 슬로리딩 책 선정 시 학생과 의견을 나누자!

『홍길동전』은 전적으로 교사인 내가 중심이 되어 선정한 책이다. 앞서 이야기한 것처럼 교사가 교육과정을 재구성하면서 필요하다고 생각되어 교육과정과 연계한 슬로리딩 교재로 선택한 것인데 그러다 보니 학생들을 고려하지 못한 점이 좀 아쉬웠다. 시간이 있었다면 교사가 미리 교육과정에 맞는 프로젝트 슬로리딩 책을 몇 권 선정해 놓고 학생들과 의견을 나누어 학생들로 하여금 좀 더 흥미 있는 책을 선정하여 운영한다면 학생들의 이해와 흥미를 더 끌어올릴 수 있을 것이다. 교사인 나는 『홍길동전』이면 학생들이 많이 재미있어 할 내용이고 쉽게 이해할 수 있을 거라 생각되었는데 실제적으로는 우리 반 학생들은 옛날식 표현과 어투 때문에 이해하는 데 많이 힘들어 하였고 그림이나 내용이 별로 흥미롭지 않다고 했다. 남학생들은 분신술이나 도술 부분에는 관심도 있었고 전반적으로 영웅적이고 전쟁내용도 있어 그다지 나쁘지 않았다고는 하나 여학생들의 경우에는 남학생들에 비해 훨씬 흥미도가 낮았다. 그렇다고 학생들이 흥미만 생각하고 학생들이 좋아하고 원하는 책으로 선정하는 것은 교육과정 연계 및 가르쳐야 하는 교사의 입장에서는 어려운 면이 많다. 따라서 교사가 좀 더 고민하여 책을 한 권이 아닌 몇 권으로 선정하여 그중 학생들과 협의하여 학급 슬로리딩 도서로 선정한다면 자신들이 정한 책으로 좀 더 집중하고 흥미 있는 자세로 활동에 적극적으로 임할 수 있으리라 생각된다. 그리고 본인들이 교육과정에 직접 참여했다는 생각에 학급 주인으로서 좀 더 진취적이고 책임감 있는 모습도 볼 수 있으리라 기대된다.

▌셋, 다 하려고, 잘 하려고 애쓰지 말자!

프로젝트 학습을 계획하면서 정말 많은 활동을 머릿속에 실행해야겠다고 마음먹고 교육과정에 반영했는데 실제적으로 운영하다 보면 갑자기 들어오는 학교 행사, 학생들의 학습 능력에 따른 학습 진도, 갑자기 생각나는 아이디어로 변경되는 교육과정에 의해 내가 계획하여 하고자 했던 모든 것들이 조금씩 변화가 된다. 상황에 맞게 계획을 빼고 또 변경하면 되는데 이것들을 다 하려고 하다 보니까 교사가 너무 정신없고 바쁜 것 같다. 방학 전날까지 홍길동과 함께

한 우리 반 학생들이 방학하는 날 당분간은 길동이와 이별이라며 2학기 되면 다시 만나자는 이야기를 하는데 왠지 내가 너무 아이들을 힘들게 한 것 같은 생각이 들었다. 그리고 마치 우리 반 친구에게 이야기하는 것처럼 다시 만나자면서 웃는 아이들에게 고마웠다. 아이들의 수준에 맞게 아이들이 할 수 있는 것만큼 교사는 도와주고 이끌어 가면 될 것이다. 자꾸 욕심을 내다 보면 아이들에게 오히려 책 한 권을 자세히 깊게 알아 가는 기쁨보다 지겨움과 활동으로 인한 힘듦을 줄 수 있다. 다 하려고 잘 하려고 하지 말고 독서의 기쁨을, 독서가 삶으로 이어짐을 학생들이 느낄 수 있도록 교사가 마음의 여유를 갖고 슬로리딩 프로젝트를 시작했으면 좋겠다.

넷째 마당

· · · · · · · · ·

혼자 보는 독서에서
함께 읽는
독서로의 여행,
동아리 이야기

혼자 보는 독서에서 함께 읽는 독서로의 여행, 동아리이야기

풍경을 보는 것과 읽는 것은 어떻게 다른가. 가령 창밖의 풍경을 본다고 하자. 창밖에 누가 있는지, 무엇이 있는지 눈으로 보게 된다. 눈이라는 감각 기관을 통해 풍경을 외형적으로 살펴보는 것이다. 읽는다는 것은 보는 것과는 다르다. 창밖의 풍경을 읽는다는 건 누가 무엇을 하는지, 무엇이 어디에 왜 있는지 살펴봄과 동시에, 정지해 있거나 움직이는 그 어떤 사람과 사물에 말을 걸어 마음이라는 의식의 통로를 통해 내면의 생각을 드러내는 것이다. 예를 들어, 흐린 하늘을 두고 "아, 하늘이 흐리구나! 구름도 많고."와 "하늘이 흐린 걸 보니 아침에 대판 싸우고 나온 엄마 생각이 나네. 내가 너무 심했나?"는 분명 다르다. 화창한 날 벤치에 앉아 이야기 나누는 두 남녀를 두고 "아이고, 분위기 좋네. 내 팔자야." 하고 보는 것과 "저들은 무슨 사이일까? 저들의 이야기 속에는 무슨 사연들이 있을까?" 하며 생각을 읽는 것은 완전히 다르다. 또 다른 차이는 '여유'이다. 정신없는 일상 속에서는 풍경을 보기도 바쁘다. 하지만 여유를 가지면 평소 눈에 들어오지 않던 것들이 내 안으로 들어온다. 이제는 보는 것에서 그치지 않고 풍경을 읽듯이 인문적 독서인 '읽는' 독서로 나아가야 한다.

슬로리딩은 책과 함께 길을 떠나 언어가 빚어내는 풍경을 읽는 여행과 같다. 여행은 여유가 있어야 한다. 그저 구경하고 차 타고 또 구경하고 차 타는 식으로는 여유를 만끽할 시간이 없다. 그들의 현지 문화도 느껴 보고 여기 저기 구석구석 돌아 봐야 진정한 여행의 참맛을 느낄 수 있듯이 슬로리딩도 그렇다. 책 속에 나오는 장소를 직접 가 보기도 하고, 먹거리며 놀 거리도 찾아 경험해 보며, 한 문장이 내 마음에 울림을 주는 날엔 잠깐 멈추어 생각에 빠져 보기도 해야 책 읽기의 참맛을 느낄 수 있는 것이다.

그런 생각의 연장선상에서 이젠 혼자 '보는' 독서에서 함께 '읽는' 독서로 패러다임을 전환할 필요가 있다고 느꼈다. 시간이 좀 더디더라도 함께 읽으며 같은 공간에서 손잡고 길을 걷고 싶었다. 학생, 교사, 학부모까지 삼위일체가 되어 함께 책을 읽는 학사모공독기(學師母共讀記)를 펼쳐내고 싶었던 것이다. 그러려면 무엇보다도 학교에 올바른 독서 문화를 만들어 가는 것이 중요하다는 결론에 이르렀다. 그래서 생각해 낸 것이 바로 독서 동아리이다. 동아리는 같은 목적으로 한 패를 이룬 무리, 함께 모여 활동을 벌이는 패거리라는 뜻을 가지고 있다. '같은 목적으로 모였다'는 점, 그리고 '한 무리의 사람들'이라는 점이 '동아리'라는 단어의 의미를 규정하는 특성이라 할 수 있다. 그렇다. 같은 목적을 가지고 함께 모여 독서 활동을 하는 독서 동아리가 독서 문화 운동의 꽃이다. 나는 독서 동아리가 독서 문화를 만들어 가는 데 있어 구심점 역할을 충분히 해낼 수 있을 것이란 믿음으로 학생 독서 동아리 '북두칠성', 교사 독서 동아리 '북적 긁적', 학부모 독서 동아리 '북이부귀'를 만들었다. 이제부터 우리늘의 동아리 이야기를 하나둘 꺼내 보고자 한다.

박영덕

재미에 의미를 더하는 공독(共讀)의 시간, 북두칠성 이야기

1. 북두칠성의 탄생과 성장 스토리

▌어쩌다 보니 북두칠성!

"책 읽고 이야기 나누고 싶은 친구들 독서 동아리로 많이들 오세요!"

그렇게 첫해 모인 친구들이 3, 4, 5학년 다 합쳐서 6명이다. 첫술에 배부르랴 마는 해도 해도 참 책과 안 친한가 보다. 경기도 혁신학교에서 5년을 보내고 혁신공감학교로 자리를 옮겨 많은 아이들과 책으로 즐거운 시간을 함께하고 싶어 독서 동아리를 만들었는데 6명이라니 김이 빠진다. 더더군다나 자발적으로 "저요." 하고 신청해서 들어온 친구는 3학년 여학생 단 한 명뿐이다. 다른 친구들은 원하는 동아리에 들어가지 못해 어쩔 수 없이 낙동강 오리알 신세가 되어 오게 된 것이다. 첫인상부터 굳은 얼굴이 영 편치 않아 보인다. 책과 불편한 사이인가 보다. 어색한 사이를 깨고 불편한 마음을 조금 풀어 보고자 간단한 아이스브레이킹으로 서로의 이름을 알아 가는 시간을 가졌다. 그러고는 '책'에 대해 알려 주었다. 앞으로 우리가 함께 보게 될 책의 정체를 파헤쳐 보자고 했다. 앞표지, 뒤표지, 간지, 책등, 종이 재질, 작가 약력, 인쇄 부수, 출판사 등 그동안 내용에 떠밀려 소외되어 왔던 부분들에 대해 이야기해 주었다. 아이들은 책이 무엇으로 어떻게 구성되는지 신기하다는 듯 보며 관심을 드러내기 시작했다. 뭔가 책에 대해 좀 더 알고 싶은 마음이 커질 때쯤 그만두었다. 아쉬울 때 끝내는 밀당 작전이다. 동아리 수업 시간 10분 정도를 남겨 두고 아이들에게 우리 동아리의 이름을 지어 보자고 했다. 둘씩 짝지어서 아이디어를 낸 다음 나온 이름들 중에서 하나를 정하자고 했다. 책향기(학교 도서관 이름에서 따옴), 책토사랑(책 읽고 토론하며 사랑하자는 뜻) 두 가지 아이디어가 나왔다. 그다지 마음에 들지는 않았다. 그런데 평소 의욕이 별로 없던 5학년 남학생 둘이서 키득거리면서 동아리 이름에 대해 구시렁거리고 있는 게 아닌가. 뭐냐면서 가까이 다가가 물어보니 "어쩌다 보니 이렇게 됐어요." 하면서 북두칠성 그림을 보여 주는 것이다. 느낌이 확 왔다. 왜 이렇게 지었냐고 물으니 북book이 우리말로 책이라서 '북'으로 시작하는 말을 떠올리다가 노래 제목도 생각나고 해서 지었다고 한다. 그 이름이 너무도 마음에 들어 북두칠성이라는 이름에 의미를 불어넣어 주었다. "북두칠성은 밤하늘에서 가장 중요한 길잡이가 되는 별자리인데 우리에게는 책이 그런 길잡이 역할을 하는 별자리가 되어 줄 거니까 북두칠성이라고 하자. 그리고 우리 머리수를 세어 보니 선생님 포함해서 기가 막히게 일곱 명이네요. 책과 함께하는 일곱 개의 별과 같은 우리들, 북두칠성! 어때요? 멋지죠?" 아이들의 깃털 같은 박수 소리와 함께 북두칠성은 어쩌다 보니 이렇게 탄생되었다.

첫 해에는 아이들과 독서토론 중심으로 독서 동아리를 운영했다. 서울도서관에서 운영하는 〈한 도서관 한 책 읽기〉에 선정된 도서를 중심으로 논제를 가지고 독서토론을 10여 차례 진행했다. 때로는 독서토론 중간에 책 놀이를 곁들이기도 하고 밖으로 나가 원두막에서 시원하게 책을 읽고 맛난 아이스크림을 먹

기도 했다. 그렇게 독서 동아리 활동을 마치고 북두칠성 1기 친구들과는 아쉬운 작별의 인사를 나누었다.

▌북두칠성 2기, 나를 고민하게 하다.

다음 해, 북두칠성 2기 친구들과 새로이 만났다. 3학년 5명, 4학년 4명, 5학년 1명. 모두 합쳐 열 명이다. 오호, 네 명이나 늘었다. 그리고 1기 때 함께 했던 여학생 한 명이 이번에도 다시 들어왔다. 독서력이 꽤나 높은 친구이다. 나까지 포함해 11명이니 마치 2001년에 상영된 영화 〈오션스 일레븐〉 같은 느낌이다. 출발이 좋다. 아이들에게 우리 동아리의 이름을 소개하고 서로의 이름을 알고 친해질 수 있는 스팟 활동을 했다. 20여 분을 한참 웃으며 신나게 놀고 나서 아이들에게 선물이라며 에코 백을 나눠주고는 우리 동아리 이름인 북두칠성과 자신의 이름을 넣어서 세상에 하나뿐인 자기만의 에코 백을 만들자고 했다. 아이들은 언제 그랬냐는 듯 아주 조용하게 자기만의 '북두칠성 에코 백'을 만들어 나갔고 개성 있는 자기 에코 백을 보며 매우 흡족해했다. 후에 아이들은 거기에 책을 넣어 다니며 굉장히 좋아했다.

그런데 소소한 문제가 생겼다. 작년에 함께 했던 여학생이 있으니 토론했던 책과 내용을 또 할 수는 없는 노릇이었다. 그래서 고민하기 시작했다. 남은 11번의 독서 동아리 수업을 무엇으로 채울까. 그렇게 고민하던 중 섬광처럼 번쩍 스치고 지나간 것이 있으니 그것이 바로 슬로리딩이다. '온책 함께 읽기'를 5년 이상 꾸준히 해 오다가 일본에서 건너와 우리나라에서 방송을 타고 이슈화된 슬로리딩을 조금씩 시도해 보곤 했던 게 불과 몇 년 전 일이다. 슬로리딩 관련 책들을 다시 읽기 시작했다. 그동안 시도해 봤던 것들을 정리해 보고 새롭게 적용하여 실천해 보기로 했다. 나에게 남은 수업은 고작 11번의 수업뿐! 수업 날짜도 4월부터 7월까지 1~2주에 한 번씩 불규칙적으로 듬성듬성 잡혀 있었다. 또 다시 고민했다. 조금 두꺼운 책 한 권으로 11번의 수업을 쭉 진행할지, 아니면 짧은 그림책이나 얇은 이야기책으로 수업을 나누어 진행할지 고민에 고민을 거듭했다. 일주일간의 고민 끝에 중대한 결론을 내렸다. 분량은 짧지만 작품의 깊이가 있는 책 세 권으로 각각 한 달 정도 소요되는 3~4차시의 수업을 진행하기로 결정했다. 하지만 이렇게 결정을 내리고서도 나의 고민은 끝나지 않았다. 오히려 점점 커져만 갔다.

▍짧은 글, 긴 여운- 씬thin 리딩

300쪽 이상의 두꺼운 책을 가지고 일 년 동안 슬로리딩 하는 것과 150쪽 정도의 분량을 가진 책으로 한 학기 동안 슬로리딩 하는 것과 50쪽 내외의 얇은 책을 가지고 한 달 동안 슬로리딩 하는 것은 어떤 차이가 있을까? 결론적으로만 예상해 보면 생각의 확장과 내용의 스케일을 비교해 보았을 때 분명 어느 정도의 차이가 있을 수 있다. 하지만 내가 주목한 것은 그것이 아니다. 나는 짧은 글, 긴 여운이 있는 얇은 책으로도 얼마든지 슬로리딩의 목적을 충분히 살릴 수 있다는 것에 주목했다. 많은 교사와 학부모들이 슬로리딩이라고 하면 실천할 엄두를 내지 못한다. 왜냐하면 현재까지 널리 알려진 슬로리딩은 시간의 압박을 크게 가지고 있기 때문이다. 당연히 시간에 비례하는 열정적인 노력과 인내도 덤으로 따라온다. 한 학기 또는 일 년, 심지어는 3년에 걸쳐서 했다고 하니

우스갯소리로 누가 감히 이를 겁도 없이 실천할 수 있겠는가 말이다. 그래서 나는 이러한 슬로리딩의 어려움과 한계를 조금 다른 차원에서 접근해 보고 싶었다. 두께의 압박과 노역의 시간으로부터 다소 자유로울 수 있는 씬thin 리딩에 슬로리딩을 접목한 것이다. 나는 작품의 아름다움과 깊이가 있다고 판단되는 얇은 책을 선정해 과감히 슬로리딩을 실천해 보기로 했다.

▌Repeated Reading(반복독서)에서 Slow Reading으로 가는 길

우선 동아리 아이들과의 슬로리딩과는 별개로 4학년인 우리 반 아이들과 함께 그림책 느리게 읽기를 해 보았다. 40쪽 분량의 김고은 작가가 쓴 『우리 가족 납치사건』과 56쪽 분량의 사계절 출판사에서 나온 『감기 걸린 물고기』 두 작품을 가지고 반복해서 읽었다. 먼저 『우리 가족 납치사건』을 각각 15분 동안 세 차례에 걸쳐 총 45분 동안 거듭 읽었다. 읽기가 빠른 아이들은 15분 동안 3~4번이나 반복해서 읽는 모습을 보였다. 처음 15분 동안 읽을 때는 아무런 말을 해 주지 않았다. 단지 계속해서 반복적으로 읽어 보라고만 하였다. 그리고 15분이 지난 후엔 5분 글쓰기를 하였다. 5분 동안 자신의 생각과 느낌을 글로 자유롭게 써 보는 활동이다. 다음 날 두 번째 맞이한 15분 동안에는 책의 앞표지, 뒤표지, 그림, 낱말, 문장 등을 천천히 곱씹어 보면서 읽으라고 하였다. 여기저기 분주하게 책장을 이리저리 넘기는 소리가 참 듣기 좋다. 물론 한두 명의 남학생은 도대체 뭘 자꾸 보라는 것인지 알 수 없다는 듯 내 눈치를 보느라 집중하지 못하는 모습도 보인다. 두 번째 15분의 시간이 흐른 뒤 또 5분 글쓰기를 했다. 며칠 후 세 번째 15분의 읽기 시간을 가졌다. 이번에는 천천히 읽어 나가면서 자신이 미처 발견하지 못한 것을 생각하거나 찾아보라고 했다. 아이들의 눈빛이 예전과는 조금 다르게 느껴진다. 마치 숨은 그림 찾기 하듯이, 수수께끼 풀 듯이 진지한 재미를 느끼고 있는 것 같다. 마찬가지로 책 읽는 시간이 끝난 후 마지막으로 5분 글쓰기를 하였다. 다음 작품인 『감기 걸린 물고기』도 같은 방식으로 진행하였다. 다음은 보통의 우리 반 남학생이 노트에 써 내려 간 5분 글쓰기의 내용이다.

반복해서 천천히 읽는 것만으로도 아이들은 많은 것을 발견하고 생각하며 느

5분 글쓰기_② 【 새로운 내용 】	읽은 쪽수	( )쪽 ~ ( )쪽

내가 저번에 읽었을 때는 몰랐던 내
용들이 그림을 보니까, 재미있고, 신기 했다.
내가 몰랐던 내용들이 그림 안에 들어 있고,
내가 몰랐던 내용들이 글 속에 들어가 있었다.
천천히 읽으니까, 책이 실감나고, 재미 있
었다. 앞으로도 천천히 읽어야 겠다.

5분 글쓰기_③ 【 작가의 마음 】	읽은 쪽수	( )쪽 ~ ( )쪽

3번 씩이나 읽으니까 작가의 마음을
알 것 같다. 아마도 작가는 독자가 가
고 싶은 마음인 것 같다. 이 지긋지긋한
사회 생활을 벗어나, 나 혼자만의 휴식
을 즐기는 것이다. 이게 작가의 마음일지
는 모르겠다.

5분 글쓰기에서 발췌한 학생글

끼고 있다는 걸 알 수 있다. 짧은 그림책이시만 상당한 울림을 가진 작품의 힘이 느껴진다. 그런데 이것만으로는 슬로리딩이라고 할 수 없다. 반복독서에서 좀 더 나아가 슬로리딩을 하려면 어떻게 해야 할까? 세 번의 읽기가 모두 끝나

고 네 번째는 짝을 지어 질문하고 대화하며 토론하고 논쟁하는 하브루타를 해 보았다. 각자 책 속의 단어나 문장을 활용해 질문을 만들기도 하고 상상 질문이나 우리 삶에 적용할 만한 질문들도 만들었다. 5분간 질문을 만들고 만든 질문 중에서 깊이 있게 하브루타하고 싶은 질문을 2~3가지 골라 10분간 짝과 함께 하브루타를 하도록 했다. 열띤 대화가 오가고 질문이 꼬리에 꼬리를 물며 이어가는 모습이 보기 흐뭇하다. 다시 한 번 강조하지만 모든 아이들이 다 잘 하는 건 아니다. 다섯 번째는 에세이를 썼다. 모둠별로 도화지 가운데에 책 제목을 쓰고 책 속에서 중요하다고 생각하는 가치나 성품, 마음에 와닿는 낱말을 겹쳐도 괜찮으니 마음껏 써 보라고 했다. 3분 동안 브레인스토밍을 하고는 모둠별로 가장 많이 나온 낱말이나 중요하다고 생각하는 낱말 베스트 1, 2, 3을 정하게 한 후 그중 하나를 주제로 하여 10분 동안 에세이를 쓰도록 하였다. 주제에 대한 나의 이야기와 세상의 이야기를 잘 녹여낸 글들을 보며 긍정적인 가능성을 엿보았다.

그렇다면 이것으로 슬로리딩을 했다고 말할 수 있을까? 나의 대답은 '아니오'이다. 반복 독서에서 슬로리딩으로 가는 중간쯤의 어느 길모퉁이에 서 있다고 볼 수 있다. 왜냐하면 앞부분에서 키워드로 설명한 슬로리딩의 중요한 요소들이 빠져 있기 때문이다. 교사는 안내자 역할에 충실했을 뿐 아이들과의 의미 있는 상호작용은 거의 없다. 다양한 샛길로 빠지면서 체험을 통해 경험을 살리는 지점도 존재하지 않는다. 작품의 아름다움과 깊이를 모두가 함께 공유하며 성장하는 기회도 좀처럼 보이지 않는다. 그 나름대로의 의미는 있겠지만 슬로리딩을 했다고 보기에는 어려운 것이다.

2. 아이들과 함께 펼치는 슬로리딩 매력 탐구기

▌북두칠성의 첫 번째 슬로리딩

우리 반 아이들과의 그림책 느리게 읽기 경험을 통해 짧은 그림책으로 할 수 있는 슬로리딩에 대한 가능성을 엿볼 수 있었다. 이참에 독서 동아리 아이들과 함께 슬로리딩을 실천해 보기로 했다. 첫 번째 선택한 책은 안드레스 피 안드레우 작가가 쓴 『벌집이 너무 좁아!』이다. '벌집'이라는 공간을 통해서 우리 사회에서 흔히 일어나는 다툼과 분쟁을 리더와 구성원들이 어떤 식으로 해결해 나가는지, 그리고 그 문제를 해결하기 위한 가장 나은 방법이 어떤 것인지, 관용의 미덕이란 무엇인지를 재미나게 풀어내고 있는 작품이다. 또한 협동의 공동체인 꿀벌 사회를 통해 이주자에 대한 우리의 편견을 꼬집는 그림책이기도 하다.

먼저 책 앞표지의 제목과 그림을 보면서 내용을 추론해 보았다. 다행히도 이 책을 미리 본 아이들은 아무도 없다. 아이들은 제목과 그림을 유심히 보더니 "벌들이 집이 너무 좁다고 불평하는 것 같고, 표정들을 보니까 뭔가 불안해하는 내용 같아요."라고 족집게처럼 금방 알아챘다. "글쎄, 과연 그럴까요?"라며 시치미를 뚝 떼고는 잠시 샛길로 빠져본다. "너희들, 벌에 대해서 아는 거 있어요? 하나씩 얘기해 줄래요?" 하고 물으니 아이들은 말벌에 대한 이야기며 벌에 쏘였을 때 어떻게 해야 하는지, 꿀벌이 침을 쏘고 나면 어찌 되는지, 벌미디 하는 일이 나르다는 등 학생 수준에서 꽤나 박학다식한 이야기들을 풀어낸다. 마치 TV 종편에 방송되는 〈알쓸신잡(알

안드레스 피 안드레우 지음,
『벌집이 너무 좋아』,
고래이야기, 2015

아두면 쓸데없는 신비한 잡학사전〉〉 프로그램의 어린이 버전을 보는 것 같다. 한참을 얘기하다가 "그럼 더 알고 싶은 거 있어요?" 하고 또 물으니 우리나라에는 벌 종류가 얼마나 되는지, 벌집은 모양이 얼마나 다양한지, 벌도 똥을 싸는지 등 궁금한 것들을 마구 쏟아낸다. 역시 아이들의 호기심이란 정말 대단하다. 그 대단한 호기심을 우리는 종종 시간의 틀에 가두거나 귀차니즘을 발동시켜 나중에 각자 알아보라고 하고 넘기는 경우가 많다. 하지만 슬로리딩 하기로 했으니 아이들의 흥미를 '그냥 지나쳐서는 안 되겠다' 싶다. 그래서 이번엔 바로 인터넷에 검색해서 호기심을 한껏 충족시켜 주었다. 신기한 듯 바라보는 눈빛들이 반짝반짝 은구슬처럼 빛난다.

한참을 벌에 대해 배우다가 이번엔 '집'으로 화제를 옮겼다. 두 번째 샛길이다. "혹시 지금 살고 있는 집이 좁다고 생각하는 친구 있나요?"라고 물어보았다. 남학생 한 명이 손을 번쩍 들기에 왜 그런지 이유도 함께 얘기해 달라고 하니 집안 구석구석을 자세히 묘사하기 시작한다. 이때다 싶어 아이들에게 자기 집의 좋은 점과 불편한 점을 얘기해 보자고 했다. 너나 할 것 없이 모두들 손 들고 얘기하고 싶어 안달이다. 자기 삶의 공간에 대한 이야기다 보니 할 말들이 많은 게다. 거기다가 집 얘기를 하다 보니 자연스레 집에 같이 살고 있는 사람에 대한 이야기도 함께 섞여 나온다. 누구 때문에 넓은 집이 좁아졌다는 둥, 누구랑 같이 있으면 만날 집안이 시끄럽다는 둥 시간 가는 줄 모르고 마음껏 이야기들을 토해 낸다. 그러다가 이야기가 잠잠해질 때쯤 '집'과 '방'에 대해 물어본다. "요즘은 많은 사람들이 아파트에 살고 있죠? 너희들은 아파트가 '집'이라고 생각하나요? 아니면 '방'이라고 생각하나요?" 다들 당연하다는 듯 망설임 없이 "집이요." 하고 대답한다. 그래서 나는 아이들에게 당연한 것처럼 보이는 것을 당연하지 않게, 남들과 다르게 바라보라고 주문한다. 그랬더니 한 녀석이 "어떻게 보면 한 동이 집이고 그 동에 있는 몇 호, 몇 호는 방이라고 볼 수도 있어요. 호텔 방처럼요."라고 한다. 생각의 깊이가 있는 말이다. 좋은 생각이라고 한껏 격려해 준다. 이렇게 꼬리에 꼬리를 무는 이야기들 덕분에 평소 아무 생각 없이 생활하던 공간에 아이들 각자가 나름의 의미를 불어넣게 되어 집에 대해 다시 생각해 보게 되는 시간이 되었다.

십 분 남짓 시간이 남았을 때 아이들이 책은 언제 읽느냐며 물어보기에 "그럼, 어디 한번 읽어 볼까요? 앞으로 모이세요. 선생님이 들려줄게요." 하고는 책을 집어 들고 의자에 앉아 앞부분 몇 장 읽어 주었다. "우리 벌집에 꿀벌 한 마리가 더 있습니다!" 하는 부분까지이다. 여기까지 읽고서 잠깐 멈추었다. 그러고는 "얘들아, 우리도 한번 꿀벌 잡아 볼까요?" 하니 "여기서 어떻게요?" 하는 반응이 나온다. 그래서 나는 아이들에게 "혹시 '쥐를 잡자' 놀이 알아요? 쥐를 잡자, 쥐를 잡자, 쥐! 쥐! 쥐! 몇 마리? 이렇게 시작하는 놀이예요." 하고 말해 주었다. TV에서 연예인들이 하는 거 봤다며 몇 명이 알은 체를 한다. "우리는 쥐 대신에 벌을 잡을 거예요. 벌을 잡자, 벌을 잡자, 윙! 윙! 윙! 몇 마리? 이렇게 할 거예요. 그리고 술래였던 친구가 예를 들어 '세 마리'라고 말하면 시계 방향으로 돌아가면서 '잡았다, 놓쳤다' 둘 중 하나를 말하고 더하기, 빼기를 머릿속으로 계산해서 세 마리가 되면 양옆에 있는 친구가 '으악!'이라고 하면서 만세를 하는 거예요. 알겠죠? 박자에 맞춰서 한번 연습해 볼까요?" "네!" 우렁찬 대답 소리와 함께 리듬을 타며 박자에 맞춰 '벌을 잡자' 놀이를 시작했다. 처음엔 박자 맞추는 것도 쉽지 않다. 간단한 더하기, 빼기도 머릿속에서 뒤죽박죽이다. 그와 동시에 몸짓과 소리도 내야 하니 그야말로 음악, 수학, 체육의 통합놀이인 셈이다.

대여섯 번을 연습하고 나니 슬슬 이해가 되고 몸이 풀리나 보다. 본격적으로 놀이를 시작하면서 벌칙을 집어넣는다. '인디언 밥'부터 벌 흉내 내기, 벌처럼 교실 한 바퀴 날아다니기, 집에서 똥 마려울 때 화장실 가는 장면 보여 주기 등 재미난 벌칙들을 선사한다. 배꼽 잡고 웃다가도 놀이가 시작되면 진지해진다. 걸리지 않기 위해서이다. 얼마나 놀았을까. 40분이라는 시간이 총알 탄 사나이처럼 눈 깜짝할 새 지나갔다. 우리는 그렇게 슬로리딩 첫 시간을 보냈다.

일주일 후 두 번째 시간이 되자, 아이들은 다음 내용이 너무 궁금하다며 빨리 읽어달라고 졸라댔다. 알았다며 못 이기는 척 책장을 넘기려다가 지난 시간 읽었던 앞부분 내용을 간추려 이야기해 주었다. 그러면서 아이들에게 "집에서 가족회의해 본 적 있어요?" 하고 물었다. 의외로 아이들은 가족회의를 한 번쯤 거의 경험해 보았다고 했다. 그래서 가족회의를 통해 어떤 문제가 잘 해결되었냐고 재차 물으니 고개를 절레절레 흔드는 친구가 몇몇 보인다. 휴가 때 어디 놀러 갈 건지 정하려다가 싸워 가지고 그냥 집에 있었다는 얘기, 먹는 거 가지고 다퉈서 그날 저녁 굶었다는 얘기들이 마구 튀어나온다. 나는 아이들에게 책 속 꿀벌들의 회의를 상기시켜 주면서 그 다음에 어떻게 됐는지 읽어 주었다. 서로가 서로를 의심하고 원망하며 다른 이의 제안에 좋은 반응을 보이지 않는 장면들이 이어지자 잠시 숨고르기를 하고서 협동에 대한 이야기를 꺼냈다. "꿀벌들은 그 어떤 동물들보다도 협동을 아주 잘 하는 협동의 대가라고 하는데 이 책 속에서는 그렇지 않은 것 같죠? 너희들도 어떤 일을 해내기 위해 다른 사람들과 역할을 나누고 힘을 합쳐본 적이 있을 거예요. 그걸 협동이라고 하는데 협동할 때 상대방과 의견이 다르거나 부딪쳐서 힘들었나요? 아니면 너그러운 마음으로 상대방을 인정했나요?" '내가 너무 질문을 복잡하게 했나?' 하는 생각이 머리를 복잡하게 하려는데 잠시 뜸을 들이던 아이들이 하나 둘 말문을 연다. 주로 협동하다가 짜증났던 이야기들이 주를 이루고, 간간이 협동했을 때 성취감을 느꼈다는 이야기도 나왔다. 나는 아이들에게 이렇듯 협동의 결과는 감정으로 나타난다고 정리해 주고, 반대로 다른 사람들에게 좋은 감정의 결을 드러내야 협동이 잘 된다고 강조해서 말해 주었다. 내가 생각해도 무슨 도덕 시간 같은 느낌의 순간이었다.

한 장을 더 넘기자 드디어 여왕벌이 등장했다. 벌집 안의 소란과 동요를 잠재우기 위해 나선 것이다. "자자, 벌 국민 여러분!" 이 부분에서 책을 잠시 덮었다. "이 다음에 여왕벌이 뭐라고 말할까요?" "경찰을 출동시켜서 침입자를 찾겠다고 말할 것 같아요.", "시간이 지나면 해결되니까 조금만 더 기다려 달라고 말할 것 같아요." 저마다 상상한 바를 펼쳐내는 아이들의 모습이 기특하기도 하고 귀엽기도 하다. 나는 이 지점에서 또 다시 샛길로 빠진다. "여러분은 리더가 뭐라고 생각해요?"라고 진지하게 묻는다. 때마침 제 19대 대통령선거 후보자 토론회가 한창이던 때라 생각 나누기에 좋은 타이밍이라 생각했던 것이다. 아이들은 막연하게나마 나라와 국민들을 잘 이끄는 사람, 먼저 나서서 일하고 남을 배려할 줄 아는 사람이라는 등의 대답들을 늘어놓았다. 좀 더 깊이 들어가 보기 위해 '리더' 하면 떠오르는 이미지를 도화지 가운데에 그림으로 그려보고, 리더가 갖추어야 할 점을 그림 주변에 써 보라고 했다. 서툴지만 배를 타고 있는 선장의 모습을 그린 친구도 있고, 올림픽 시상대에서 금메달을 목에 건 스포츠선수의 모습을 그린 친구도 있었다. 그리고 그림 주변에는 리더가 갖추어야 할 점으로 '용기, 정직, 성정, 배려, 책임감, 솔선수범'과 같은 미덕의 보석들을 쓴 경우가 많았다. 아무래도 바른 성품 리더를 키우는 우리 학교의 비전이 한몫한 듯

하다. 돌아가며 발표하고 나서 아이들에게는 부모님께 곧 있을 대통령선거에서 지금 말한 것과 같은 리더를 꼭 뽑으시라고, 민주시민으로서 투표 꼭 하시라고 말씀드리라는 것으로 마무리했다. 두 번째 시간도 어느새 40분을 훌쩍 넘어 가고 있었다.

　천천히 올 것 같던 세 번째 시간도 금방 찾아왔다. 이제 리더인 여왕벌이 벌집의 구성원인 벌 국민들을 상대로 어떻게 문제를 해결하는지 보여 주는 마지막 부분이 남아 있다. 일주일 전에 했던 아이들의 예상은 보기 좋게 빗나갔다. 여왕벌은 "사랑하는 벌 국민 여러분! 어쩌면 우리 벌집에 침입자가 하나 있는 게 아니라, 방이 하나 모자란 것은 아닐까요? 침입자를 찾는 대신, 그 시간에 모두 힘을 모아 우리 벌집에 방 하나를 더 만들면 어떨까요?"라고 벌 국민을 설득한다. 관점의 변화를 통해 발상의 전환을 이루는 아름다운 장면이다. 이 작품의 가장 탁월한 부분이자 깊이 있는 문장이라고 생각한다. 나는 이 부분과 연결 지어 아이들과 찬반 토론을 가볍게 해 보기로 했다. 여왕벌에 대한 뻔한 칭찬보다는 다른 각도에서 이 부분을 바라보았으면 하는 마음에서였다. 먼저 "벌 국민은 처음엔 서로의 불만을 이야기하며 침입자를 찾겠다고 나서지만, 나중엔 방 하나를 더 만들자는 여왕벌의 말에 '좋아요!!'라고 답하며 또 하나의 꿀벌을 위한 예쁜 방을 만들어요. 그렇죠? 여러분은 이러한 벌 국민의 태도에 대해 어떻게 생각하나요?"라고 물었다. '공감한다'와 '공감하기 어렵다'로 나누어 의견과 근거를 들어 보았다. 다음으로는 "만약 나중에 그 새로운 꿀벌 침입자를 찾게 된다면 용서해야 할까요? 벌을 주어야 할까요?"라고 묻고 어느 한 쪽 입장을 선택해서 까닭을 들어 자기 생각을 말해 보자고 했다. 우리 아이들은 어느 쪽에 손을 더 많이 들었을까요? 그리고 왜 그 쪽을 택했을까요? 그 이유가 무엇일까요? 아이들의 생각을 한번 상상해 보시기 바랍니다. 슬로리딩은 생각하는 힘을 키우는 데 그 목적이 있는 거니까요.

찬반 논제로 가볍게 독서토론을 마치고 나서 이 그림책의 핵심 주제인 '관용'에 대한 이야기를 꺼냈다. 관용, 어려운 말이다. 그래서 관용에 대한 이해를 위해 두 명의 인물을 초대했다. 누구나 한 번쯤 들어봤을 '링컨'과 누구도 잘 모를 것 같은 '교황 요한 바오로 2세'가 그 주인공이다. 두 인물의 관용에 얽힌 일화를 소개하며 '관용이란 상대방과 의견이 다르거나 부딪칠 때 너그러운 마음으로 상대방을 인정하고, 때로는 상대방의 잘못까지도 진심으로 용서해 주는 것'이라고 알려 주었다. 그리고 이러한 관용이 실제 우리 삶에서 어떻게 드러나는지 다문화와 관련지어 신문 기사를 보여 주었다. 이제는 책을 뛰어넘어 세상 밖으로 안목을 넓히려는 의도이다. 〈다문화 어린이 합창단 초청 쇄도… 광복절 때 '일본 어린이 있다'며 행사 취소도〉, 〈냄새나는 한국의 인종차별〉이라는 제목의 신문 기사를 활용했다. 나는 아이들에게 만약 너희가 이 신문 기사 속 차별받는 다문화 사람이라면 과연 관용을 베풀 수 있겠는지 생각을 물어보았다. 그리고 반대의 입장에서 우리가 이들을 위해 어떻게 관용을 실천할 수 있을지에 대해서도 이야기 나누어 보았다. 이렇게 세 번째 시간도 막을 내리면서 독서 동아리 친구들과의 첫 슬로리딩은 긴 여운을 머금은 채 마무리되었다.

▎Slow slow, Quick quick!

피터 시스, 조지 섀넌 지음,
『져야 이기는 내기』, 베틀북,
2014.

슬로리딩에서는 호흡이 중요하다. 짧은 텍스트도 천천히 읽어 나가는 완급의 조절이 필요하다. 왈츠에서 음악과 움직임의 절묘한 조화가 중요하듯 슬로리딩에서는 책과 독서활동의 미묘한 접점이 중요하다. 그리고 그것을 이끌어 가고 함께하는 사람 사이의 케미가 좋아야 한다. 드라마에서만 그러한 것이 아니라 슬로리딩에서도 책을 매개체로 만나는 대상 사이에 케미가 폭발하면 그야말로 책 속 깊숙이 빠져들어 몰입과 깨달음의 순간에 이르게 된다. 독서 동아리 아이들과의 두 번째 슬로리딩이 그랬다.

두 번째로 선정한 책은 조지 섀넌이 글을 쓰고 피터 시스가 그림을 그린 철학 동화 『져야 이기는 내기』이다. 세계의 민담 속 지혜와 재치를 엿볼 수 있는 열다섯 편의 짧은 이야기들이 담겨져 있다. 이 책을 선정한 이유는 머리말에서도 나오듯이 지금까지 생각했던 것과 다른 방향에서 문제를 바라보고 생각하는 힘을 길러보자는 의도에서였다. 그리고 해결책을 찾을 수 없을 때는, 서로의 지혜를 빌려 함께 풀어 가 보자는 뜻에서 선정하게 되었다.

책을 읽기 전 아이들과 책 제목이 무엇을 의미하는지 생각해 보자고 했다. '져야 이긴다'는 말이 뭘 뜻하는지 아이들의 생각을 들어 보았다. 아이들은 "왜 져야 이긴다는 거지? 말이 안 되잖아." 하며 이해할 수 없다는 듯 볼멘소리를 했다. 그래서 아이들에게 어린 동생이나 주변에 동네 꼬맹이들이 있냐고 물어보았고 그 애들과 놀 때를 생각해 보자고 했다. 그러고는 "꼭 이겨야지만 이기는 건

가요?", "이겼을 때만 원하는 것을 얻을 수 있나요?", "져도 기분 좋을 때가 있
나요?"라는 질문을 던지면서 이야기를 나누었다. 눈치 빠른 녀석들은 금세 알
아채고는 실제 겪었던 경험들을 얘기해 주었다. 그제야 몇몇 아이들은 뒤늦게
'아하~' 하며 고개를 끄덕거리고는 이해했다는 표시를 나에게 보내왔다.

　본격적으로 동화 이야기를 펼치기 전에 아이들에게 책의 구성과 중요한 점에
대해 살짝 알려 주었다. 이 책에 실린 열다섯 편의 이야기는 모두 삽화가 그려
져 있고 2~3쪽 분량이라는 점, 한 시간 동안 세 편 정도의 이야기를 가지고 재
미있게 읽을 거라는 점, 이야기 뒤쪽에는 '생각의 사다리'라고 해서 지은이가 생
각한 답이 있으니 절대 넘겨보지 말아야 한다는 점, 짧지만 깊이 읽으려면 남들
과 다른 생각을 하기 위해 노력하자는 점 등을 일러두었다. 곧 첫 번째 이야기
의 문을 열었다. 제목이 '눈사람'이다. 첫 이야기부터 아이들이 마구 달려든다.
저마다 문제를 해결할 수 있는 기막힌 방법들을 쏟아낸다. 그래서 나는 한 명이
해결방법을 내놓을 때마다 PMI 기법을 활용해 Plus(좋은 점) – Minus(아쉬운 점)
– Interesting(흥미로운 점)에 대해 그 친구에게 이야기해 주자고 했다. 열 명의
아이들이 돌아가며 각자의 아이디어를 내놓고 다른 친구들은 그 아이디어의 좋
은 점이나 아쉬운 점, 흥미로운 점에 대해 생각나는 대로 말해 주었다. 그렇게
모두가 말하고 나서 해답이 쓰여 있는 '생각의 사다리' 부분을 함께 펼쳐 보았
다. 아무도 맞추지 못했다. 다들 안타까워했다. 하지만 나는 전혀 상관없다고
했다. 생각의 사다리에 적혀 있는 말은 지은이의 생각일 뿐 정답은 아니라고 했
다. 정해진 답이 없으니 너희들의 생각도 충분히 좋은 생각이라고 격려해 주었
다. 그러면서 정답과 오답, 해답에 대한 '답'론을 말해 주었다. 지은이가 마련해
놓은 정답을 맞추려 애쓰기보다는 오답에 주눅 들지 않고 해답을 찾으려 함께

힘쓰는 우리가 되자고 했다. 그리고 실은 그것보다 더 중요한 게 있다고 하면서 어렵게 말을 꺼냈다.

사실 천천히 읽다 보면 오독(誤讀)을 하는 경우가 자주 생긴다. 물론 단어나 문장 자체의 뜻을 이해하지 못해 생기는 오독도 있지만, 슬로리딩을 하면서 행간에 숨어 있는 저자의 의도 또는 저자조차 미처 생각지 못한 보물들을 발견하면서 생기는 오독도 있다. 이것을 많은 이들이 '창조적인 오독' 또는 '풍요로운 오독'이라 부른다. 나는 우리 동아리 아이들에게 '답'에 지나치게 신경 쓰지 말고 '독'에 집중하자고 했다. 정답, 오답, 해답보다는 정독, 오독, 해독이 더 중요하니까 천천히 곱씹으면서 깊이 읽자고 했다. 시험을 싫어하는 아이들이라 그런지 '답'보다 '독'을 더 좋아해 주어서 고마웠다. 비포장 샛길이었는데 아이들이 나의 마음을 잘 헤아려주는 것 같아 든든하기도 했다.

이렇게 툭 까놓고 독 얘기를 하고 나니 이후 펼쳐진 이야기들에서는 더더욱 오독의 향연을 즐기는 것이었다. 칠판 앞에 나와서 자기 생각을 써 놓고 친구 생각에 댓글을 달아 서로 비교해 보기도 하고, 브레인 서바이벌 게임이라고 해서 2~3명씩 팀을 정해 팀별로 문제를 해결하고서 각자 다른 팀에 의미 있는 점수를 주는 활동도 해 보았다. 또한 최상의 아이디어를 구하기 위해 피라미드 토의를 하면서 도중에 아깝게 버려진 아이디어를 부활시켜 최종 아이디어를 선택하는 부활 피라미드 토의도 해 보았고, '터무니없다'라는 낱말의 어원을 찾아보면서 열세 번째 이야기인 '터무니없는 이야기'를 천천히 읽기도 했다.

한번은 '승려와 은행가' 이야기를 읽을 때였다. 주인공인 승려와 은행가 외에도 짧은 이야기 속에는 승려의 아내, 어느 부유한 상인의 아내, 하녀가 등장했다. 여러 등장인물이 나오니 아이들은 좀처럼 이야기를 이해하지 못하고 있었다. 이때다 싶어 역할극처럼 이야기를 읽어 보자고 했다. 다섯 명씩 두 팀으로 짜고 역할을 나누었다. 나는 원활한 진행을 위해 해설을 맡았다. 즉흥적으로 하는 것이기 때문에 내가 해설을 하면 아이들은 그에 맞게 몸짓을 하면서 간단한 애드리브를 날렸다. 그렇게 두 번 역할극을 하고 나니 아이들은 확실히 알겠다며 오독을 즐기면서 해답 찾기에 열을 올렸다. 느리게 읽는다는 것이 무엇인지 깊이 깨달을 수 있는 시간이었다. 내가 만약 그 상황에서 이해하지 못하는 아이들을 앞에 두고 장황하게 설명을 늘어놓았다면 어떻게 되었을까? 이야기에 깊이 빠져들지 못하고 지루한 하품을 날리고 있을 것임이 분명하다. 슬로리딩에서 교사는 학생이 주인공이 되어 주체적으로 생각할 수 있도록 코치가 되어 주어야 한다. 길을 발견함과 동시에 목적지에 데려다주는 역할을 해 주어야 한다. 큰 배에 올라타 '나를 따르라!'고 외치는 선장이 되기보다는 작은 언덕의 목동이 되어야 하는 것이다.

▌소프트 파워와 슬로리딩

슬로리딩이 동력을 잃지 않고 계속해서 힘을 얻으려면 어떻게 해야 할까. 이에 대한 나름의 해답을 나는 '소프트 파워(soft power)'에서 찾을 수 있었다. 소프트 파워란 하버드 대학교 케네디 스쿨의 조지프 나이(Joseph S. Nye) 교수가 처음 사용한 용어로 설득의 수단으로서 강제력보다는 매력을 통해, 명령이 아닌 자발적 동의에 의해 원하는 것을 얻는 힘을 말한다. 반면 하드 파워(hard power)는 강제력을 사용해 원하는 것을 얻는 힘을 일컫는다. 이 용어를 교육에 적용시켜 보면 왜 슬로리딩을 이끌어 가는 힘의 원천과 연결되는지 알 수 있게

된다. 소프트 파워는 물리적인 힘보다는 보이지 않는 가치를 중심으로 드러나는 힘이다. 결국 슬로리딩이 동력을 유지하기 위해서는 자체 매력 발산을 통해 학생들이 스스로 배우고 싶어 하도록 하여 원하는 것을 얻는 강력한 소프트 파워를 발휘해야 한다.

송정양 지음, 『우리 집엔 할머니 한 마리가 산다』, 상상의 집, 2015.

위에서 말한 소프트 파워를 교육적으로 응용해서 발휘해 보고자 고심 끝에 선정한 책이 바로 세 번째 슬로리딩 도서인 송정양 작가의 『우리 집엔 할머니 한 마리가 산다』이다. 첫 시작부터 바로 들어가 이 책의 제목과 같은 '우리 집엔 할머니 한 마리가 산다.'는 첫 문장을 읽고 멈추었다. 나의 가족 구성원에 대해 먼저 얘기해 주고 조심스럽게 동아리 아이들의 가족에 대해 물었다. 그리고 회복적 생활교육 덕분에 알게 된 '내 마음의 관계도 그리기' 활동에 관해 안내했다. 해도 괜찮다는 동의를 구한 뒤, 가족 구성원뿐만 아니라 기르고 있는 애완동물들까지 포함해서 그에 대한 자신의 마음을 관계도로 나타내 보았다. 서로 바꿔서 보고 싶은 친구들은 그렇게 해도 좋다고 했다. 앞으로 펼쳐질 가족에 대한 이야기를 힘 있게 끌어가고 싶어서 했는데 아이들의 반응이 꽤나 좋아서 흡족했다.

두 번째, 세 번째 문장을 읽고 또 다시 멈추었다. '할머니는 나보다 나이가 두 배나 많다. 할머니의 시간은 나보다 일곱 배나 빨리 간다.' 먼저 나이에 대해 물었다. "여러분은 몇 살까지 살고 싶어요?" 뜬금없는 질문에 한 녀석이 허무맹랑하게 "오백 살이요."라고 답해서 장난치지 말고 진심으로 한 번쯤 생각해 본 뒤 말해달라고 부탁했다. 그렇게 하니 아이들은 한 번도 진지하게 생각해 보지 못한 것에 대해 제법 골똘히 생각하려 애썼다. 일찍 생을 마감하면 50살, 오래 살면 120살이라고 말하면서 나름대로의 이유를 덧붙여 얘기해 주었다. 다음으로 시간에 대해 물었다. "요즘 시간이 빨리 가는 것 같나요? 아님 느리게 가는 것 같나요?" 아이들은 학교에서의 시간과 방과 후의 시간, 집에서 보내는 시간이 다 다르게 느껴진다고 했다. 그리고 아이들마다도 다 달랐다. 분명한 건 시간의 빠르기라는 것이 장소에 따라, 누구와 함께하느냐에 따라, 또 그날의 기분에 따라 달라진다는 것이었다. 같이 주고받는 대화 속에서 아이들은 시간의 상대적인 개념을 깨닫고 있었다. 앞의 두 질문에 이어서 나이와 시간의 관계에 대해 생각해 보자고 했다. "점점 나이가 들면 시간이 어떻게 갈 것 같나요?" 아직 살아 보지 않은 미래의 일에 대해 짐작해 보기로 했다. 아이들은 부모님과 할아버지, 할머니의 삶을 통해 자신의 미래를 들여다보고 있었다. "나이 들면 시간이 금방 가서 자기도 모르게 늙는대요.", "엄청 나이 들면 시계가 거꾸로 가서 다시 애기처럼 된대요." 하는 말을 서슴없이 내뱉는다. 나이와 시간 얘기를 하다 보니 중간에 자연스럽게 어릴 적 이야기로 빠져버렸다. 다시 본래의 길로 돌아와 옆쪽에 쓰인 문장을 읽었다. '할머니는 개다. 그것도 아주 늙은 개다.' 이 문장을 읽자마자 한 친구가 "개는 많아야 스물 몇 살까지 밖에 못 산대요." 하는 것이다. 정말 그러냐며 모르는 척 시치미를 뚝 떼고서 개에 대해 탐구해 보기로 한다. 세상에서 가장 똑똑한 개 순위를 살펴보며 배경지식을 총동원해 온갖 개 이야기를 풀어낸다. 하다가 궁금한 것들은 바로바로 찾아보면서 개에 대한 궁금증을 풀어 보았다.

다섯 문상으로 첫 시간을 보내고 나니 아이들은 이제 느리게 읽는 것에 어느 정도 익숙해진 듯하다. 우리는 계속해서 이야기를 읽어 나가며 책 속에 나오는

'검버섯'이라는 낱말을 이해하기 위해 내 얼굴과 손에 피어난 검버섯을 함께 보기도 했고, '호들갑'과 '생색'을 국어사전에서 찾은 뒤 실제 겪어본 경험담을 나누었다. 아이들은 호들갑이 영어로 '오버'냐면서 묻기도 하고, 옆 친구가 "뭔지 알려줄까?"라며 젠체하니까 생색 좀 그만 내라고 웃으며 손사래 치기도 했다. 슬로리딩에서 낱말은 샛길로 빠지는 중요 통로이다. 문맥을 통해 파악할 수도 있지만, 중요한 낱말은 그 자체로 아이들을 끌어당기는 매력적인 힘을 갖기도 하고 배움의 길을 넓혀주는 작은 열쇠가 되기도 한다. 살아있는 문장도 그러한 힘을 갖고 있다. '엄마가 강아지들 젖 떼면 다른 사람 준다고 했어. 키우고 싶은 사람!'이라는 문장을 읽으니 우리 아이들도 덩달아 너도나도 손을 든다. 그래서 아이들에게 왜 키우고 싶은지, 키우고 싶지 않은 사람은 왜 그런지 즉석에서 찬반으로 나누어 대좌법으로 토론을 했다. 이렇게 약식이나마 토론을 하고 나면 아이들은 그 다음에 이어질 내용에 대해 더 깊이 이해하고 빠져 들어간다. 왜냐하면 좀 전에 자신들이 토론하면서 나눈 이야기들이 책 속에서 현실처럼 펼쳐지기 때문이다. 그것이 바로 내가 슬로리딩에서 말하고자 하는 소프트 파워이다. 강제하지 않고 아이들이 자발적으로 배움의 꿀맛을 맛보려고 하는 보이지 않는 힘 말이다.

앞 시간 마지막 부분에 반려견과 강아지 안락사에 대한 뉴스 및 기사거리를 잠깐 보여 주면서 마쳤다. 세 번째 시간에 계속 이어서 강아지 안락사 이야기를 꺼냈다. "사람 말고, 여러분은 강아지 안락사에 대해 어떻게 생각하나요?", "너희들이 만약 반려견을 키우고 있다면 이 상황에서 어떻게 할 것 같나요?", "지금 할머니 개는 마음속으로 안락사를 원하고 있을까요? 원치 않을까요?" 질문과 대답이 속사포처럼 쉴 새 없이 왔다 갔다 한다. 자기들도 모르게 점점 더 이야기 속으로 깊숙이 들어간다. 안락사와 존엄사에 대한 것도 함께 알아본다. 그러다가 잠깐 딴 데로 샌다. 등장인물들의 마음 변화를 따라가기 위해서이다. 특히 엄마의 말과 행동을 중심으로 사람의 마음이란 게 어떻게 변하는지, 정말로 변한 건 무엇인지 등 마음에 대한 얘기를 집중적으로 나눈다. "너희들도 이렇게 속마음과 겉마음이 다를 때가 있나요?" 하고 물으니 당연한 걸 왜 묻느냐는 듯, 한 녀석이 "우리도 사람이에요." 하고 장난기 머금은 농을 던진다. 웃으면서 책을 덮는 이 순간이 참 좋다.

독서 동아리 마지막 시간이다. 아이들은 오늘이 마지막 수업이냐며 자꾸만 묻는다. 내 마음은 홀가분함과 아쉬움의 사이 어딘가에 있는 듯하다. 먼저 책도 펼치기 전에 동물 안락사에 대해 찬반 토론을 하기로 했다. 이전 수업에서 아이들에게 조사를 좀 해 오라고 했는데 절반 정도 해 왔다. 크게 신경 쓰지 않았다. 조사를 안 해 온 친구들은 자신의 평소 생각을 가지고 토론하자고 했다. 굳이 찬성과 반대를 임의로 나누어 5:5로 하지 않고 아이들이 생각하고 원하는 입장대로 찬성 셋, 반대 일곱으로 해서 3:7로 토론을 했다. 윤리적인 문제가 핵심이다 보니 고통 없이 편안히 죽도록 배려해 주어야 한다는 찬성 입장과 동물의 생명을 존중해야 한다는 반대 입장이 팽팽히 맞섰다. 십여 분 남짓한 짧은 토론 시간이 끝나고 아이들에게 물었다. 무엇이 배려이고 존중인지. 그리고 누구의 입장에서 배려이고 존중인 것인지. 또 누구를 위한 배려이고 존중인지에 대해서도 물었다. 바탕에 대한 물음이 질문이다. 때로는 묻는 것만으로도 충분할 때가 있다. 오늘의 수업이 끝나고 다시 한 번 책을 보며 생각해 보라고 던져주고는 책 속으로 돌아왔다. 삼분의 일 정도 남은 부분을 거침없이 쭉 읽었다. 이 책의 뒷부분은 등장인물들의 감정선을 따라 한 호흡으로 읽고 싶었다. 주인공이

내보이는 감정의 결을 있는 그대로 끊지 않고 함께 느끼고 싶었다. 다 읽고서 마지막 장의 그림을 보며 천국이 있다고 생각하는지 물어보았다. 열 명 중 여덟 명이 종교 등의 이유로 천국이 있을 거라고 했고, 두 명은 미신 등의 이유로 없을 거라고 했다. 그래도 다 같이 상상해 보는 건 어떻겠냐고 했다. 아이들이 오케이 해서 각각 종이 한 장씩 나눠주고 천국의 모습을 그림이나 글로 표현해 보자고 했다. 죽음 이후의 세상에 대해, 지옥 반대편의 세상에 대해 상상해 보는 활동을 끝으로 마지막 수업을 마쳤다.

▌뻔한 것을 뻔하지 않게, 오히려 뻔뻔하게!

열두 번의 수업이 모두 끝나고 아이들과 함께 그동안 슬로리딩을 해 본 소감에 대해 돌아가며 이야기를 했다. 아이들은 잘 모르는 형, 누나들이랑 친해져서 좋았다고도 하고, 짧은 책으로 이렇게 여러 시간 할 수 있다는 것이 신기하고 재밌었다고도 했다. 또 서로의 다양한 생각들을 알아 가면서 생각을 좀 더 넓힐 수 있는 즐거운 시간이었다고도 했으며, 부담 없이 자기 생각을 말할 수 있어서 편했다고도 했다. 다 같이 뜨거운 박수와 따뜻한 인사로 마무리하고서 책상을 정리하는데 한 녀석이 나를 쳐다보며 이야기한다. "선생님, 저 원래 책 읽는 거 진짜 싫어했는데 이젠 책 읽는 게 너무 좋아요!" 순간 무언가가 울컥 올라오는 느낌이 온몸을 휘감았다. 옆에 있던 녀석도 덩달아 "저도요. 독서가 이렇게 재밌는 건지 몰랐어요. 내년에 또 이거 할 거예요." 한다. 입술의 작은 떨림을 들키지 않으려고 애써 웃으며 아이들과 손 흔들며 작별했다. 모두가 떠나고 난 텅빈 교실에 잠시 맥없이 털썩 앉아 지난 시간들을 돌아보았다. 정말이지 아이들에게 참으로 고마운 시간들이었고 함께 성장할 수 있어 행복한 시간들이었다.

돌이켜 보건대, 슬로리딩도 결국 아이들 입장에서는 '재미'라는 궁극의 지점을 피해 갈 수 없다고 생각한다. 그 재미가 단순한 재미일 수도, 진지한 재미일 수도 있겠지만 결국 책에서 느끼는 뻔(Fun)한 매력에 매혹되거나 매료되었을 때 슬로리딩도 진정한 가치를 지니게 되는 것이다. 뻔한 것을 너무 뻔하지 않게, 오히려 뻔한 것을 뻔뻔하게 읽어 나가는 힘이야말로 슬로리딩이 내게 남겨준 든든한 자산이다. 그리고 책에 흥미가 생겨 독서가 취미가 되면 재미에 의미를 더해 그야말로 진정한 독서가의 길을 걷게 되는 것이다. 끝으로 우리 아이들이 나중에 좀 더 성장해서 세상에 발을 크게 내딛을 때 꼭 전해 주고 싶은 말이 있다.

"앎이 삶이 되면 지식이 지혜가 된다."

박영덕

나눔과 성장이 함께하는 환대의 공간, 북적긁적 이야기

1. 책으로 여는 행복공동체, 히플 스토리

혁신학교에서 선생님들과 같이 '성장하는 배움으로 더불어 행복한 삶'을 가꾸고자 고군분투했던 시절에 나는 헤어 나올 수 없는 행복감에 젖어 스스로에게 질문을 던지곤 했다.

행복한 사람들이 함께하는 공동체에는 어떤 중요한 것들이 깃들어 있을까?

이 질문에서 시작된 나의 생각 덩어리는 점점 분화되었다가 다시 하나로 뭉쳐 새로운 단어를 만들어 내기에 이르렀다. 그렇게 탄생한 것이 바로 행복한 사람들의 공동체, 히플(HYPPL)이다. 히플은 '해피 피플(Happy People)'의 줄임말로 행복 공동체가 갖고 있는 중요한 다섯 가지 속성인 유머Humor, 동료Yokefellow, 참여Participation, 자부심Pride, 리더십Leadership의 알파벳 이니셜을 조합하여 2012년에 만든 개념어이다. 나는 이것을 이야기로 풀어내고 싶어 각각의 속성이 지닌 의미들을 행복과 연결 지어 행복을 창조하고 공유하는 사람들의 이야기, 히플 스토리로 엮어 냈다.

히플의 개념과 속성

무엇보다도 행복한 사람들의 공동체는 공통적으로 유머를 갖고 있다. 유쾌한 웃음을 선물하며 자기 자신과 타인을 긍정적으로 바라보는 따뜻한 시선을 주고받는다. 단순히 웃기는 조크나 개그가 아닌, 위트 넘치는 긍정의 유머를 발산함으로써 공동체에 행복감을 안겨 준다. 유머가 있기에 그 공동체는 더욱 빛을 발한다. 그리고 유머 바이러스는 점점 퍼져 서로가 모르게 서서히 물들어 간다. 그러면 공동체 문화의 바탕이 건강하게 자리 잡아 나가게 된다. 다음으로 행복을 느끼는 데 있어 가장 중요한 역할을 하는 것이 '관계'인데 그 관계의 중심에 바로 동료가 있다. 동료(yokefellow)는 멍에(yoke)와 사람(fellow)이 합쳐진 말이다. 지향하는 방향과 발맞추어 가는 속도가 같다면 져야 할 멍에도 무겁지 않다. 그것은 사람과 사람 사이를 잇는 사랑의 매듭이요, 파트너십의 바탕이다. 세 번째로 참여를 들 수 있는데, 아무리 유머를 가진 동료들이 함께 한다 해도 결정적으로 각각의 구성원으로서 공동체에 참여를 하지 않는다면 창조와 공유는 이웃 나라 머나먼 얘기가 되고 만다. '내게 말해 보라. 그러면 잊어버릴 것이

다. 내게 보여 줘라. 그러면 기억할지도 모른다. 나를 참여시켜라. 그러면 이해할 것이다!'라는 중국 속담에서도 엿볼 수 있듯이 참여 속에서 소통이 흐르고, 소통 속에서 이야기가 공유되며, 소통과 공유에 대한 이해 속에서 동료와 함께 행복을 만들어 갈 수 있다. 네 번째는 자부심이다. 사전에서는 자부심을 자신의 가치나 능력을 믿고 당당히 여기는 마음이라고 말한다. 다시 말해, 나의 능력을 바탕으로 무엇을 해낼 수 있다는 믿음이 자부심인 것이다. 자부심은 보람과 기쁨, 성취와 연결되어 있다. 사람을 움직이는 힘은 크게 세 가지로 분류된다고 하는데 하나는 본능의 힘이고, 둘째는 습관의 힘이며, 셋째는 자부심의 힘이다. 히플을 이끌어 가고 동료를 움직이게 하는 힘이 자부심에 있는 것이다. 동료와 함께 비전을 공유하고 자발적으로 참여하는 가운데 보람과 기쁨을 느끼며 성취를 이루어 나가면서 자부심이 발현되어 행복의 정점을 찍게 된다. 마지막 다섯 번째는 리더십이다. 서번트 리더십, 변혁적 리더십, 공감 리더십 등 리더십의 종류와 유형은 매우 많다. 하지만 여기서 말하고자 하는 것은 리더십의 본질이다. 리더십은 공동체의 목표와 구성원들의 행동을 연결시켜 주는 중요한 역할을 한다. 공동체는 구성원들이 맺는 관계를 매개로 하여 이루어진 하나의 원과 같은데 리더십은 여기서 윤활유 역할을 하며 공동체에 큰 영향을 끼친다. 리더십은 구성원들로 하여금 행복 찾기에 자발적으로 힘쓰도록 이끌어 가는 행위이자 과정이요 내적 자극(motivation)의 발로인 것이다. 이런 리더십이 어느 개인 한 사람에 치중되는 것이 아니라, 어느 한 점에서 어디로든 선을 이을 수 있는 하나의 원처럼 서로가 서로에게 각자의 영역에서 각기 다른 리더십의 형태로 공동체에 선한 영향력을 미쳐야 비로소 행복의 가치가 공동체 안에 깊숙이 자리할 수 있게 되고 지속가능한 힘을 얻게 된다.

앞에서 말한 히플의 다섯 가지 속성은 따로 각자도생의 길을 걷지 않는다. 우리가 책을 읽을 때 단어 따로, 문장 따로, 문단 따로 분리해서 보는 게 아니듯이 말이다. '책'을 매개로 하여 펼쳐지는 슬로리딩의 속성은 행복을 창조하고 공유하는 사람들의 이야기인 히플 스토리와 여러 가지 면에서 가까이 맞닿아 있다. 우리는 책 속에서 재미를 찾아가며 독서에 흥미가 생기면 그것이 곧 좋아서 즐겨 하게 되는 취미가 되어 미처 알지 못했던 위대한 세상의 문에 한 발 한 발 조금씩 다가서게 된다. 달리 보면, 나와 타인에 흥미와 관심을 가지고 재미를 발견해 유머를 즐기게 되면 행복의 문에 한 걸음 더 다가갈 수 있게 된다. 동료는 또 어떠한가. 『단단한 독서』의 저자 에밀 파게는 "독서란 다른 사람과 함께 생각하는 것"임을 잊지 말라고 했다. '다른 사람'은 책을 쓴 작가가 될 수도 있고, 책 속의 인물이 될 수도 있으며, 책을 읽고 난 후 이야기 나누는 누군가가 될 수도 있다. 이것이 동료이다. 혼자 보는 독서에서 함께 읽는 독서로 여행을 떠날 때 함께하게 될 동료 말이다. 슬로리딩에서의 동료는 천천히 계속해서 정신을 운동시켜 주는 비판적 읽기의 멍에를 '함께' 지고 갈 '다른' 사람으로서 존재하는 것이다. 그런데 문제는 이 모든 독서 여행에 참여를 해야만 위대한 세상의 문으로 발을 내딛을 수 있는 방법을 배우게 된다는 사실이다. 다시 에밀 파게의 말을 빌리자면, '책 읽는 방법을 배우고자 한다면 우선 책을 천천히 읽을 수 있어야' 한다. 책을 천천히 읽는 행위 자체에 참여하지 않고서는 그들만의 리그에 갇혀 생각의 독방에 머물러 있기 십상이다. 패스트 리딩(Fast Reading)은 어떻게 바라볼 것인가. 기능성과 효율성의 어느 한 측면에서 패스트 리딩은 시시각각 변하고 채워지는 정보의 쓰나미 속에서 나름의 활약을 펼칠 수도 있겠지만, 그것은 단편적인 시각에서만 유효하다. 이제는 '얼마나 많이 읽었는가?' 하는

목표가 아닌, '왜 읽는가?' 하는 목적에 중심을 둔 독서로의 지향이 절실한 시대
이다. 그래야 기억에 남고 생각이 자란다. 의미 없던 단어에서 새로운 가치를
발견할 때의 성취감, 진한 울림이 있는 문장을 읽었을 때의 기쁨, 책을 깊이 읽
고 난 후의 보람을 통해 슬로리딩의 자부심을 느꼈을 때 독서가 주는 진정한 행
복을 맛볼 수 있게 된다. 또한 읽어야만 하는 수동적인 책 읽기에서 벗어나 읽
고 싶어 하는 능동적인 책 읽기로 태도의 패러다임을 전환하는 독서 리더십이
필요하다. 독서를 통한 성장, 성장을 통한 행복이 가져다주는 철학을 함께 공유
하고 펼쳐 나가는 것이 중요하다. 『톰 소여의 모험』으로 유명한 마크 트웨인은
"좋은 책을 읽지 않는 사람은 그것을 읽을 줄 모르는 사람보다 나을 것이 없다."
고 하였다. 자발성을 품은 '독서력'을 가진 '독서가'가 되기에 독서 리더십은 그
어느 때보다 절실하다.

　이렇듯 히플과 슬로리딩은 '사람과 책'이라는 키워드를 통해 하나의 연결점
을 찾을 수 있다. 성공하는 것들의 공통점은 '연관성'이다. 나는 '책'이라는 매개
체를 통해 실제의 삶에서 다른 사람들과 함께 작은 행복 공동체를 만들어 가고
싶었다. 그 공동체가 지금부터 이야기할 '북적긁적'이라는 교사 독서 동아리이
다. 그럼 지금부터 '북적긁적' 의 히플 스토리 속으로 들어가 보자.

2. 교사들과 더불어 나누는 유쾌한 독서 탐독기

▎북적긁적, since 2015

　모든 일의 시작에는 참으로 용기가 필요하다. 혁신학교를 떠나 다른 학교로
가게 된 2015년, 한참 일과 사람에 적응해야 할 때인 3월 말에 나는 용기 내어

선생님들께 학교 메신저를 통해 쪽지를 보냈다.

안녕하세요‥*

어느새 3월도 절반이 넘어가네요. 시간 참 빨리도 흐르지요.

쌓인 일들이 아주 많긴 하지만 아름다운 3월의 마무리와 함께 드디어 교사 독서 동아리 모임을 열고자 합니다.

앞으로 함께 할 우리 학교 교사 독서 동아리에 대해 간단히 소개할게요.

1. 함께 다양한 분야(그림책, 소설, 인문학, 사회과학 등)의 책을 읽고 이야기 나눕니다. 함께 읽을 책은 같이 모여 의논해서 정해요.

2. 월 1회 정기 모임을 가집니다. 모임 시간은 15시부터 16시 30분까지 1시간 30분 정도 진행됩니다. 가끔 카페에서도 할 거예요. 정기 모임 날짜는 첫 임시 모임(3월 31일 화요일 15시 30분, 2학년 1반 교실) 때 같이 협의해요.

3. 우리 모임은 오픈형 독서 공동체를 지향합니다. 회원 중심의 닫혀 있는 '그들만의 리그'는 하지 않습니다. 언제든지 중간 중간 모임에 참여하실 수가 있어요. 처음에 신청하지 않았다고 해도 괜찮아요. 언제든 대환영입니다!

4. 다양한 방식의 독서모임을 열어 갑니다. 비공식 번개 모임(예: 체험독서, 영화독토, 독서여행 등)도 할 예정이립니다.

"이제 더 이상 혼자 읽는 골방독서에서 벗어나 함께 읽고 함께 나누는 광

장독서의 세계로!'

긍정적으로 생각해 보시고 저에게 다음 주 금요일까지 참여 메시지 많이 많이 날려 주세요. (쿨메신저로 쿨~하게 보내주세요!) 행복한 날 되세요‥*

나의 용기에 화답이라도 하듯 12학급 규모의 작은 학교임에도 불구하고 많은 선생님께서 함께하겠다고 신청 쪽지를 주셨다. 얼떨떨한 기분에 벅차오르는 감정이 뒤섞여 의지가 불타올랐다. 드디어 임시 모임을 하는 날이 되었다. 유쾌한 모임의 자리에서 빠져서는 안 되는 것이 있다. 바로 먹을거리다. 따뜻한 차와 커피, 먹기 좋은 과자와 과일을 간단히 세팅해 놓고서 선생님들을 기다렸다. 하나둘 문을 열고 들어오시는 모습들에서 여러 감정들을 읽는다. 어떤 연유로 독서 동아리를 신청하게 되었는지 물어보니 저마다 나름의 이유를 말씀하신다. 함께 책을 읽는 건 어떻게 하는 건지 궁금해서 오신 선생님도 있고, 딱히 독서에 흥미가 없어 책을 별로 읽지 않는데 이참에 좋은 취미를 가져 책 좀 읽으려고 오신 선생님도 있다. 이유야 어떻든, 이렇게 책을 통해 서로가 한 자리에 모여 얼굴을 마주하고 있다는 게 이 얼마나 좋은 일인가!

서로 돌아가며 가볍게 자기소개와 인사말을 한 후, 처음 시작하는 우리 독서 동아리의 취지와 방향에 대해 말씀드렸다. 그러고 나서 이런 취지와 방향에 걸맞은 독서 동아리의 이름을 짓기로 했다. 몇 가지 아이디어가 나왔지만 거의 만장일치로 '북적긁적'이라는 이름이 뽑혔다. 책을 뜻하는 북book과 '북적북적하다'의 의미가 합쳐져 '북적'이라는 말이 나오고, 글이나 그림을 되는대로 자꾸 마구 쓰거나 그린다는 뜻의 '긁적이다'에서 '긁적'이라는 말을 따와서 '북적긁적'이라는 이름이 탄생하게 되었다. 입에 찰싹 달라붙는 것이 참 마음에 든다고 해서 박수로 마무리 지었다. 그 다음으로 동아리 모임 날짜를 정하기로 했다. 나는 책을 천천히 함께 읽고 싶었다. 그래서 한 달에 한 번 모이는 것을 제안했고 다들 좋다고 하셨다. 모임은 매달 마지막 주 화요일에 하기로 했다. 물론 그날 학교 행사가 있거나 중요한 회의가 있을 경우 사전에 일정을 조율하기로 하고 말이다. 이제 마지막 남은 것은 함께 읽을 책을 정하는 일이다. 자기계발서, 수필, 인문학 등 다양한 분야의 추천 도서가 있었지만 처음엔 문학으로 선정하자고 입을 모았다.

첫 독서모임에서 함께 읽을 책은 스웨덴 작가 요나스 요나손의 장편소설 『창문 넘어 도망친 100세 노인』로 정했다. 두께가 좀 있어서 분량의 압박이 있을 수는 있지만 유쾌하게 읽어 나갈 수 있는 문학 작품이라 생각되어 선정하게 되었다. 이어서 독서모임 진행은 우선 내가 맡기로 결정하고, 책은 각자 구입하거나 도서관에서 빌려 읽기로 하고서 임시 모임을 무사히 마쳤다. 첫 모임 전 중간에 두 번 정도 선생님들께 책 재밌게 읽으시라고 응원의 메시지를 보내 주기도 했다. 처음인지라 혹시나 깜빡하시거나 힘들어 하실까 봐 걱정이 되어 그랬다. 한 달이라는 시간은 금세 지나갔다. 우리는 책을 읽고 난 후의 생각과 느낌을 자유롭게 이야기 나누면서 첫 모임을 시작했다. 그런 다음 책 속에 나오는 인물들로 16칸 빙고 게임을 하고, 인상 깊은 부분에 대해 돌아가며 이야기했다. 계속해서 우리는 천천히 책 안과 바깥을 수시로 드나들며 다음과 같은 질문들을 나누었고 때로는 샛길 위에서, 때로는 본래의 길 위에서 대화를 이어 나갔다.

- 나에게 우연한 기회가 생긴다면 오늘 저녁 누구를 만나보고 싶은가요? 만나서 무엇을 함께하고 싶나요? 그리고 그 이유는 무엇인가요?
- 알란은 다양한 사건들을 경험했지만 100세까지 건강하고 역동적으로 살아갑니다. 또한 100세가 되고서도 양로원을 도망칩니다. 알란의 그러한 원동력은 어디서 나왔을까요?
- 내 인생의 좌우명 또는 좋아하는 문구를 이야기해 보아요.
- 알란은 어차피 일어날 일은 일어날 터, 미리 골머리를 썩일 필요가 없다고 생각합니다. 여러분은 문제를 오래 생각하여 결정하는 것, 순간적인 결정 중 어느 것이 도움이 된다고 생각하나요?

끝으로 우리는 '내 인생의 위시리스트(평생 이루고 싶은 꿈의 목록)'을 작성해서 남들 앞에서 당당하게 발표하기로 했다. 주변 사람들에게 자꾸 이야기하다 보면 언젠가 이루어지리라는 뜻에서였다. 공통적으로 가장 많이 나온 것이 '여행'이었다. 아무래도 휴식과 재충전, 도전의 의미를 담고 있어 많은 선생님들이 리스트에 담아 놓았을 것이다. 서로의 위시리스트를 차례로 듣고 난 뒤, 나는 비행기 타고 멀리 떠나는 여행도 좋지만 함께 책을 읽고 천천히 생각하며 대화하고 토론하는 독서 여행도 좋다고 말하면서 첫 독서모임을 갈무리했다. 어떻게 진행할까, 무슨 이야기를 나눌까 고민하며 책을 읽고 또 읽었던 지난 한 달의 시간이 주마등처럼 지나갔다. 다 함께 읽고 나니 이 책이 새롭게 다가온다. 마치 옷을 바꿔 입은 것처럼 다르게 보인다. 다시 책을 들여다본다. 미처 나누지 못했던 얘기들이 곳곳에 남아 나에게 말을 건다. 나의 책 읽기는 아직 완전히 끝나지 않은 것이다.

두 번째 독서모임에서는 톨스토이의 『이반 일리치의 죽음』과 미치 앨봄이 쓴 『모리와 함께 한 일요일』 두 권의 책으로 '죽음'에 대한 깊은 대화를 나눴다. '우리 인간은 죽음을 준비할 수 있을까?', '우리는 죽음의 공포를 극복할 수 있을까?'와 같은 질문에 답하면서 바람직한 삶과 죽음에 관해 심도 있는 토론을 벌이기도 했다. 세 번째, 네 번째 독서모임은 다양한 장르의 독서를 위해 각각 헬레나 노르베리 호지가 지은 사회과학 책과 신현림 시인이 엮은 시집으로 대략 아래와 같이 활동하였다. 나는 『오래된 미래』를 읽으며 그다지 관심 없었던 환경과 인류 문화에 발을 들여 놓기 시작했고, 특히 중학교 때부터 시를 좋아해서 한동안은 시집을 늘 손에 들고 다니며 수십 번 같은 시를 반복해서 읽기도 하고 암송하기도 했다.

『오래된 미래(라다크로부터 배우다)』	『딸아, 외로울 때는 시를 읽으렴』
• 라다크의 현재 모습 둘러보기 • 라다크를 표현하는 인상적인 단어 말하기 • 내가 만약 개발 당시의 라다크인이라면? • 라다크로부터 배운 것 이야기 나누기 • 이 책을 추천해 주고 싶은 사람 이야기하기	• 독서 후 바뀐 생각이나 행동 실천(1독 1행) 다짐하기 • '시노래'로 마음 열기(감상) • 시집을 읽은 소감 나누기 • 마음에 드는 시 낭송하기 • 이미지 사진으로 시 표현하기 • 난해한 시에 대해 토론하기 • 엽서 쓰기 : ○○아, ( ) 때는 이 시를 읽으렴.

다섯 번째 독서모임은 작가와의 만남을 준비해서 북 토크 형식으로 진행하였다. 동아리에서 종종 유쾌한 에너지와 유머를 선사하는 통합교육반 선생님의 소개와 지원으로『질문하는 힘』의 저자 권귀헌 작가님을 모시고 편안한 분위기의 카페에서 만났다. '질문으로 내 안의 답을 찾다'라는 테마로 당시 따끈따끈하게 막 세상에 나온『삶에 행복을 주는 시기적절한 질문』이라는 책을 가지고 특별한 만남을 열었다. 처음 본 작가님을 만나 이미지 게임도 하고, 책 제목을 줄인 '삶.행.시'를 삼행시로 지어 보기도 했다. '삶 : 삶이 내게 물었다. / 행 : 행복하냐고. / 시 : 시간이 말해 주겠지.'와 같은 여운이 남는 삼행시는 지금도 기억에 남는다. 중간에 짧은 미니 특강도 듣고 '지금 나에게 필요한 시기적절한 질문은?' 코너를 만들어 자신에게 필요한 질문이 무엇인지 스스로 찾아보는 의미 있는 시간도 가졌다. 이런 것이 슬로리딩이 아니고 무엇이겠는가. 책을 종이 위의 글자로만 보지 않고 그 책을 지은 작가와 직접 만나 이야기 나누는 것이야말로 독서 경험의 거대한 장이 될 테니 말이다.

공식적인 모임의 자리가 끝나고서 작가님에게 맛난 이천쌀밥을 대접해 드리고 아이들과 함께 먹으라고 수제 호두파이를 선물로 드렸더니 너무나 환대해 주셔서 감사하다고, 삶을 소중하게 생각하는 아름다운 분들과 함께 해서 즐거웠다며 연신 웃음꽃을 피우신다. 환대의 공간에 함께 있어 행복을 나누고 나 자신이 성장할 수 있는 시간이었기에 나도 덩달아 웃음꽃 활짝 피웠다. 그렇게 우리들의 2015년 첫 북적긁적 이야기는 모두의 자발적인 참여 속에 행복한 결말을 맺을 수 있었다.

▌새로운 얼굴, 새로운 도전- 북적긁적 시즌2

해가 바뀌고 선생님들도 많이 바뀌었다. 처음 아홉 명의 멤버 중 네 명이 다른 학교로 가고 다섯 명이 남았다. 거기에 일곱 명의 멤버가 새로 들어와서 총 열두 명이 되었다. 멤버의 절반 이상이 바뀌고 멤버 수가 세 명이나 늘었다. 새로운 얼굴을 마주하고 새로운 도전을 펼쳐야 할 때라는 생각이 문득 들었다. 지난해와 마찬가지로 3월 말에 선생님들께 메시지를 보내고 임시 모임을 거친 뒤 4월부터 북적긁적 시즌2를 열었다. 다만 진행방식을 조금 바꾸다. 첫 해엔 내가 중심이 되어 이끌어 나갔지만, 이번엔 1학기까지만 내가 진행하고 2학기 땐 3~4명씩 한 팀을 이루어 직접 논제를 만들어 진행까지도 맡기로 했다. 창조적 집단지성의 공동체가 성공의 길로 들어서려면 '참여, 인정, 공유' 이 세 가지 키워드가 중요하다. 난 선생님들께서 좀 더 적극적으로 참여하며 이야기를 공유하길 원했다. 그리고 직접 논제를 만들어 보고 진행하며 서로를 인정하고 힘을 북돋워 주었으면 했다. 그런 가운데 자부심이 싹트고 모두가 참여형 리더가 되어 히플의 결속력은 더욱 강해지리라 믿었다. 또한 책을 혼자 보지 않고 함께 읽으며 팀원끼리 논제에 대해 이야기 나누고 같이 진행하면서 제 3자의 눈으로 책을 들여다보는 경험을 가져보는 것도 참 의미 있는 일일 것이라 생각했다.

4월의 첫 모임은 그림책으로 선정했다. 새로 오신 선생님들이 많아 적응하느라 힘드실 수도 있어 가볍지만 생각거리가 많은 레오 리오니의 『프레드릭』으로 하기로 했다. 우리는 짧은 그림책 안에서 결코 가볍지만은 않은 의미들을 많이 발견해낼 수 있었다 겨울을 준비하는 태도가 대비적인 프레드릭과 들쥐 가족을 보면서 우리의 삶을 들여다보는 성찰의 시간도 가졌고, 프레드릭을 어떤 시선으로 바라보고 어떻게 받아들여야 할지에 대해서도 깊은 이야기를 나누었다.

책을 보고 또 보면서 부모의 입장에서 등장인물을 읽어내기도 하고, 교사의 입장에서 지금의 교육을 논하기도 하면서 우리는 어느새 모두가 프레드릭이 되었거나 들쥐 가족이 되어 있었다. "나는 슬픈 프레드릭 같아요."라고 했던 한 선생님의 이야기가 아직도 귓가에 맴도는 것은 깊은 여운이 그림자처럼 따라와서이리라.

푸르른 5월엔 성석제의 소설 『투명인간』을, 여름 같은 6월에 아들러 돌풍을 일으켰던 베스트셀러 『미움받을 용기』를 가지고 독서토론을 했다. 호불호가 강했던 책 『투명인간』 독토 때엔 특히나 '염치'에 대해 많은 이야기가 오고 갔다. 『투명인간』 속 아버지가 '염치'를 강조하며 가훈 또한 "염치를 알자"로 정하는데, 그가 꺼낸 염치라는 키워드를 어떻게 읽을 수 있겠는지 저마다의 생각을 들어 보았다. 그때의 '염치'가 뇌리에 깊이 박혔는지 한 선생님은 지금도 '염치'에 대해 자꾸만 생각하게 된다고 말씀하시기도 했다. 재밌지만 베스트셀러라 부담되었던 『미움받을 용기』 독토 때엔 자유, 인정욕구 등 철학적인 소재를 가지고 심리학적으로 접근해서 이야기를 풀어 나갔다. 자유논제와 찬반논제를 적절히 섞고 트라우마나 칭찬과 야단 등의 부분에 대해서는 적당히 샛길로 빠지면서 독서토론을 진행했다. 준비하면서 세 번 정도 책을 읽었는데 볼 때마다 책 속의 문장이 새롭게 느껴지는 걸 경험할 수 있었다. 거듭해서 읽을 때마다 다르게 느껴지고 생각된다는 것, 다시 책을 들춰 보며 한 문장에 깊이 빠져드는 것, 이 또한 슬로리딩에서 빼놓을 수 없는 매력이라 할 수 있겠다.

1학기를 세 권의 책으로 마무리 하고 여름방학 때 나름의 재충전을 할 수 있는 시간적 여유가 있어 2학기 첫 책은 다소 두꺼운 사회과학 분야를 다루어 보기로 했다. 방학 전에 이미 유발 하라리가 쓴 『사피엔스』를 9월의 도서로 선정했고, 드디어 2학기가 밝았다. '과연 선생님들께서 이 두껍고 무거운 책을 다 읽으셨을까?' 하는 생각이 퍼뜩 들었다. 역시나 끝까지 다 읽으신 분이 몇 안 계신다. 하지만 괜찮다. 독서라는 행위가 어떠한 자극과 사회적 재미를 통해 다시 살아날 수도 있다는 걸 그동안 무수히 봐 왔기 때문이다. 이런 걱정을 알아차린 것인지 한 선생님께서 방대한 책의 내용을 요약, 정리하고 문제의식을 표출한 발제문을 논제와 함께 준비해 오신 것이다. 친절한 발제문을 함께 읽고서 과거와 현재와 미래를 잇는 네 가지 테마의 이야기를 나누었다.

- 이야기 하나. 뭣이 더 중요한디? (역사 발전 과정의 결정적인 일곱 가지 촉매제)
- 이야기 둘. 바꾸고 싶다……. (내가 만약 생명공학자라면?)
- 이야기 셋. 행복이란? (행복과 삶의 가치에 대한 작가의 생각 뒤집어 보기)
- 이야기 넷. 우리 사피엔스의 미래는? (우리가 원하는 미래를 위해서 취해야 할 목표와 자세)

책을 읽지 않고도 책을 읽은 것처럼 말씀하시는 한 남선생님의 이야기에 귀 기울이기도 하고, 조용하게 있는 듯 없는 듯 계시다가 한마디씩 촌철살인의 말씀을 던지시는 한 여선생님의 공상과학영화 이야기에 잠시 빠져 보기도 하면서 퇴근 시간이 지난 줄도 모르게 토론을 했다. 역시나 한 시간 삼십 분은 빠듯하다.

독서의 계절, 10월이 왔다. 독서만 꽃 피울 게 아니라 사랑도 꽃 피우자며 게리 체프먼이 쓴 『5가지 사랑의 언어』를 10월의 책으로 선정해 이야기꽃을 피웠다. 평소에 유머러스하고 흥이 있는 선생님께서 톡톡 튀는 진행을 맡아 스토리가 있는 논제로 재미나게 풀어 나갔다.

#그 or 그녀였어야만 했던 이유

인생 최대의 선택의 순간! 당신이 결혼을 할 때 '이 사람이다!'라는 생각이 들었나요? 이 사람을 선택한 결정적 이유를 말씀해 주세요.

#현실로 돌아오다

- 이토록 사랑했던 그 누군가와 결혼을 했지만 어떠한 turnig point로, 아니면 가랑비에 옷 젖듯, 우리를 자극했던 호르몬이 정상화되면서 현실적인 결혼생활에 직면하게 됩니다. 당신의 결혼 생활에서 처음의 낭만적인 감정이 사라지고 '현실'이 보이기 시작하던 때를 생각해 보세요. 이것이 당신 부부에게 어떤 영향을 주었나요?

만약 여기서 우리가 지나치게 경험을 소비하는 수다에만 머물러 사적인 언어에 매몰되었다면 어떻게 됐을까? 아마도 모임이 끝나고 돌아가는 길에 헛헛함을 느끼지 않았을까? 어느 사회학자의 말처럼 생산적이고 유의미한 공동체의 지속성을 위해서는 사적인 언어를 공적인 언어로 바꿀 수 있는 능력이 매우 중요하다. 그것이 진행자의 요건이요, 슬로리딩에서 교사가 갖추어야 할 능력 중의 하나이다. 그런 의미에서 위의 독서토론을 주도했던 선생님은 코칭형 리더십을 보이며 좌중을 편안하게 공적 대화의 장으로 이끌어 나가는 모습이 무척 인상 깊었다.

2학기 마지막 책으로는 윤동주 시인의 시집 『하늘과 바람과 별과 詩』를 읽기로 했다. 1955년 10주기 증보판 오리지널 디자인으로 출판된 윤동주 유고시집을 읽으며 나는 동시에 같이 온 필사공책에 시를 한 자 한 자 옮겨 담았다. 한 달 동안 틈날 때마다 열일곱 편의 시를 펜으로 꾹꾹 눌러 가며 필사한 후, 마지막 페이지에다가 사랑하는 아내의 생일을 위해 선물하고자 '나의 順伊, 은이에게…'라는 제목의 편지를 썼다. "다행스럽게도 너는 '잃어버린 역사처럼 홀홀이' 가지도 않고, '사랑처럼 슬픈 얼굴'의 모습도 아니어서 그저 고맙고 또 고마울 따름이야."라고 썼던 구절이 지금도 생각난다. 시를 읽는다는 것, 시를 읽고 생각에 생각을 거듭하는 것, 생각의 끝에 손끝으로 글씨를 써 내려 가는 것, 그러다가 문득 다시 시를 떠올리는 것, 그리고 다시 시를 낭송하는 것, 이 모든 과정이 슬로리딩이다. 시 한 편이 주는 아름다움과 깊이, 그 속에 깃든 한 시어 한 시구의 울림이 슬로리딩인 것이다.

▌우리는 여전히 진행형, 북적긁적 세 번째 이야기

우리가 짓는 '독서'라는 공간은 어떤 모습일까? '나'만 있는 것이 아니라 '그들'이 존재하고, '책'만 쌓이는 것이 아니라 '이야기'로 함께 채워지는 공간의 모습을 그린다. 이제는 지하의 골방독서에서 지상의 마당독서로 공간의 개념을 전환해야 할 때이다. 함께 책을 읽고 자유롭게 이야기 한마당을 펼칠 수 있는 넓은 그라운드(ground)가 필요하다. 그 안에서 탁 트인 주변 풍경을 보며 세상을 크게 바라보고, 작고 소소하지만 깨알 재미를 느껴 가며 책의 향연을 같이 누릴 수 있는 조금의 여유가 있었으면 한다. 함께 그라운드 룰(ground rule)을 정해 비전을 공유하며, 독서 공동체가 빚어내는 새로운 공간의 가능성과 가치를 더디더라도 은은하게 전했으면 한다. 그런 의미에서 북적긁적의 세 번째 이

야기는 예전의 위치에서 한 걸음 더 나아가 외연을 확장하고 셀프 리더십을 발휘할 수 있는 방향으로 펼쳐 나가야겠다고 생각했다.

새해엔 구성원이 많이 바뀌지는 않았다. 세 분이 다른 학교로 가시고, 또 다른 세 분이 들어오셔서 열두 명 그대로를 유지할 수 있었다. 열두 명 내외가 딱 좋은 것 같다. 나름의 사정이 생겨 몇 분이 못 오시더라도 열 명 가까이 이야기 나눌 수 있는 든든한 동료가 늘 자리하기 때문이다. 3년째 이어져 오다 보니 모임을 이끌어 가는 방식도 좀 더 선생님들의 개인 역량과 팀 역량을 끌어내고 싶었다. 그래서 이전 해에 3~4명이 한 팀을 이루어 2학기 때만 진행하던 방식에서 진일보해, 2명이 한 팀을 이루어 매달 번갈아 가며 자신들이 원하는 방식으로 진행하도록 하고 중간 중간 주전부리 같은 시간도 곁들여 외연을 확장하기로 했다.

3월 임시 모임 때는 늘 선생님들께 부담 없이 편한 마음으로 오시라고 한다. 각자 함께 읽고 싶은 책 한 권 정도만 생각해 오시라고 하고 그마저도 여의치 않으면 그냥 가벼운 발걸음으로 참여하시라고 한다. 모두 모이면 준비한 다과와 함께 좀 전까지 바빠서 놓쳤던 정신줄을 다잡으며 이야기의 물꼬를 튼다. 새로운 멤버를 기쁘게 환영하고 독서 동아리에 함께하게 된 생각도 같이 들어 보며 책을 좋아하는지, 그동안 독서를 어떻게 해 왔는지 등에 대해 얘기를 나눈다. 그러면서 자연스레 첫 모임의 책을 무엇으로 정할지 의논한다. 나는 비전형 리더십을 내려놓고 북적긁적의 한 일원으로서 같이 의견을 내고 서로의 생각이 다름을 조율하며 첫 책을 선정하는 데 지원자의 역할을 한다. 이젠 공동체 내에서 리더만이 구성원들을 관리하고 이끄는 게 아니라 구성원들 모두가 스스로 자율적으로 관리하고 공동체를 이끌어 나가는 셀프 리더십이 필요하기 때문에 나도 어깨에 진 무게감 있는 짐을 덜어 내려놓는다. 나는 그저 우리 북적귥적 구성원들이 스스로 리더가 되어 각자 맡은 바 역할에 책임성을 갖게 하고 자신을 관리해 가면서 구성원 스스로 이끌 수 있도록 상황을 마련해 주며 적극적으로 지지해 주는 자리에 묵묵히 있어야 하는 것이다.

첫 책은 산문집, 소설, 그림책 등 여러 후보들을 제치고 동화책이 선정되었다. 초등학교 5학년 교과서에도 실려 있는 루이스 세풀베다의 『갈매기에게 나는 법을 가르쳐준 고양이』를 읽기로 했다. 그동안 영미권 또는 한국의 책을 주로 접하다가 이번엔 남미권인 칠레의 소설가가 쓴 동화책을 골랐다. 교과서 속의 짧은 텍스트에서는 전해지기 어려운 감동과 8세부터 88세까지 읽는 동화라는 매력을 느껴볼 수 있는 좋은 기회라는 생각이 들었다. 처음엔 그냥 한 번 쭉 읽었다. 두 번째는 함께 이야기 나눌 논제를 생각하며 읽었다. 세 번째는 다른 각도에서 바라볼 수 있는 숨은 이야깃거리를 찾으며 읽었다. 1차, 2차, 3차 독서를 이어 나가다 보니 문득 5학년 1학기 국어 교과서에서 이 책이 어떻게 다루어지고 있는지 궁금해졌다. 곧바로 5학년 선생님에게 찾아가 지도서를 빌려 보았다. 지도서 내용을 간단히 정리하자면 다음과 같다. 총 80분(2차시)의 수업이 '가치' 중심으로 교육연극 활동이 곁들여져 구성되어 있다.

단계	학습 내용	교수·학습 활동
문제 분석하기 (20분)	전시 학습 상기하기	전시 학습 내용 떠올리기
	동기 유발	무언극 해 보기 -엄마 새가 되어 알 품어 보기
	학습 목표 파악하기 학습의 중요성 확인하기	학습 목표 확인하기 글의 내용 추측하기

단계	학습 내용	교수·학습 활동
문제 분석하기 (20분)	문제 상황 분석하기	이야기 읽기
		글의 내용 파악하기
가치 확인하기 (20분)	가치 발견하기	등장인물의 마음 이해하기 –'이야기 의자' 활동하기 – 인터뷰 활동하기
	발견한 가치의 근거 확인하기	등장인물의 마음을 색으로 표현하기
	가치 비교 및 평가하기	자신의 생각이나 느낌 정리하기
	가치 선택하기	가장 기억에 남는 장면 고르기
가치 일반화하기 (20분)	가치 적용하기	책에 대한 소감 쓰기
	학습 정리하기	학습 내용 정리하기 –'빈 의자' 활동하기

난 이 학생 수업을 교사 슬로리딩으로 탈바꿈하기 위해 자유논제와 선택논제, 찬반논제로 나누고 다양한 샛길을 준비했다. 그렇게 해서 아래와 같은 논제로 첫 모임의 흐름을 잡아 보았다.

『갈매기에게 나는 법을 가르쳐준 고양이』

• 『갈매기에게 나는 법을 가르쳐준 고양이』는 행운아라는 뜻의 『Afortunada』가 원제인 스페인의 우화소설입니다. 스페인에서는 100만 부 이상 팔리는 등의 기록을 세운 1996년 유럽 최고의 베스트셀러로 10여 개국 언어로 번역된 이 책을 여러분은 어떻게 읽으셨나요? 별점과 함께 읽은 소감을 나눠 봅시다.

별점	☆ ☆ ☆ ☆ ☆
읽은 소감	

• 이 책의 삽화는 그림책 『세상에서 제일 힘센 수탉』, 『이야기 주머니 이야기』 등으로 유명한 이억배 작가가 그린 것입니다. 여러 삽화 중에서 인상 깊은 장면의 그림을 하나 골라 보고, 그 이유도 함께 이야기 나누어 주세요.

인상 깊은 그림	
그 이유	

• 다음 중 가장 기억에 남는 캐릭터가 있었다면 소개해 주시기 바랍니다.

- 어미 갈매기, 켕가
- 나이를 알 수 없는 고양이 꼴로네요
- 로마 출신의 깡마른 고양이 세끄레따리오

- 침팬지 마띠아스
- 만물박사 고양이, 사벨로또도
- 검은 고양이 소르바스
- 진정한 행운아, 아포르뚜나다
- 선택된 인간, 시인

• 고양이들은 꼴로네요의 제안으로 아기 갈매기의 이름을 '행운아'라는 뜻의 '아포르뚜나다'라고 짓습니다. 자기 이름의 뜻과 그에 얽힌 이야기보따리를 풀어 주세요.

- 이 책을 읽으면서 마음에 와닿는 구절이 있다면 소개해 주시고, 그 이유도 함께 이야기해 주세요.

- 책 속 이야기와 관련된 다음의 질문 중 하나를 골라 함께 이야기해 봅시다.
  1) 문득 죽음의 공포에 떨어 본 적이 있나요?(30p)
  2) 내 생애 마지막 비행을 하게 되는 날이 온다면 어딜 가 보고 싶은가요?(36p)
  3) 만약 내가 가족의 곁을 떠나게 되는 상황이 온다면 가족에게 어떤 약속을 부탁하고 싶나요?(38p)
  4) 좋은 의도를 가지고 한 일들이 오히려 불행을 가져온 경우가 있나요?(95p)
  5) 당신은 언제 진정한 행복을 느끼나요?(118p)

- 소르바스가 집을 떠나기 며칠 전, 어미 고양이는 소르바스를 불러 앉혀 진지하게 당부의 말을 전합니다. 여러분도 어미 고양이처럼 자신의 자녀 또는 학생들에게 특별히 강조해서 이야기하는 말이 있나요? 자녀 또는 학생을 바라보는 여러분의 가치관을 담아 함께 이야기해 주세요.

"너는 참으로 기특하고 영민하구나. 참 다행이다. 하지만 집을 나가면 안돼. 내일이나 모레쯤이면 사람들이 와서 너와 네 형제들의 운명을 결정할 거야. 그들은 틀림없이 너희들에게 멋진 이름을 지어 줄 거다. 너희들의 먹이도 충분하게 보장해 줄 거고. 너희들이 항구에서 태어난 것은 커다란 행운이란다. 항구 사람들은 고양이를 보호해 주거든. 사람들이 우리들에게 바라는 것은 오직 한 가지, 쥐를 쫓는 거지. 그렇단다, 애야. 항구의 고양이가 된다는 것은 매우 큰 행운이야. 그렇지만 너는 누구보다도 더 조심해야 한다. 너는 불행하게 될지도 모르는 운명을 타고났기 때문이지." (20p)

• 꼴로네요는 배고픈 아기 갈매기를 위해 먹을 것을 가져오라고 세끄레따리오를 다그칩니다. 세끄레따리오는 처음엔 정중하게 거절하지만 나중엔 결국 로마식 오징어를 가지러 가지요. 둘 사이의 관계에 대해 생각해 보게 되는 부분입니다. 여러분은 이러한 세끄레따리오의 행동에 대해 어떻게 생각하나요?

"지금 당장 식당으로 가서 정어리 좀 가져오게."
꼴로네요가 명령을 내렸다.
"왜 하필이면 저죠? 네? 왜 저만 그런 심부름을 해야 하는 거냐고요? 꼬리에 벤진을 묻히라더니, 이젠 정어리네. 왜 항상 저냐고요? 네?"
세끄레따리오가 매우 언짢다는 표정으로 말했다.
"왜냐하면 말이지, 오늘 저녁에 오징어가 나오거든. 그것도 로마식 요리로 말이지. 그 정도면 충분한 이유가 되지 않겠나?" (86p)

• 작가는 실제 유네스코와 그린피스 일원으로 환경보호에 적극 참여하면서 그러한 내용을 작품 속에 담아내고 있습니다. 이 책에서도 작가는 인

간과 자연, 인간과 인간 사이의 관계 회복을 주제로 묵직한 메시지를 던지고 있지요. 이와 관련해서 2014년 10월에 서울대공원은 서울동물원 개원 105주년을 맞아 자연·동물·인간의 '동행' 프로젝트의 일환으로 '동물원은 필요한가'를 주제로 한 '동물복지 청소년 토론대회'를 열었습니다. 여러분은 '동물원은 필요한가'라는 주제에 대해 어떻게 생각하시나요?

돌고래의 슬픈 운명이 대표적이다. 돌고래들은 지혜롭게 행동하면서 인간들과 친해졌다. 그러자 인간들은 돌고래들을 잡아다가 수중 전시장에 가둬두고 어릿광대 짓을 강요했다. 그밖에도 인간을 받아들이고 자신들의 지혜로움을 발휘했다가 결국엔 비참한 신세로 변해 버린 경우도 많았다. 지혜로운 동물인 사자들과 커다란 몸집의 펠리컨들도 철창 우리 안에 갇혀 살면서, 어떤 얼간이가 입 속에 밀어 넣어도 꼼짝없이 복종해야 하는 처량한 신세가 된 것이다. 앵무새도 마찬가지다. 하루 종일 새장 안에 갇혀서 어리석기 짝이 없는 바보짓을 노상 되풀이할 뿐이다. (131p)

우리는 어미 갈매기 켕가의 결단력과 검은 고양이 소르바스의 공감능력을 이야기하며 리더의 모습에 대해 설파하기도 하고, 부모와 자식 간의 애끓는 관계나 자녀 또는 학생을 바라보는 개개인의 가치관에 대해 얘기 나누기도 했다. 여기에 더해 권위와 순종, 갑질 문화, 보수와 진보, 구세대와 신세대, 소수 의견, 자연과 인간과 동물의 상생 등 이 책에 이렇게 많은 키워드가 숨어 있을 거라고 생각지 못했다는 말이 나올 정도로 다양한 생각들을 나눌 수 있는 값진 시간이었다.

우리가 함께 나눈 유쾌하면서도 진중한 이야기들을 살아 있는 육성으로 담아 글로 온전히 복원해 내지 못하는 게 안타까울 따름이다. 번역본과 개정판의 서로 다른 느낌을 조곤조곤 알게 해 주신 선생님, 우리 사회의 단면을 솔직하고 적나라하게 말하며 열변하시는 선생님, 자신이 살아 온 인생과 현재의 모습을 허물없이 드러내주는 선생님 등 개성 있고 매력 넘치는 선생님들의 입담을 살아서 파닥파닥 뛰는 역동적인 글쓰기로 담아내지 못해 아쉽기만 하다. 다만 이것저것 조미료 쓰지 않고 담백한 맛을 내고자 노력했다. 함께 한 선생님들께 고맙고 또 고맙다.

▮성토의 장, 성찰의 시간, 성장의 길

5월의 선정 도서는 클라우스 슈밥의 『제4차 산업혁명』이었다. 아쉽게도 나는 이 날 빠질 수 없는 중요한 회의가 있어 모임이 거의 끝나 갈 때쯤 참석했다. 하는 수 없이 하고 싶어서 메모해 두었던 말들을 정리해 이야기하고 소감을 나누며 모임을 정리했다. 아쉬운 마음이 컸는지 6월의 모임이 너무나도 기다려졌다. 6월의 선정 도서는 여러 여선생님들이 서로 하고 싶어 했던 『82년생 김지영』이었다. 출간 4개월 만에 1만 5,000부를 찍으며 베스트셀러에 오른 이 책은 그 관심이 '김지영 현상(신드롬)'으로까지 불리며 독자들의 뜨거운 반응을 일으키고 있었다. 책을 펼치고 그날 단숨에 읽어 나갔다. 페미니즘, 육아 등 얘기하고 싶은 것들이 넘쳐 속에서부터 끓어올라 목이 타는 듯한 느낌마저 들었다. 드디어 모임 날이 되었다. 그나저나 나는 사전에 우리 학교에 계시는, 동명이인이자 주인공의 언니와 동갑인 '78년생 김지영'님을 모시고 싶었다. 다행히도 독서

동아리에 대해 말씀드리고 참여 의사를 여쭤봤더니 흔쾌히 '좋아요!'를 선택해 주셨다. 모두가 뜨거운 환영의 박수로 환대의 공간에 동참해 주셨다. 그렇게 『82년생 김지영』을 말하는 성토의 장이 문을 열었다.

"여성이라면 누구나 공감이 될 거예요."라며 말문을 연 선생님부터 "나 또한 김지영과 크게 다를 바 없어요."라고 목에 힘주어 얘기하신 선생님까지 하나같이 별점을 높게 주었다. 다만 한쪽 구석에서 조용히 고개를 끄덕이며 입을 꾹 다물고 계시던 한 남 선생님만이 책 속에 내재된 약간의 불편한 시선들에 대해 껄끄러움을 드러내며 보통의 별점을 매기셨다. 역시나 균형추 역할을 해 주는 누군가가 있어야 생각의 다름이 의미 있는 지점을 만나게 된다. 전체가 돌아가면서 편안하게 별점과 읽은 소감을 이야기한 후 바로 이어진 논제는 공감과 반성, 변화에 대한 것이었다.

읽는 내내 82년생 김지영 씨의 삶에 대한 '공감'과 '반성'이 공존하면서 '변화'를 일으켰는데, 여러분이 책 속에서 가장 공감되었던 부분과 반성되었던 부분에 대해 이야기해 봅시다. 그리고 나에게 일어난 또는 일어나야 할 변화도 함께 이야기해 봅시다.

"잘 모르는 사람들은 다들 여교사만 한 직업이 어디 있냐고 그러잖아요. 이런 말 들으면 기분이 살짝 나빠요. 신붓감 1순위라는 말도 어떤 면에선 자랑스럽기도 하겠지만 한편으론 굉장히 폭력적이라는 생각이 들어요. 전에는 이 기분 나쁨의 정체를 잘 몰랐는데 김지영 씨 언니가 대학 가는 문제로 어머니와 다투는 대목을 읽을 때 특히 공감되더라고요."

"임신했을 때 알게 된 산후조리원 동기들하고 단톡방에서 대화하는 내용을 보면 30대와 50대가 별반 차이가 없어요. 아, 내 딸도 여성으로서 지금의 나와 별반 다르지 않은 삶을 살 수도 있겠단 생각을 하게 되요. 괜히 미안한 마음이 들어 반성하게 되더라구요. 문제의식을 가지고 자꾸만 얘기해서 변화되어야 하는 부분이 분명 있는데……."

몇몇 여선생님들이 기다렸다는 듯 말을 토해 내기 시작한다. 이 하나의 논제로 삼십 분 이상 이야기가 길어진다. 물론 모두가 다 활발히 이야기에 동참하는 건 아니다. 좀 더 많은 분들이 달려들어 이야기에 깊이를 더해 주었으면 하는 아쉬움도 조금 남지만 기다려야 한다. 조바심 내지 않고 때를 기다려 이야기의 포인트point를 놓치지 말고 잡았다가 점을 선으로 연결해야 한다. 각각의 점들을 이어 선으로 연결하면 하나의 이야기가 된다. 허심탄회하게 이야기하는 성토의 장이 서로를 돌아다볼 수 있는 성찰의 시간이 될 수 있도록 길을 내주어야 한다. 그래야 함께 성장한다. 우리가 성토의 장에서 한 걸음 더 나아가 성찰의 시간을 가질 때 같이 성장의 길을 걷게 되는 것이다. 슬로리딩은 성장의 기록이다. 책 속 행간의 의미를 헤아리는 것뿐 아니라 대화 속 행간의 의미도 함께 헤아리는 것이 중요하다. 소리를 잘 살피면 무언가 크게 이룬다는 말이 있다. 서로가 좀 더 진솔하게 나의 이야기를 꺼내어 주고 너의 이야기에 귀 기울여 들어주면 '뻔한 소리'는 더 이상 뻔하지 않은 우리의 이야기가 된다. 그렇게 함께 한 이야기들을 몸은 기억한다. 성장의 기록이 어느새 몸으로 기억되고 마음에 기운을 불어넣는다. 그러면 마음(心)밭(田)을 일구게 되어 생각(思)이 자라난다 (grow). 마음은 깊은 지식을 좋아한다. 그것이 S.L.O.W 리딩이다.

매달 말에 한 번씩 하는 정기모임과 별도로 우리는 약간의 독서 일탈을 계획

해서 실천했다. 첫 모임이 열리기도 전, 4월 중순에 우리는 독서 여행을 떠났다. 북적긁적 선생님들 중 여섯 명이 참여해 개교기념일에 혼자 또는 자녀들도 함께 데리고 차 두 대에 같이 몸을 실었다. 목적지는 충북 괴산! 오전엔 두 시간여 동안 산막이 옛길 트레킹을 하면서 햇살과 꽃과 시와 이야기를 즐기고, 오후엔 근방에 있는 숲속작은책방에 들러 읽고 싶은 책을 마음껏 보고 고르면서 책과 함께하는 시간을 즐겼다. 7월에는 여름방학을 앞두고 극장에서 크리스토퍼 놀란 감독의 영화 〈덩케르크〉를 관람하고 카페에서 영화토론을 했다. 원작이 있는 영화를 보고 영화독토를 하고 싶었지만 시기를 딱 맞추기가 쉬운 일이 아니어서 못내 아쉬웠다. 2학기 땐 와인 심포지엄을 해 볼 예정이다. 심포지엄은 그리스어 'sym(함께)'과 'posis(마시다)'의 합성어로 향연을 뜻하는데, 고대 그리스에서 함께 술을 마시며 벌이던 토론회에서 그 기원을 찾을 수 있다. 아마 소크라테스도 이런 술자리에서 열띤 토론을 하며 심오한 철학을 논했을 것이다. 고대 그리스의 자유인들은 심포지엄을 열어 친한 사람들과 함께 모여 대화를 나누면서 와인을 마시는 것을 즐겼다. 오늘날의 심포지엄은 어떤 논제에 대하여 다른 의견을 가진 두 사람 이상의 전문가나 권위자가 각각 의견을 발표하고 참석자의 질문에 답하는 형식의 토론회를 뜻하는 것이지만, 나는 그냥 화기애애한 분위기에서 진행되는 고대 그리스의 심포지엄을 현대적으로 재연해 보고 싶다. 가까운 와인 바 또는 와인이 있는 레스토랑에서 10분 정도면 충분히 읽을 수 있는 고전 단편소설을 함께 읽고 와인을 마시며 즉석에서 흥겹게 토론을 즐기고 싶다. 짧은 고전소설을 긴 시간 동안 즐겁게 읽어 내고 싶다.

▋트렌드와 함께 들여다보는 슬로리딩

책을 천천히 깊이 읽는 방식은 트렌드와 함께 다양한 코드로 해석할 수 있다. 책을 읽고 그 곳으로 여행을 떠나 체험독서를 즐길 수도 있고, 원작과 영화를 비교하며 '영화와 책' 수다를 신나게 떨어볼 수도 있고, 마음은 맞지만 생각은 다른 사람들과 함께 우아하게 와인을 마시며 독서토론을 해 볼 수도 있는 것이다. 혼술, 혼밥의 취향을 독서에 접목해 각자 읽고 싶은 책을 혼자 읽고 와서 함께 이야기 나누고 싶은 논제를 뽑아 '혼책독토'라는 이름으로 '따로 또 같이' 시도해 볼 수도 있겠다. 이제는 가성비 좋은 아이템이 합리 소비 시대의 갑(甲)이 된 것처럼, 단순히 독서에 대한 문턱(가격)을 낮추는 것에서 탈피해 깊이(성능)를 더하는 방향으로 나아가야 하고 높이 조절에서 너비 조절로 프레임을 계속해서 확장해야 한다. 또한 독서토론의 경우 논제가 주어지면 자꾸 논제에 매몰되는 경향이 있는데, 이젠 좀 더 미니멀하게 맨손독토를 즐기는 것도 의미 있을 것이라 생각한다. 복잡한 논제를 미리 준비하지 않고 맨손으로 만나 즉석에서 논제를 던져 깊이 있게 하브루타를 해 보는 것은 어떨까. 트렌드를 읽으면서 슬로리딩이라는 것도 본질에 충실하되 계속해서 의미를 더해 가는 작업이 이루어지면 훨씬 더 깊어질 수 있을 것이다.

박영덕

책과 함께 진정한 부귀를 찾아가는 길, 북이부귀 이야기

1. 민낯으로 함께 마주한 사람책과의 첫 만남

'왜 그랬을까. 아무도 시키지 않았는데 난 왜 그랬을까. 가만히 있으면 일 없이 편하게 지낼 수 있는데 왜 일을 벌였을까나.' 지금에 와서 돌이켜 보면 그때는 뭔가 독서교육에 대한 사명감과 미지의 세계에서 뭔가 재미난 일을 벌여보고 싶은 모험심이 발동했던 것 같다. 그중에서도 특히 큰 산 같은 학부모와의 만남은 나에게 커다란 도전이었다. 1학기 때 교사 독서 동아리를 만들고서 조금 적응이 된 상태에서 2학기를 맞아 학부모 독서 동아리를 만들기로 마음먹었다. 쇠뿔도 단김에 빼라고 관리자 분들과 부장님들께 학부모 독서 동아리의 취지와 방향에 대해 구두로 말씀을 드린 후 일사천리로 가정통신문을 만들어 각 가정으로 발송했다.

'몇 분이나 오실까? 신청자가 너무 많거나 너무 적으면 어쩌지?' 하는 기대 반 걱정 반의 마음이 정신을 오락가락하게 만들기도 했지만, 다행스럽게도 열세 명의 어머니들이 신청해 주셨다. 내가 2학년 담임교사라 그런지 2학년 어머니들께서 꽤 신청하셨다. 딱 적당한 인원이라 첫 출발이 좋게 느껴져 흡족했다.

2015 도암 【학부모 독서 동아리】 참여 안내

도암 가족 여러분, 안녕하십니까?

독서의 달 9월입니다. 어느새 독서하기 좋은 계절, 가을로 조금씩 접어들고 있는 요즘입니다. 다름이 아니라, 본교에서는 독서를 통해 서로 소통하고 나누며 책과 친숙해질 수 있는 소중한 만남의 기회를 갖고자 아래와 같이 학부모 독서 동아리를 만들고자 하오니, 참여 신청서를 각 학급 담임 선생님께 9월 14일(월)까지 제출하여 주시기 바랍니다. 다양한 각도에서 서로의 생각을 이야기하고, 이를 가족들과 함께하며 삶의 도구로 활용할 수 있는 좋은 경험의 시간이 될 것입니다. 책과 만나는 위대한 세상을 함께 열어갈 수 있도록 많은 학부모님들의 적극적인 참여 바랍니다.

-아 래-

가. 대　　상 : 도암초 자녀를 둔 학부모 중 희망자

나. 활동 기간 : 9월 ~ 12월 (월 1회 / 구체적인 일정은 첫 모임 때 논의)

다. 활동 장소 : 본교 책향기 도서관

라. 활동 내용 : 다양한 책 읽고 이야기 나누기, 주제별/작가별 독서 등

마. 모임 진행 : 교사 박영덕

바. 첫　모임 : 9월 22일(화) 오후 3시 / 편한 마음으로 도서관에 오시면 됩니다.

사. 기타 사항 : 독서 동아리 방향 및 관련 도서는 첫모임 후 동아리 구성원들과 함께 선정

북적긁적 때처럼 임시 모임을 갖기로 하고 차와 다과를 준비했다. 왠지 모르게 자꾸 떨렸다. 십오 년 넘게 학부모를 대해 왔건만 막상 새로운 자리에서 마주하자니 미세한 떨림이 온몸으로 전해지는 듯했다. 선선한 가을 오후, 두 줄로 모인 책상에 앉은 어머니들을 보니 내 민낯을 드러내는 것 같아 살짝 부끄럽기도 했다. 하지만 그 분들도 마찬가지이리라. 서로 '언니, 동생' 하면서 스스럼없이 지내는 사이도 있지만 처음 만나는 어색한 사이도 존재한다. 결국 같이 민낯을 드러내고 만남을 시작하는 것이다.

내가 즐겨 낭송하는 시 구절이 있다. 정현종 시인의 시 『방문객』 중에서 '사람이 온다는 건 실은 어마어마한 일이다. … 한 사람의 일생이 오기 때문이다.'와 김춘수 시인의 시 『꽃』 중에서 '내가 그의 이름을 불러 주기 전에는 그는 다만 하나의 몸짓에 지나지 않았다 / 내가 그의 이름을 불러 주었을 때 그는 나에게로 와서 꽃이 되었다'이다. 참여하신 어머니들께 시를 낭송해드리면서 서로가 서로의 이름을 불러 주자고 했다. '누구 엄마'가 아닌 '진짜 당신'이 되어 서로에게 꽃이 되자고 했다. 돌아가면서 각자 자기소개를 하며 독서 동아리에 참여하게 된 계기도 함께 이야기 나누었다. 회사 다니느라 힘들지만 책이 좋아 반차 쓰고 오신 분도 계시고, 자녀 독서교육에 도움이 될까 해서 오신 분도 계셨다. 또 평소에 책 읽을 시간이 없다고 핑계대면서 책 읽기를 멀리 했었는데 이번 기회에 다시 책과 가까워지고 싶다고 하신 분도 계셨다. 뜨거운 박수로 '당신'의 용기에 힘을 북돋워 주고 본격적으로 독서 동아리에 대해 안내해드렸다. 그러고 나서 아주 중요한 일, 학부모 독서 동아리의 이름을 짓기로 했다. 우선 생각할 시간을 드리고 좋은 아이디어가 나오길 기다리고 있는데 한 분이 "북적긁적이 있으니까 우리도 '북'으로 시작하면 좋을 것 같아요." 하신다. 그랬더니 여러 어머님들이 북바이북, 북새통 등 다양한 의견을 던지신다. 그러다가 북클럽을 애기하더니 클럽 하니까 '부비부비' 생각난다며 한참을 웃으신다. 그때 내 머릿속에서 불현듯 '부비? 부귀!' 하는 생각이 떠올라 어머님들께 말씀드렸더니 "그럼 '부비부비' 말고 '북이부귀'는 어때요?" 하신다. 책 읽고 부자 되자는 뜻에서 말씀하신 거라고 이야기를 덧붙이셨다. 느낌이 왔다. 아주 좋다고 말씀드리고서 참여한 모두에게 의사를 물었다. 모두들 좋다고 하신다. 그렇게 탄생한 학부모 독서 동아리 이름이 〈북이부귀〉이다. 마지막으로 첫 모임 날짜를 안내드리고 첫 책을 알려드렸다. 시간적인 여유와 속도감 있는 진행을 위해 첫 책은 내가 미리 정해 온 것으로 했다. 한 작가의 두 작품을 서로 비교해 가며 읽으면 좋겠다 싶어서 『마당을 나온 암탉』으로 유명한 황선미 작가의 『들키고 싶은 비밀』과 『고작해야 364일』을 들고 나왔다. 주제가 하나로 엮어질 수 있는 부분이 있고 동화책이라 쉽게 읽힌다는 점에서 선택한 것이다. 부담 없이 읽고 편안하게 첫 모임에 오시면 된다고 말씀드리고서 첫 모임을 끝마쳤다. 열세 명의 사람책을 민낯으로 마주한 기분이 아주 색다르게 느껴지는 날이었다. 첫 스타트를 무사히 끊고서 다음 모임을 유쾌하게 상상하며 가벼운 발걸음으로 퇴근했다.

2. 진정한 부귀를 찾아 떠나는 북이부귀의 첫 독서 여행

홍콩 최고부자인 리카싱 청쿵그룹 회장은 아무리 재산이 많더라도 '바른 뜻'이 없는 사람은 가장 가난한 사람이라고 했나. 그리고 돈이 많아도 귀하지 않은 사람들이 많다고 하면서 진정한 부귀는 참된 속마음에 있다고 했다. 또 큰 부자는 세상에 베풀어서 부자가 되는 사람이라고 하였다. 나는 책을 통해 진정한 부

귀를 누릴 수 있다고 생각한다. 함께 책을 읽으며 진정한 부귀를 찾아가는 참된 독서 여행이야말로 슬로리딩이 추구하는 가치와 부합한다. 그리고 그 여행의 주체는 내가 되어야 한다. 이런 의미를 담아 나는 손수 책갈피를 만들어 보았다. 책갈피 속에 동아리를 상징하는 캐릭터와 슬로건, 캐치프레이즈를 담기로 했다. 앞면에는 캐릭터와 슬로건을 넣었는데 캐릭터는 성실, 지혜, 부를 상징하는 부엉이로 하였다. 해리포터에서도 부엉이는 슬기와 지혜를 가진 동물로 등장하는데 거기에 부의 이미지를 더한 부엉이 캐릭터가 마음에 쏙 들었다. 슬로건은 '함께 책을 읽으며 진정한 부귀를 찾아가는 참된 독서 여행'이라 하였고, 그 아래에 독서 여행의 주체와 마음의 중요성을 담아 'Book - I - Riches & Honors in heart'라고 영어로 풀이해서 넣었다. 뒷면엔 학부모 독서 동아리의 핵심 가치를 이야기하는 문장 세 가지를 써 넣었다.

하나. 함께 읽고 함께 나누어요.
둘. 좋은 책을 통해 우리네 삶을 들여다보아요.
셋. 말이 '틀리다' 가 아닌, 생각이 '다르다'를 이야기해요.

이렇게 해서 만들어진 책갈피를 북이부귀 어머니들께 선물로 드리면서 첫 책 모임이 시작되었다. 모임 진행은 자유독서토론의 형식으로 4~5명씩 테이블에 나누어 앉아 디스커션 중심의 활동을 주로 했다. 먼저 임길택 선생님이 시를 쓰고 백창우 선생님이 노래하신 시노래를 하나 들으며 동심에 젖는 시간을 가지며 시작했다. 그런 다음 책 읽은 소감을 전체가 모두 돌아가며 이야기한 후『들키고 싶은 비밀』과『고작해야 364일』두 동화책이 전하는 핵심 메시지, 공통점과 차이점, 내 아이가 꼭 갖추었으면 하는 단 한 가지에 대해 이야기 나누는 시간을 가졌다. 앞에서 말한 세 가지를 팀별로 자유롭게 이야기 나누며 4절지에 적어 발표해 보았다. 보기 좋게 커다란 세 잎 클로버 안에 각각 하나씩 써서 발표한 팀도 있고, 책 모양의 바탕그림에 이야기 내용을 간추려 써서 발표한 팀도 있었다. 누군가의 앞에서 발표한다는 것이 처음엔 다소 쑥스럽게 느껴지신다고 하셨는데 몇 번 하다 보니 괜찮다고 하셨다. 다음으로는 모두 같이 '가족에게 들키지 않은 비밀 또는 들키고 싶은 비밀 이야기'를 주제로 독서 대화를 나누었다. 남편에게 말하지 않고 몰래 새로 산 옷 이야기며 술 먹고 들어온 남편이 미워 얼굴에 사인펜 색칠해 놓고는 막내 아기가 그랬다며 시치미 뗐다는 이야기 등 누구나 한 번쯤 그래 봤을 공감 가는 얘기들로 웃음이 한가득 넘쳐흘렀다. 모두가 한참 웃고 떠드는 사이 시간은 벌써 한 시간을 넘기고 있었다. 이번엔 팀별로 '터치 마이 하트(Touch my heart)' 활동을 했다. 오르다 보드게임에서 약간의 아이디어를 얻은 건데 아주 간단하다. 팀별로 질문 쪽지가 있는데 각자 자기 차례가 왔을 때 질문 쪽지를 하나 골라 읽은 후 답변을 한다. 그리고 나서 자기가 뽑은 질문을 주고 싶은 다른 한 사람에게 주면 건네받은 사람이 또 답변을 한다. 이때 듣는 이는 이야기를 다 듣고 질문을 하거나 더 하고 싶은 얘기가 있으면 해도 된다. 아래에 있는 다섯 개의 질문 쪽지를 가지고 삼십 분 정도 왁자지껄하게 얘기를 나눈 것 같다. 나도 팀별로 돌아가며 곁에 앉아 이야기에 동참했다. 진솔한 자신의 과거 이야기에서부터 진지한 자녀교육에 대한 이야기까지 다양한 책 안팎의 얘기들이 펼쳐졌다.

▶ 난 이럴 때 내 아이에게 화가 난다.

▶ 어렸을 때 부모님께 가장 서운했던 적은 언제였나요?

▶ 『들키고 싶은 비밀』에서 엄마는 은결이에게 매를 듭니다. 당신이 은결이 엄마라면 어떻게 할 건가요?

▶ 자신이 어렸을 때 해 보고 싶었던 것을 자기 자녀에게 시켜 본 적 있나요?(그런 적이 없다면, 아이가 좋아하지 않는 걸 시켜 본 적이 있는가?)

▶ 『고작해야 364일』에 나오는 할머니처럼 집 나가고 싶을 때는 언제인가요?

마지막 활동으로 네모 게임이라고도 불리는 『한 줄 서평』을 했다. "들키고 싶은 비밀은 □□다." 또는 "고작해야 364일은 □□다."라고 말하는 것이다. 예를 들어, "들키고 싶은 비밀은 내 어린 시절의 소중한 추억이다. 왜냐하면 나에게도 간직하고 싶은 유년 시절의 비밀이 있기 때문이다."라고 말하는 방식이다. 모든 활동이 끝나고 소감 나누는 시간을 가졌다. 처음의 걱정과는 다르게 많은 어머니들께서 격하게 좋은 반응을 보여 주셔서 안심이 되었다. 참으로 오랜만에 책을 읽었는데 옆에서 책에 관심 없는 아들 녀석이 "엄마, 뭐 봐?" 하며 급 관심을 보여 함께 책을 봤다는 소감이 특히 인상적이었다. 그리고 많은 분들이 평소에 책을 읽고 이야기 나눌 자리가 없어서 답답하기도 했었는데 이렇게 마음 편하게 책 얘기를 나눌 수 있어서 너무나 행복한 시간이었다고 말씀해 주셔서 진심으로 감사했다. 그동안의 노력이 헛되지 않았음을 느낄 수 있어서 나 또한 행복한 시간이었다.

10월의 첫 모임이 끝나고 11월이 되었다. 두 번째 책은 어머니들의 추천을 받아 투표로 결정하기로 했다. 시집, 소설, 자기계발서 등 총 세 권의 책이 후보로 올랐는데, 그중에서도 잘 알려지지 않은 지동직 작가의 『배려』라는 책이 최종 선정되었다. 사실 나는 책 선정 과정에 전혀 개입을 하지 않았는데 우연찮게도 이 책이 선정되어 적잖이 놀랐다. 왜냐하면 우리 학교가 '바른 성품 리더를 키우는 행복한 교육'을 비전으로 하여 8성품 교육을 펼치고 있는데 그 8성품 중 11월의 성품이 바로 '배려'였기 때문이다. 우연의 일치라고는 하지만 학부모 독서 동아리에서 학교가 추구하는 성품과 깊이 관련된 책을 선정해서 함께 읽는다는 것 자체가 나에겐 굉장히 고무적인 일이었다. 부지런히 책을 읽고 또 읽으며 함께 나눌 이야깃거리를 준비했다. 오후 2시 30분, 거의 대부분 학교 도서실에 모이신 가운데 이미지 게임으로 포문을 열었다. 4~5명씩 3개의 테이블에 나누어 앉아 팀별로 하는데, 내가 '가장 배려를 잘 할 것 같은 사람은? 하나, 둘, 셋!' 하면 손가락으로 그 이미지에 가장 잘 어울릴 것 같은 사람을 지목하는 게임이다. '다른 사람으로부터 배려를 가장 많이 받을 것 같은 사람은?' 등의 몇 가지 이미지 질문으로 재미있게 시작을 열었다. 역시나 화기애애한 분위기 속에서 참여자들의 입은 술술 열리기 마련이다. 두 번째로는 『장자(莊子)』「지락(至樂)」편에 나오는 우화를 잠깐 소개하면서 배려에 대해 간단히 언급한 뒤, '내 마음의 밑줄'이라고 해서 인상 깊은 구절과 그 이유를 전체가 같이 이야기했다. 세 번째로는 팀별로 '배려의 역설'이라는 테마로 4개의 주어진 문장에 대해 대화 또는 토론의 시간을 가졌다.

① 아이를 배려한다는 것은 무엇일까?(배려와 우려 사이)
② 지나친 배려가 때로는 불편할 때가 있다.

③타인을 배려하다 보면 내 감정에 솔직하지 못하게 될 때가 있다.

④다른 사람을 배려하면 내 몸이 힘들어질 때도 있다.

아이를 배려한다는 것이 어찌 하다 보면 예의 없는 아이로 자라게 할 때가 있는데 배려와 우려 사이에서 헷갈릴 때가 많다고 고백한 어머니의 얘기는 지금도 기억에 크게 남는다. 참여하신 어머니들은 이렇게 배려의 긍정적인 면만을 바라보지 않고 "과잉배려의 불편함을 어떻게 바라볼 것인가?", "내가 베푼 배려는 상대가 진정으로 원한 배려였을까?", "베풀었지만 서로가 불행해질 수도 있지 않을까?" 등의 질문을 계속 해 나가며 배려의 본질을 찾기 위한 대화와 토론에 열을 올렸다. 얼마쯤의 시간이 흘렀을까. 여기저기서 새어 나오는 탄식과 웃음소리를 정리하고 전체 토론의 시간을 갖자고 했다. 책 속의 내용 중에서 '돈을 빌려주려면 돌려받지 않아도 되는 금액 정도만 빌려주어야 한다.'는 부분에 대해 즉석에서 찬반 토론을 열고 마지막에 현명한 해결책을 찾아보는 디스커션으로 마무리했다. 사실 이건 얼마의 돈을 빌려주고 몇 년째 돌려받지 못하다가 나중에 겨우 돌려받았던 나의 실제 경험담을 가지고 책 속의 내용과 연결 지어 만든 논제였다. 많은 분들이 현실 속의 상황과 친구라는 입장에 대해 다각도에서 이야기를 조명해 주셔서 고마웠다. 다음으로는 남들이 나를 어떻게 대해 주기를 바라는지 얘기해 보기로 했다. 베푸는 이와 베풂을 받는 이 쌍방의 행복을 지향하는 것이 배려이므로 상대방을 생각하며 나의 입장에서 말해 보자고 했다. 너무 어렵게 얘기하기 보다는 상대가 나를 기억하기 쉽게 얘기하면 좋을 것 같다고 덧붙였더니 역시 어머님들의 말씀은 청산유수이다. 다시 팀별 활동으로 돌아와 이번엔 모둠 문장 만들기 토론으로 '배려'를 주제로 한 모둠 시를 써 보았다. 『아름다운 가치 사전』이라는 책에 나오는 배려에 대한 나름의 정의에 관해 예시를 들려주고서 각자 배려란 무엇이라고 생각하는지 한 문장씩 쓴 후 그걸 모아서 모둠 시를 완성해 보도록 했다. 다들 멋들어지게 완성된 모둠 시 한 편 한 편에 갈채와 박수를 보내주었다. 끝으로 1독 1행을 실천하기로 하고 유머쪽지 쓰기를 해 보았다. '세상에서 가장 맛있는 감은? 자신감! 그렇다면 가장 맛없는 감은? 열등감! 우리 가족 모두 행복감을 베어 물고 오늘 하루도 행복하게 보내요!'와 같이 배려가 담긴 유머쪽지를 써서 집 안 가장 잘 보이는 곳에 붙여 놓는 것이다. 두 시간 정도의 시간 동안 '배려'라는 하나의 주제에 대해 정말 깊은 이야기를 많이 나누었다. 끝으로 소감 나누기를 할 때 어떤 분은 그동안 남편을 많이 미워했었는데 이제 그 사람 입장에서 좀 더 배려해 주어야겠다는 생각을 하게 되었다고 하셨다. 나도 아내 생각이 났다. 내가 원하는 걸 상대에게 억지로 해 주는 게 배려가 아니라, 상대가 원하는 걸 즐겁게 해줌으로써 나와 당신이 함께 행복해지는 것이 배려라는 걸 깨달을 수 있는 의미 있는 시간이었다.

3월을 제외하고 일 년 중 가장 바쁜 달이기도 한 12월에 세 번째 책모임을 열었다. 기시미 이치로와 고가 후미타케가 지은 『미움받을 용기』라는 책으로 독서토론을 하기로 했다. 아들러 심리학을 두고서 철학자와 청년이 펼치는 대화와 토론을 실감나고 박진감 있게 읽어 나갈 수 있어 어머니들의 강력한 추천을 받아 선정되었는데 걱정이 조금 앞섰다. 아무리 재밌는 책이라 하더라도 그 안에 내용이 철학적이다 보니 자칫 어렵고 무겁게 흐르지 않을까 하는 걱정이 되었던 것이다. 이걸 쉽게 풀어내는 것이 또한 내 몫이겠거니 생각하고 준비했다. 그런데 아니나 다를까. 생각했던 것보다 어머니들의 입은 꽤나 무거웠다. 이전

의 분위기와는 조금 다르게, 이끌어 가는 나도 쉽지 않았다. 자꾸만 부연 설명을 하다 보면 진행자가 말이 길어지고 그러다보면 너무 꼬여서 지루해질 수 있기 때문에 신경이 좀 쓰였다. 그래도 열등감에 대해 이야기하며 가치수직선 토론을 할 때는 좀 나았다. 각자의 포스트잇에 1부터 10까지의 숫자 중에서 자신의 열등감 지수를 나타내고 그 이유를 써서 화이트보드 판에 붙이도록 했다. 높은 점수와 낮은 점수, 그리고 중간 점수를 왔다 갔다 하며 열등감에 대해 이야기를 나누었다. 자신의 민낯을 완전히 드러내기 어려워하는 분도 계셨지만 대체로 진솔하게 이야기에 동참해 주셨다. '함께' 하는 힘은 역시 세다.

학부모님들과 함께 한 첫 독서 여행은 세 번의 모임을 끝으로 안녕을 고했다. 어머니들끼리 방학 때 자발적으로 모이시면 참 좋겠다는 바람이 있었지만 강요할 수 없는 부분이어서 마음속에만 담아 둔 채 마무리를 했다. 한 달 동안 책을 읽고, 다시 한 자리에 모여 이야기를 나누며 또 책을 들춰 보고, 집으로 돌아가 나눈 이야기를 생각하며 또다시 책을 떠올리는 이 시간들이 참 소중하게 느껴졌다. 해질 무렵 차창 밖을 내다보며 함께 가는 길 위의 시간과 공간을 바라본다. 시간과 공간은 길 위에서 또 다른 모습으로 펼쳐진다. 어느 누군가에게는 한 번의 책 읽기로 끝날 수 있지만, 또 어느 누군가에게는 책을 천천히 곱씹어 보게 되는 슬로리딩으로 이어질 수도 있다. 길은 당신의 선택이다. 시간과 공간은 주어진 것이라 볼 수도 있지만 만들어 갈 수도 있는 것이다. 함께 가자.

3. 슬로리딩, 미래의 가장 고전적인 책 읽기

조선 시대 명재상 서애 유성용은 늘 자녀들에게 "정밀하게 사색하고 익숙하게 읽어서 자기의 것이 되도록 하라"고 말하였다고 한다. 또한 독서를 게을리 하는 자녀들에게 "너희는 모두 「맹자」를 읽었느냐? 학문은 깊이 사색하고 자세히 질문하는 것을 중요시하는데, 너희들은 언제나 사색을 깊이 하지 않기 때문에 의문이 생기지 않으며, 궁금한 점이 없기 때문에 질문을 하지 못하는 것이다. 만일 이와 같이 한다면 책을 많이 읽는다 한들 무슨 도움이 되겠느냐, 진정으로 노력하기 바란다."고 했다. 어쩌면 이미 오랜 옛날부터 슬로리딩이란 것이 존재했다고 볼 수도 있다. 질문과 사색을 통해 깊이 책을 읽는 것 자체가 슬로리딩의 밑바탕이라 할 수 있기 때문이다. 입이 마르고 닳도록 읽고 또 읽는 모습, 읽다가 모르는 것이 있으면 "이것은 무엇을 말하는 것입니까?"라고 묻는 모습, 책 속의 내용을 실천해 보다가 막혔을 때 "이것은 직접 해 보니 뭔가 맞질 않아. 이럴 땐 어찌 해야 할까?" 하며 해답을 찾아가는 모습들을 이미 옛 시대의 흔적에서 쉽게 찾아볼 수 있다. 또 그럴 때마다 부모 또는 선생이 곁에서 질문과 사색과 책을 연결 지을 수 있도록 돕는 모습도 정약용과 같은 위인의 발자취에서 충분히 발견해낼 수가 있다.

제 4차 산업혁명의 거대한 물결이 밀려오고 인공지능으로 대표되는 AI열풍이 불고 있는 요즘, 토론이 미래의 가장 고전적인 교육법이라면 슬로리딩은 미래의 가장 고전적인 독서법이 될 것이다. 책을 안 읽고도 책을 읽은 것처럼 학생부종합전형에 올리는 페이크 독서(가짜 독서)가 만연한 지금의 시대에 슬로리딩은 경종을 울린다. 책을 깊이 읽은 사람과 읽은 척하는 사람은 하늘과 땅 차이다. 얼굴을 마주하고 5분만 대화를 나눠 보아도 웬만하면 금방 알아차릴 수

있다. 이미 많은 기업들이 독서를 도입해 미래 지향적인 독서 경영을 펼치고 있다. 이런 기업에 면접을 보러 갔는데 면접관이 책에 대해 깊이 물어보았다고 가정해 보자. 책을 눈으로만 보고 허투루 읽어온 사람이 과연 얼마나 진정성 있게 답할 수 있을까.

부모가 책을 읽는 모습에서 아이들은 중요한 것을 읽어낸다. 평소에 책을 읽지 않았던 부모라면 더욱 그렇다. '아니 왜 갑자기 책을 보시는 거지?', '도대체 무슨 책을 저렇게 열심히 읽으시는 걸까?' 하는 의문에서 "엄마, 무슨 책 읽어요?", "아빠, 그 책 재밌어요? 무슨 내용이에요?" 하는 질문으로 이어지다가 서서히 독서에 물들어 가는 아이들을 나는 그동안 무수히도 많이 봐 왔다. 또 아이들이 읽는 책을 곁에서 물끄러미 바라보다가 한 마디씩 툭 하고 말을 건넬 때마다 선생님의 관심에 부끄러워하며 웃음 짓던 아이들도 많이 만났다. 해가 바뀌어 학부모 독서 동아리가 두 살이 되었을 때 나는 학부모가 가정에서 책 읽기를 즐기고 아이들도 덩달아 책 읽기를 즐기는 모습이 점차 확산되어 가기를 바랐다. 그리고 이제는 책을 좀 더 천천히 깊이 읽어 나가길 바라는 마음이 커졌다. 미래의 가장 고전적인 독서법을 지금 실천해 보겠다는 진취적인 마음 말이다. 그런 마음으로 북이부귀 2기를 맞이하였다.

4. 슬로리딩의 꽃, 독서토론

북이부귀 2기 멤버는 대폭 바뀌었다. 열세 명의 어머니들 중에서 두 명만이 남으시고 새로 여섯 명이 들어오셔서 여덟 명이 되었다. 다섯 명이 줄었다. 속으로 별별 생각이 들었다. '내가 너무 부담스럽게 했나? 책 읽기가 힘드셨나?'

하는 생각에 잠시 주눅 들기도 했다. 하지만 이 또한 받아들이고 감수해야 할 부분이라 생각하고 금방 떨쳐 버렸다. 나 자신을 속여 가며 모두의 입맛을 맞추고 싶지는 않았다. 여덟 분의 어머니들과 함께 2기 첫 책모임을 열었다. 세계 3대 단편 작가인 모파상의 단편소설 『목걸이』를 한 쪽씩 돌아가면서 그 자리에서 낭독했다. 읽는 시간이 15분 정도 걸린 것 같다. 실감나게 목소리 연기를 펼치시는 한 어머니의 육성이 귓가에 맴돈다. 이렇게 함께 낭독을 하니까 소설 속의 분위기가 훨씬 더 피부에 가깝게 느껴지는 듯하다. 특히 "내 것은 가짜였어. 고작해야 5백 프랑짜리였는데!" 하는 마지막 반전 부분을 낭독할 때 어머니들이 내뱉은 탄식은 지금도 잊히지 않는다. 낭독 후 우리는 목걸이가 가진 상징성과 여성의 사치에 대해 이야기를 했다. 그리고 만약 당신이 주인공이라면 목걸이를 잃어버렸을 때 어떻게 할 것인지, 마지막에 사실을 알고 나서 그 이후에 주인공의 삶은 어떻게 바뀌었을지 상상하며 대화를 이어 나갔다. 끝에는 이 이야기의 종착역이라 할 수 있는 '허영심'에 대해 본질적인 접근을 해 나가고자 했다. 특히나 2기에 새로 오신 분 중에서 아직 본교 재학생의 어머니가 아님에도 불구하고 친구의 권유와 자발적인 동기로 오신 젊은 어머니가 계셨는데 상당히 독서력이 있으신 분이어서 이야기를 풀어 나가는 데 긍정적인 역할을 해 주셨다. 앞으로의 활약도 기대가 되는 분이어서 나의 전투 의지를 불타오르게 해 주시기도 했다. 확실히 이런 분이 한 분 계시면 적재적소에 이야기를 잘 연결해 주어서 진행이 매끄럽게 잘 된다.

어머님들은 일 년 동안 다양한 분야이 책들 을 힘께 읽사고 했다. 그래서 우린 아래 정리된 것처럼 총 일곱 번에 걸쳐 독서토론을 했다.

북이부귀 독서토론 일정 및 도서

날짜	책 제목	지은이	분야
4월 26일(화)	목걸이	기 드 모파상	문학(고전-단편)
5월 24일(화)	프레드릭	레오 리오니	그림책
6월 21일(화)	달과 6펜스	서머싯 몸	문학(고전-장편)
7월 19일(화)	앵무새 돌려주기 대작전	임지윤	동화
9월 29일(목)	5가지 사랑의 언어	게리 채프먼	에세이
10월 27일(목)	하브루타로 크는 아이들	김금선	교육
11월 29일(화)	단속사회	엄기호	사회과학

　진행 방식도 활동 중심이던 첫 해와 다르게 논제 중심으로 편안하게 둘러앉아 자유롭게 이야기 나누는 방향으로 바꾸었다. 1학기 때는 도자기 작업으로 바쁘신 한 분을 제외하고는 거의 대부분 꾸준히 참여해 주셨다. 그런데 2학기 때 학교 사정으로 인해 모이는 날을 화요일에서 목요일로 바꾸었더니 상당수 분들이 개인 일정과 겹쳐 빠지시는 바람에 적을 때는 네 명이서 하기도 했다. 그래도 단 한 번도 빠지지 않고 꼭 참석하시는 열정적인 어머님이 두 분이나 계셔서 위안을 삼을 수 있었다.

　우리는『프레드릭』을 읽으며 들쥐들의 꼬리 방향이나 돌의 크기 등 그림 속에 숨겨진 것들을 찾아내 의미를 부여하기도 했고,『달과 6펜스』를 읽으며 주인공인 스트릭랜드의 태도와 행동에 공감의 표식을 새기기도 했다.『앵무새 돌려주기 대작전』에서는 명언과 인생, 착한 딸 콤플렉스에 대해 진지하게 토론했고 『5가지 사랑의 언어』에서는 배우자를 이해하고 받아들이는 인정의 시간을 가졌다.『하브루타로 크는 아이들』을 읽을 땐 하브루타 교육협회 양동일 상임이사의 강연을 듣고 나서 가정에서의 하브루타 자녀교육에 대해 열띤 토론을 벌였다. 마지막으로 토론했던 책 『단속사회』는 당시 대통령 탄핵 집회로 사회적 분위기가 뜨거웠던 때여서 국가폭력에 대한 이야기를 하기에 딱 좋았다. 더불어 가족과 이웃으로 범위를 좁혀 기획된 친밀성, 우정의 관계에 대해서도 밀도 있는 의견을 나누었다.

책을 읽는 과정은 독서토론이라는 결과의 시간으로 이어졌고, 독서토론이 끝나면 다시 그 책을 집어 들어 또 읽게 되는 과정으로 돌아가곤 했다. 이런 선순환 구조의 알고리즘이 책을 천천히 거듭해서 읽게 되는 일련의 패턴으로 자리 잡혀 갔다. 독서토론이 슬로리딩을 하는 데 있어 아주 큰 역할을 한 것이다. 독서토론은 건축과도 같다. 디자인과 설계가 중요하지만, 아무리 멋진 집을 짓고 인테리어를 잘해 놓아도 사람이 찾지 않으면 결국 공간은 살아나지 않는다. 그리고 독서토론은 어디로 튈지 모르는 생물과도 같은 것이다. 단어 하나에 인생의 의미를 집약하기도 하고, 문장 하나에 회한의 눈물방울을 떨어뜨리기도 하며, 여기저기 나 있는 샛길 위에서 삶의 파노라마를 그려내기도 한다. 마지막으로 슬로리딩을 식물에 비유하자면 뿌리는 이야기, 줄기는 책, 가지는 샛길, 잎은 울림이 있는 단어와 문장들, 그리고 꽃은 독서토론이라고 할 수 있겠다. 뿌리가 튼튼해야 줄기가 잘 자라는 것처럼 이야기가 튼실해서 아름다움과 깊이를 품고 있어야 책을 제대로 잘 읽을 수 있다. 또한 줄기에서 여러 가지가 뻗어 나가듯 책에서 여러 샛길로 빠지며 한 단어 한 문장의 울림이 있는 잎이 무성히 자라난다. 그리고 이 모든 과정의 끝에 앞의 것들을 함께 끌어안는 독서토론을 하면서 마지막으로 꽃을 피워낼 수 있는 것이다. 꽃이 진 자리엔 의미 있는 열매가 맺히고 또 다시 이야기 씨가 남아 새로운 봄을 맞이할 준비를 한다. 슬로리딩은 결국 이야기(story)이다.

S.L.O.W 리딩

다섯째 마당

낯선 책으로 만드는
낯익은 대화,
S.L.O.W 리딩 독서모임

장미영

책, 그리고 벗들을 만나다

1. 낯선 도시, 무모한 도전

교직생활에서 처음으로 맞는 3년이라는 휴식기, 그리고 중국의 북경이라는 낯선 도시에서 시작된 나의 일상. 그런 나를 가장 당황스럽게 만들었던 것은? 역시 언어문제였다. 생긴 모습은 우리와 비슷한데 그들의 입에서 나오는 중국어는 중국인들에게 나를 '과묵한 사람'으로, 나에게 중국인들을 '두려운 사람'으로 만들어 버렸고, 나는 본의 아니게 듣지도 말하지도 못하는 사람이 되어 버렸다.

북경살이 처음 1년은 아침에 아이들을 학교에 보내고, 나 역시 중국어 책을 챙겨 학교에 가는 것으로 시작되었다. 그렇게 반나절을 중국어와 씨름하고 돌아오면 아이들의 하교시간, 다시 아이들의 엄마로 너무나 열심히 살았다. 그렇게 1년이 지난 후 나의 중국어 실력은 많이 늘었을까? 슬프게도 그저 원하는 것을 먹고, 택시나 버스를 탈 수 있고, 중국 사람들이 조금 무섭지 않은 정도? 딱 서바이벌 중국어의 경지였다.

그때 찾아온 또 하나의 위기! 중국어의 수준이 중요한 것이 아니라 나의 한국어의 수준도 덩달아 생활회화 수준으로 낮아지고 있다는 믿기 어려운 현실이었다. 그도 그럴 것이 그때 나의 일상에서는 중국어, 영어, 심지어 한국어까지도 사고를 요하는 높은 수준의 단어나 문장을 구사할 일이 전혀 일어나지 않고 있었으니 어찌 보면 당연한 일이었는지도 모르겠다. 40년 넘게 내 나라에 살면서, 현장에서 아이들을 가르치면서, 연수와 공부를 끊이지 않고 지속해 온 나에게 이런 상황이 오리라 예상이나 했었을까? 어찌됐든 죽어 가는 나의 우리말 능력에 응급처치가 절실한 순간이 오고야 만 것이다.

▌고.소.미! 독서모임 무작정 시작하기

때마침 나의 북경살이에 늘 도움을 받는 네이버 모 카페에 인문학을 함께 읽고 싶은 사람들의 모임을 만들자는 어떤 이의 글이 올라왔다. 나중에 알게 된 사실이지만 글을 올렸던 이는 내 딸과 같은 학교, 같은 학년 남학생의 엄마였고, 지금까지 3년 가까이 함께하고 있는 우리 〈고.소.미(고전을 읽는 소소한 재미)〉 멤버이기도 하다. 어찌됐든 그 카페에서 불특정 다수를 향한 독서모임 제안에 응답한 사람은 몇 되지 않았다. 지금 우리들의 삶은 한국, 중국 상관없이 자신 앞에 주어진 일들로 모두 바쁘기에…

독서모임 제안 후 일단 첫 모임이 정해졌고, 그 당시 나는 그 모임에 발을 담글까 말까 저울질을 위해 모임에 참석하였다. 참석한 연령대는 30대 초반부터 50대 초반까지 꽤 차이가 있었고, 북경살이 초보 몇 개월부터 10년차에 이르기까지 다양하였다. 오래된 이들 중에는 이번 독서모임이 처음이 아니라 2번째 혹은 3번째인 사람들이 있었는데, 대부분 일 년 이상 지속되지 못해 이 모임도 오래 갈 수 있을지 확신을 갖지 못하는 분위기였다. 그 당시 나도 2년 후면 돌아갈 예정이었으며, 해외에 이민을 온 경우가 아니고서는 대부분 한국으로 돌

아갈 계획들을 갖고 있는 사람들이었기에 이곳에서의 독서모임은 몇 년 이상 지속될 수 없는 한계를 처음부터 갖고 있었다. 이런 지속성의 한계는 사실 한국에 있는 여러 모임들도 가지고 있는 문제일 것이다. 개인사정, 회사사정, 회원들의 성향, 모임의 성격 등등 그 이유는 다르겠지만 말이다.

첫 모임에서 우리는 독서모임의 횟수, 진행 방식, 그리고 가장 중요한 책의 선정에 관하여 이야기를 나누었다. 일단 모임 횟수나 진행방식은 어떤 책을 선정했느냐에 따라 의논할 수 있는 사항이었으므로 책 선정 방식에 대해 의견을 나누는 데 꽤 오랜 시간을 할애했던 것으로 기억한다. 철학, 역사, 사회, 문학에 관련된 다양한 책들을 읽자는 의견과 시작은 쉽고 편하게 회원마다 좋아하거나 재미있었던 책을 추천해서 함께 읽어 보자는 의견으로 나뉘었다. 결국 책모임이라는 것이 일단 책을 읽어야 이루어질 수 있다는 데에 합의를 하고, 시작은 부담스럽지 않게 재미있게 읽었던, 혹은 재미있을 것 같은 문학작품을 각자 추천하기로 하였다. 그리고 2주에 한 번. 선정된 책의 발제는 모두 한 가지씩 공동 밴드에 올리기로 하였다. 책을 추천한 사람이 자유토론의 방식으로 진행하는 것으로 하며, 모임과 관련한 공지 및 책의 후기는 모임의 총무가 맡기로 하였다.

시작을 준비하는 지금의 우리들처럼 일반인들이 참여하고 있는 독서모임들 대부분이 처음에는 열의를 갖고 시작한다. 그러나 선정된 책이 자기 마음에 안 들어 읽기 싫었다거나 미처 다 읽을 시간의 여유가 없었다거나, 혹은 진행하는 방식이 나와 맞지 않아서 등의 이유로 처음과 다르게 시들해지는 경우를 많이 보아 왔다. 우리의 우려 역시 같은 것이었으나 '시작이 반'이라고 첫 모임 때 결정한 사항을 토대로 일단 시작하기로 하였다. 준비 모임 마무리 전, 독서모임의 이름을 정해 보자 했는데, 마침 누군가 사 온 '고소미' 과자를 보고 즉석에서 만들어낸 이름, '고전을 읽는 소소한 재미, 일명 고.소.미'로 모임의 시작을 알렸다. 이런 이름을 내가 생각해 냈다는 건 널리 알리고 싶은 비밀!

▌고.소.미! 인문학으로 강해지기

고전을 읽는 소소한 재미, 진정한 고.소.미가 되기 위해 우리는 어떤 노력들을 했을까? 3년이라는 시간이 흘러 단단함과 끈끈함으로 맺어진 지금에 이르기까지 그 과정이 그리 쉽지만은 않았다.

2015년 2월 12일 첫 모임부터 우리는 '오래가는 모임, 서로 배우는 모임, 색깔 있는 모임'을 만들어 가자고 서로를 세뇌시켰다. 8명의 회원들이 1~2권의 책을 추천하여 10권이 넘는 책들이 후보에 올랐으나 그중 읽을 만하다고 모두가 공감하는 책 6권을 2015년 상반기 도서들로 선정하였다.

2015년 상반기 선정도서

	책 제목	작가		책 제목	작가
1	조화로운 삶	헬렌 니어링	4	멋진 신세계	올더스 헉슬리
2	그리스인 조르바	니코스 카잔차키스	5	테레즈 라캥	에밀 졸라
3	자기 앞의 생	에밀 아자르	6	종의 기원	찰스 다윈

첫 분기의 모임은 비교적 순조롭게 진행되었다. 다만 교육현장에서 찬반토론으로 입장을 정리하여 주장하고, 근거를 내세우고, 반박하고, 정리하는 식의 토

론교육에 한참 빠져 있던 나에게 자유토론의 방식은 별로였다. 질문하고, 대답하고, 자신의 삶에 대해 이야기하는 진행 방식은 가끔은 지루하고, 끝이 없는 말장난같이 느껴지기도 했다. 지금 생각해 보면 그 또한 서로가 서로에게 맞춰가는 과정이었으며, 자유토론의 방식이 얼마나 매력적인 책 읽기의 방법인지 진정으로 알게 되는 과정이기도 했지만 말이다.

상반기를 마치고 회원들 대부분이 학부모였기에 하반기는 여름 방학이 끝나고 9월부터 시작하기로 하였다. 방학 전 마지막 모임은 지난 활동에 대한 간단한 평가와 하반기 도서추천으로 진행하였다.

2015년 하반기 선정도서

	책 제목	작가		책 제목	작가
1	정의란 무엇인가?	마이클 샌델	6	생각의 탄생	로버트 루트번스타인
2	호밀밭의 파수꾼	제롬 데이비드 셀린져	7	페스트	알베르 카뮈
3	총,균,쇠	제레드 다이아몬드	8	혁명의 시대	에릭 홉스봄
4	행복의 정복	버트런드 러셀	9	백 년 동안의 고독	가브리엘 가르시아 마르케
5	앵무새 죽이기	하퍼 리			

상반기 때와 달리 9명이 모두 한 권씩 추천하기로 하고 덧붙여서 작품명, 작가, 국가명, 출판사, 출판년도, 추천 이유까지 자세하게 설명하도록 하였다. 앞서 읽은 도서들이 문학에 치우쳐 있었으니 다양한 분야로 추천하자는 의견을 받아들여 경제나 철학 관련 도서를 섞어 9권의 도서를 선정하였다.

그러나 하반기를 시작하기 전 개인 사정으로 두 명의 회원이 비게 되었다. 회원들의 탈퇴와 새로운 회원의 영입은 우리가 앞으로 계속해서 부딪쳐야 할 문제였으나 이렇게 빨리 직면하게 될 줄은 미처 몰랐다. 적절한 해결책을 찾지 못하면, 우리 모임은 다른 독서모임들과 똑같이 사라져 버릴 수도 있다. 그냥 이대로 지속할 것인가? 새로운 회원을 받아들일 것인가? 독서모임이 시작된 지 얼마 되지 않았지만 기존의 회원들은 새로운 회원을 받아보자는 제안에 선뜻 마음을 열지 못했다. 어른이 되어 가면서 나도 모르게 치는 자기 방어용 울타리 같은 것일까? 처음 시작 못지않게 그것 또한 우리에겐 새로운 도전이었던 것이다.

새로운 회원을 받아들이기로 했다. 북경살이 카페에 고소미에 대한 간략한 소개와 함께 다음 분기 읽을 책을 공개했다. 또한 모임 일시와 진행방법, 그리고 단 두 명만 회원으로 가입가능하다는 공지까지 함께 올렸다. 며칠 후 정말 책을 좋아하는 두 명의 회원이 새로 들어왔다. 지금은 처음 멤버인지 새로 들어온 사람인지 모를 정도로 열심인 이 회원들은, 나중에 알게 되었지만 각각 중어중문과 러시아 문학을 전공한 인재들이었고, 종종 나의 독서력을 좌절하게 만들고 도전하게 만드는 그런 사람들이었다.

시작한 지 녁 달 만에 다시 새로운 고소미를 완성하였다. 모임의 회장과 총무도 새롭게 선출하였다. 이전과 달라진 점은 총무가 늘 올리던 후기를 이제 책을 추천한 사람이 하기로 하였고, 그 책을 토론하는 그 시간의 주인이 되어 발제하고 진행하기로 했다는 것이다. 물론 책을 꼭꼭 씹어서 읽고 메모해 오고, 모임 전 관련 영화나 신문기사, 관련 역사 스크랩 등의 일은 회원 모두의 필수과제가 되었다. 물론 누가 하라고 시킨 것이 아니었다. 가르침을 받는 학생이나 학교의 행사에 참여하는 학부모가 아니라 책을 좋아하는 온전한 어른으로서 적극적이고 주도적인 고소미가 되어 가고 있었던 것이다.

2015년, 2016년, 그리고 2017년 지금 우리의 고소미는 막강하다. 우리만의 이야기, 낯선 도시에서 펼친 그 막강한 활약상을 이제부터 풀어 보려고 한다.

2. 벗들과 여행을 떠나다 /『열하일기』속 박지원 따라가기

▌열하로 떠나기 전 짐 챙기기(2016년 1월~2월)

박지원 저, 김혈조 옮김,
『열하일기』, 돌베개, 2009.

2016년 상반기 우리의 책 읽기 활동은 책 속으로 직접 들어가는 '책 탐방 프로젝트'로 정하였다. 낯선 도시 북경에서 살면서 이곳의 책모임만이 할 수 있는 특권을 맘껏 누려 보기로 한 것이다. 그래서 선정한 책이 연암 박지원의 『열하일기』였다.

열하로 떠난 그때 박지원의 나이가 44세, 그래서 더 정감이 가는 것일까? 아니면 내가 굳이 정감을 가지려고 하는 것일까? 아무튼 연암의 뒤를 따라 우리만의 『열하일기』를 완성해 보기로 하였다. 책을 읽고 탐방하기까지 6개월 정도의 기간이 걸릴 것으로 예상하였다. 그동안 책을 읽고, 우리나라와 중국의 역사를 공부하고, 박지원이 찾아간 곳을 직접 따라가 보는 우리만의 대형 프로젝트! 그렇게 내가 44세가 되던 해 2016년, 박지원을 따라가는 우리들의 열하일기가 시작된 것이다.

혼자서 꼼꼼하게 책 읽기

대부분의 회원이 일반인이기 이전에 학부모이기에 우리에게는 자녀들의 방학 기간에 맞춰 휴식기라 부를 수 있는 긴 독서의 시간이 주어진다. 보통 그 시간에 책을 읽을 수 있도록 방학 전에 다음 분기 독서 목록을 정하게 되는데, 이번 방학 때 우리는 『열하일기』를 위한 독서와 공부의 시간을 갖기로 하였다. 물론 책을 읽으면서 탐방할 장소를 선택하고, 탐방의 방법 등에 대한 고민까지 우리가 풀어야 할 방학 숙제였다. 한 권도 아닌 세 권으로 이루어진 『열하일기』를 꼼꼼하게 읽고 방학숙제까지 하기에 2개월은 그렇게 충분하지 않았다. 그렇지만 회원들 모두 탐방에 대한 부푼 희망으로 어느 때보다도 열심히 책에 몰입하며 방학을 보냈다.

'배경부터 역사까지' 함께 공부하기

『열하일기』 탐방을 떠나기 전 우리는 『열하일기』가 어떤 배경 속에서 탄생했는지를 알아보았다. 〈TV평생교육 특강; 고미숙의 길 위, 자유, 열하일기 1~6편〉을 시청하고, 『열하일기』와 관련된 여러 블로그와 자료들을 읽었다.

『열하일기』를 쓴 연암 박지원의 삶은 영조 후반부터 정조 시대까지 이어진다. 그가 살아 간 영·정조 시대는 우리나라의 르네상스 시대라고 일컬어지지만 당파간의 정쟁이 심한 시기이기도 하였다. 정조 시대는 '연암 박지원'과 함께 '다산 정약용'이 살았던 시기로 이 두 천재로 인해 그 시대는 더 빛이 났다. '연암'은 그 당시 권력이 쟁쟁했던 노론집안 출신으로 집안 배경도 훌륭하였으며, 정해진 출셋길이 보장된 사람이었다. 그러나 그는 당파에 말리기 싫어서였는지 과거시험도 보지 않고 그저 평범한 선비로서 글 쓰고, 공부하고, 넘쳐 나는 시

간을 자신의 사상을 정리하고 그렇게 살았다고 한다.

우리가 탐방하기로 한 『열하일기』는 1780년 연암 박지원이 44세의 나이에 쓴 여행 기록문이다. 과거 시험을 포기한 10대부터 열하로 여행을 떠난 44세까지 연암은 정말 열심히 친구들과 놀았다고 한다. 그때 그의 친구들은 홍대용, 이수광, 박제가 등 우리에게 매우 익숙한 실학파들이다. 우리가 생각하는 그냥 그런 친구가 아니다. 그들은 서로 어울려 놀기 위해 파고다 공원 근처에 모여 살며 '백탑 청연파'를 결성하였고, 노는 방법은 서예(글쓰기), 악기연주 등이었다고 하니 정말 그들이 놀았던 거 맞나 싶다. 이렇게 놀던 중 그들은 새로운 지식에 목말라하게 되었고 마침 청나라 문명에 대해 알게 되면서 그 문명을 본받아야 한다는 '북학파'의 주축이 된다.

그 당시 연암의 친구들은 그래도 관직에 있어 중국 여행 한 번쯤은 다들 다녀왔었다. 그들과 달리 연암은 한 번도 못 가 봐서 아쉬워하던 중, 마침 황제의 70세 생일에 사절단으로 가게 된다. 물론 사절단에 끼게 된 것도 그의 삼종형(영조의 사위이자 연암의 8촌형)이 자제관으로 동행하도록 하는 든든한 뒷배경 덕분이었다. 이렇게 떠난 열하로의 여정은 장장 6개월, 약 3,000리에 가까운 무척 긴 여행이었다. 그럼에도 불구하고 연암이 여정의 기록들을 이렇게 자세하고 생생하게 기록할 수 있었던 이유는 무엇이었을까? '연암'이 사절단 내에서 특별하게 맡은 역할이 없었다는 것이 가장 주요한 이유였다고….

『열하일기』 탄생의 이야기를 함께 나누다 보니 연암이 『열하일기』를 썼을 당시 중국과 우리나라의 역사에 대해 알아야 할 필요를 느꼈다. 마침 역사를 좋아하고 역사에 해박함을 갖고 있는 한 회원이 있어 관련 역사자료를 준비하기로 하였다. 그리고 탐방을 떠나기 전, 사전모임에서 장장 2시간이 넘는 긴 시간에 걸쳐 그 역사 자료들에 대한 강의와 질의응답이 이루어졌다. 회원들 각각의 전공이 모두 다르기 때문에 자기 분야와 관련된 책이나 상황에서 깊이 있고 자세한 이야기를 나누어 주는 바로 그 순간, 나는 성인 독서모임의 강력한 힘을 느꼈다.

'어디로? 어떻게?' 탐방 계획 세우기

탐방을 위한 사전공부는 마쳤다. 다음은 『열하일기』 속 어디를, 어떤 순서로, 어떻게 갈 것인지에 대한 계획을 세울 차례였다. 북경 근교에 위치해 있는 곳으로 『열하일기』 속 7개 장소를 최종 선택하고, 동선을 고려하여 자금성→옹화궁→공묘→국자감→천단공원→유리창→열하(승덕) 순으로 탐방하기로 하였다. 탐방 장소마다 안내자를 정하고, 안내 역할을 맡은 사람은 탐방 일주일 전 교육 자료를 준비하고 사전모임을 진행하기로 하였다. 또한 탐방장소와 관련된 이야기나 조사자료, 동영상이나 인터넷 사이트 등도 미리 안내하여 다른 회원들이 충분히 공부해 올 수 있도록 하였다. 그 외 탐방에 필요한 이동계획 및 교통 담당, 후기 쓰기, 사진촬영, 소요 경비 계획 및 지출 등도 역할을 나누어 분담하였다. 이러한 역할분담은 교육현장에서와 마찬가지로 일반인들의 독서모임인 우리 고소미 내에서도 각자의 책임감, 적극적인 참여 등을 이끌어 내는 데 매우 주요한 역할을 했다.

열하를 향해 길 떠나기(2016년 3월~5월, 10일)

책을 읽고 탐방을 떠나기 전까지 무려 2개월이란 시간이 걸렸다. 드디어 열하를 향한 본격적인 길 떠나기!! 각각의 탐방은 안내자 역할을 맡은 회원의 주

도 하에 이루어졌다.『열하일기』속 각 장소들에 대한 책 속의 글을 읽어 주는 것과 함께 옛날과 오늘날 비교하며 탐방하기, 책 속엔 없는 숨겨진 이야기나 재미있는 이야기 들려주기,『열하일기』속에 나왔던 음식 혹은 현재의 주변 맛집 탐방하기 등 어느 탐방도 서로 같은 것이 없었다. 짜인 틀이 아닌 안내를 맡은 개인의 방식대로 이루어진 우리의 탐방은 그래서 더 다양하고 신선했다.

▌자금성에 내딛은 첫 발자국

자금성을 첫 탐방지로 정한 후 사전 조사를 하고, 자료들을 밴드와 블로그에 올려 공유하였다. 긴 탐방의 첫 출발이었기에 훨씬 더 긴장되고 설레었던 탓에 사전모임을 통해 자료에 대한 설명에서부터 시간계획까지 모든 과정이 빈틈없이 단단하게 이루어졌다.

드디어 탐방 당일, 자금성 안내를 맡은 혜옥 씨가 오늘 우리의 동선표와 함께 각 건물의 장소, 역사적 사실, 숨겨진 이야기까지 꼼꼼히 준비를 해 왔다. 탐방은 박지원의『열하일기』속에 나타난 자금성을 묘사한 글과 함께 그 길을 그대로 따라가며 과거와 현재의 변화, 그리고 현재의 그 곳을 담아보는 '『열하일기』 따라가기'였다.『열하일기』속 구절을 따라 가면서 나눈 우리의 이야기와 느낌들은 그냥 책을 읽을 때와는 다르게 꽤 재미가 있었다. 여기에 자금성 속 우리의 이야기를 살짝 풀어본다.

자금성 속 우리 이야기 1. 안타까운 우리 역사와 마주하다.

혜옥: 우리가 들어가고 있는 자금성의 첫 번째 문인 '오문', 오문의 다른 이름 은 '오봉루'로 앞에서 보면 문이 세 개, 반대쪽에서 보면 문이 5개예요. 가운데 문은 황제, 대례를 치르러 입궁하는 황후, 전시에 급제한 선비 만이 통과할 수 있는 문이었다고 합니다. 이 문에 다다른 박지원은 "그 윽하고 깊어서 마치 동굴 안을 가는 것 같고, 여러 사람이 시끄럽게 떠 들어 메아리가 웅장하게 되어서 마치 북소리를 둥둥 울리는 것 같다." 고 묘사했어요. 우리도 한번 들어가 볼까요?

윤정: 우리도 황제의 문, 가운데 문으로 들어가 봅시다. 황제는 못 되어도 황 후가 된 것 처럼요. 박지원이 느꼈던 웅장함을 우리도 느껴 봐야지요.

짱샘: 어, 생각보다 웅장하지 않고 멋있지도 않은데요? 뭔가 속은 것 같은 느 낌인데…….

막 오문을 걸어 들어가는 우리들에게는 연암이 느꼈던 만큼의 웅장함이 느껴 지진 않았다. 아마도 첫 해외여행을 경험하는 연암에게는 긴 여정의 끝에 드디 어 자금성에 도달했다는 벅찬 감동과 설렘이 주는 웅장함과 장엄함이 아니었을 까?

다음으로 간 곳은? 소현세자와 아주 관련이 많은 문연각, 중심문을 벗어나 협 화문을 들어서니 의외의 한가롭고 아기자기한 소나무 정원이 눈에 들어온다. 여기저기서 새소리가 들려온다. 그리고 관람객 수도 적어 다른 자금성 건물보 다 의외로 한산하다.

혜옥 : 박지원은 『열하일기』에서 "문화전 앞에는 문연각이라는 누각이 있는
데 천자의 책 을 소장하는 장서각이다. 명나라 정통6년에 송, 금, 원나
라 때부터 보관해 오던 책들 을 모두 합하고 그 도서목록을 편찬했는
데 무릇 43,200여 권이었고, 『영락대전』까지 더하니 23,937권이 더 불
어났다. 만약 근서에 간행된 『고금도서집성』과 지금 황제가 편찬한
『사고전서』까지 합한다면 문연각에는 책이 넘쳐서 밖에 쌓아 두어야
할 것 같다.(…중략…) 일찍이 듣자 하니 옛날 우리 소현세자가 구왕을
따라 여기 문연각에서 유숙했다고 한다." 라고 하였습니다. 소현세자
는 문연각에서 70일 정도를 유숙했다고 합니다. 내부를 자세히 볼 수
는 없지만 그래도 한 번 들여다보세요.

짱샘 : 문연각 안쪽을 자세히 들여다보니 천장 위까지 빈 책장이 빽빽이 늘어
서있는 걸 보니 이전엔 저 책장에 책들이 가득 차 있었다는 얘기네요.

민희 : 자금성에 올 때마다 직진으로만 쭉 갔는데 옆길로 돌아오니 이렇게 좋
은 곳이 있었네요. 가운데 위치한 책상과 문연각 주변의 나무와 새소
리가 책 읽기에 더할 나위 없이 좋아 보이네요. 저도 여기서 조용히 책
읽다 가고 싶어요.

우리가 친숙하게 알고 있던 소현세자는 이후 고국으로 돌아가 청나라에서 느
꼈던 것을 토대로 청과의 타협, 청과 서양의 문물을 수용하려 했으나 인조와 주
변 정치 세력에 의해 정치적 희생양이 되고 말았다. 자금성에 여러 번 왔었음에
도 불구하고 참 안타까운 우리 역사의 한 면이 여기에 있음을 이제야 알게 된

것이 교사로서 순간 부끄럽게 느껴졌다. 이런 부끄러움을 느낀 것은 나뿐만이 아니었나 보다. 다른 회원들도 우리가 알고 있는 '삼전도의 굴욕', '소현세자와 봉림대군', '소현세자의 죽음' 등과 관련해서 역사를 다시 한 번 살펴보아야겠다고 서로 이야기를 나누고 있었다.

중국의 자금성에서 만난 우리 역사, 그렇지만 학교 다닐 때 책에서만 연표로만 배운 우리의 역사 공부 덕분에 '소현세자'와 그 시대를 제대로 알지 못함에서 오는 부끄러움과 안타까움은 잠시 우리를 가라앉게 만들었다. 지금 우리가 이렇게 다니면서 배우듯이 우리 아이들도 살아있는 경험을 통해 제대로 된 역사를 알도록 해 주어야겠다는 책임감이 생기는 순간이다.

자금성 속 우리 이야기 2. 즐거운 체험학습! 어른들도 아이가 되어 간다

혜옥: 다음은 태화전이에요. "태화전은 명나라 때의 옛 이름이 황극전이다. 삼층 처마에 아홉 계단의 돌층계로 되어있고, 지붕은 누런 유리기와를 덮었다. 월대는 삼층으로 되었으며 각각 높이는 한 길이다. 매 층마다 백옥으로 보호난간을 둘렀으며 모두 용과 봉황을 새겨 놓았고 난간머리에는 모두 이무기 머리를 만들어 밖을 보도록 했다."고 박지원이 기록해 놓았습니다.

짱샘: 우리가 사전 조사한 자금성 자료에서 이미 말했지만 태화전은 황제가 나랏일을 보았던 곳으로 천장에 용과 헌원경을 볼 수 있다고 했었죠?

혜옥: 모두 태화문의 지붕 끝에 있는 이처구니 수를 세어 보세요. 10개죠? 이 어처구니는 자금성 건물의 지붕 어디서나 볼 수 있으나 자세히 보면 그

수가 다른 것을 알 수 있어요. 태화전은 황제가 정무를 보던 곳으로 어처구니 수가 가장 많아요.

윤정: 정말 둘러보니 지붕 위의 어처구니 개수가 다르네. 2개밖에 안 되는 곳도 있네.

쌍샘: 근데 어처구니가 '어치구니가 없다'의 그 어처구니 맞나요?(인터넷 검색 후) 첫 번째 뜻은 맷돌의 손잡이, 정확히 말하면 맷돌의 윗돌과 아랫돌의 중심에 꽂혀 있는 중심을 잡아 주는 암수 쇠붙이를 말하고, 두 번째는 궁궐 등의 건물 기와에 쭉 늘어선 사람이나 동물 형상의 '토우'를 가리키는 말이라네요. '어처구니가 없다'는 맷돌질할 때뿐 아니라 예전에 지붕의 마무리일로 토우를 깜빡하고 안 올려서 궁궐이 불에 타면 어처구니가 없어서 불에 탄 것이라고 생각했다는 데서도 나온 거라네요.

정희: 역시 인터넷 검색하면 안 나오는 게 없네요. 이렇게 해서 새로운 사실을 하나 알게 되었네.

태화전 지붕의 어처구니　　　　　다른 지붕들의 어처구니들

둘러보고 나니 과연 그렇다. 지붕의 끝에 얹혀 있어 자칫 지나치기 쉬운 부분들인데 안내를 맡은 혜옥 씨 덕분에 어처구니의 개수를 세어 보고, 어처구니가 무슨 뜻인지 찾아보고 서로 이야기 나눈다. 탐방에 빠져들수록 내가 아이들과 함께 학교 현장학습을 온 건지 어른들끼리 탐방을 온 건지 헷갈리기도 하고, 어디선가 본 듯한 익숙함에 웃음이 나기도 한다.

혜옥: 이번엔 구룡벽으로 갑니다. 건륭제가 직접 설계, 중국 전체에 딱 3개만 있는데 그중 하나가 여기 자금성, 북해공원, 그리고 대동(따통)에 있다고 합니다. 여기에 있는 구룡벽의 흰색용을 자세히 들여다보세요. 다른 용들과 다른 점이 보이시나요?

희정: 다른 용들과 달리 나무로 조각이 되어 있는 게 보여요. 이거 티가 너무 나는데요?

혜옥: 잘 찾았어요. 이와 관련된 에피소드가 있는데요. 옛날 흰색용을 조각하던 조각공이 실수로 용의 아랫부분을 깨뜨렸는데 목숨이 두려워 나무로 몰래 그 부분을 때웠다고 해요. 믿거나 말거나요. 자, 이번엔 안정문을 지나 '진비(珍妃)우물'로 갑니다.

청나라 말 광서황제의 후궁인 진비가 여기서 익사해 지어진 이름인데요. 1900년 베이징을 침공한 8국 연합군이 자금성에 닿게 되자 자희 태후와 광서황제는 부랴부랴 궁궐을 이탈하는데 탈궁에 앞서 자희 태후는 진비를 죽입니다. 자희 태후는 진비를 죽이는 명분을 "데리고 떠나자니 짐이 될 것이고 두고 떠나자니 8국 연합군에 욕보일 것 같다."고 내세웠으나 사실 1898년 진비가 무술변법을 지지할 때부터 그녀는

이미 자희 태후의 눈에 든 가시로, 진비를 우물에 빠져 죽도록 했다고
합니다.

정희: 에구, 예나 지금이나 예쁘면 명이 짧은 법인가 봐요. 아, 난 어쩌지?

구룡벽의 땜질된 흰 용   진비 우물

『열하일기』를 읽고 사전 공부를 할 때는 참 진지했었는데 막상 탐방을 다니면
서 보니 어른들도 아이들이랑 똑같다. 현장안내를 맡은 혜옥 씨가 선생님인 듯
하고, 졸졸 따라다니는 우리가 학생들 같다. 어쩜 질문들의 수준도 아이들하고
똑같은지…. 게다가 역사 속의 정설보다는 숨겨진 이야기와 '카더라' 하는 농담
들이 현장 속으로 우리를 확 끌어들인다. 돌이켜보니 매년 우리 반에도 수업시
간 혹은 현장학습 중 우스갯소리로 분위기를 유쾌하게 만들어 내는 아이들이 늘
있었는데 내가 그런 아이들을 어떻게 대했더라? 다시 학교로 돌아가면 그런 아
이들 구박하지 말고 친절하게 잘 대해 주어야겠다는 착한 마음을 가져본다.

　어쩌면 우리 아이들의 현장학습에서 중요한 것은 떠나기 전과 당일의 활동내용뿐만 아니라 다녀온 후의 활동이 아닐까 잠시 생각해 본다. 현장학습에서 보고 느낀 것은 무엇이었나? 나에겐 어떤 점이 가장 좋았나? 부족하고 아쉬웠던 점은 무엇이었나? 현장학습과 관련하여 더 공부하고 싶거나 하고 싶은 활동으로 무엇이 있을까? 이러한 부분들에 대해 이야기를 나누고 확장해서 다른 활동들을 해 보면 아이들에게 그 현장학습은 두고두고 이야깃거리가 되지 않을까?

　『열하일기』 속에서 자금성을 묘사한 박지원의 글을 들으면서 그 시대의 박지원의 입장이 되어 보기도 하고, 옛날과 지금의 자금성의 다른 점을 찾아보기도 하고, 가끔 숨은 전설이나 얽힌 뒷이야기를 듣는 재미가 참 쏠쏠했다. 마치 내가 연암이 된 것처럼, 혹은 내가 중국의 황제가 된 것처럼 그냥 책으로만 읽었을 때의 『열하일기』와는 차원이 다른 새로운 방식의 책 읽기를 우리가 하고 있는 것이다.

　자금성 탐방을 마치고 돌아온 후, 우리는 중국영화 〈마지막 황제〉를 다시 보기로 하였다. 마지막 황제인 '부의'가 살았던 성, 그가 걷고 자전거를 타고 달렸던 길, 그의 스승이 살았던 집, 그 곳들을 다녀온 후 다시 본 〈마지막 황제〉 속 부의는 이전에 내가 알던 영화 속의 주인공이 아닌 역사의 한 인물로 새롭게 다가왔다. 그리고 부의의 스승인 '존스턴'의 대사와 행동하나하나도 내가 교사라서 그런지 귀에 쏙쏙 들어왔다. 이것 역시 '『열하일기』 따라가기' 프로젝트가 나에게 주는 또 다른 의미 있는 경험이 아닐까?

▌옹화궁의 미륵불, 그것이 궁금하다.

이번 탐방에서도 우리가 제일 먼저 한 일은 박지원의 『열하일기』 속 옹화궁에 대한 글을 발췌하고, 옹화궁과 티베트 불교에 대한 사전 공부였다. 우리가 알고 있는 불교와 티베트 불교는 무슨 차이가 있을까? 『열하일기』에 쓰인 글들은 연암이 어떤 부분들을 보고 묘사한 것일까?

탐방의 좋은 점 1. 내 안의 편견 깨기

옹화문을 들어서니 사천왕상이 있는데 이는 우리나라의 사찰에서 볼 수 있는 사천왕과 거의 같은 모습이었다. 가운데에는 인자한 모습의 미륵불 '포대화상'이 자리 잡고 있었다. 포대화상은 원나라 때 실존했던 승려로 큰 주머니에 먹을 것을 넣고 아이들에게 선물하였고, 이로 인해 중국에서는 '자비'의 상징으로 여겨진다고 한다. 마치 우리가 생각하는 산타클로스처럼 중국은 그들 나름의 산타클로스로 포대화상의 불상으로 받들어 놓은 게 아닐까 하는 생각이 들었다.

포대화상

바즈라바이라바 불상

다음으로 간 밀교를 수행하던 '밀종전'에는 소의 얼굴에 사람의 형상을 한 '바즈라바이라바'가 모셔져 있다. 이는 히말라야의 산신으로 티베트의 수호신이자 불법의 수호신이라고 한다. 우리가 흔히 보던 자비로운 불상의 얼굴과는 많이 다른 형상이다. 가까이에서 본 바즈라바이라바 불상의 얼굴은 성격이 만만치 않게 무섭게 생겼다. 불상은 온화한 얼굴로 평화로운 모습으로 존재한다고 생각했는데 이것 역시 나의 편견이었구나 싶다. 탐방을 하면서 얻는 또 다른 경험, 나는 내가 가진 크고 작은 편견들을 조금씩 깨치며 나아가고 있는 중이다.

탐방의 좋은 점 2. 상상한 것이 현실로!

옹화궁에서 마지막에 도착한 '만복각'에는 유명한 '만복각 미륵불'이 있다. 사실 옹화궁을 떠나기 전 사전 공부를 할 때부터 나의 관심은 티베트 불교보다도 커다란 금부처 보기에 있었다. 대체 얼마나 크기에 연암이 다리가 벌벌 떨려 오래 서 있지 못할 정도였을까? 모든 프로그램의 마지막에 등장하는 아이돌처럼 커다란 금부처, '만복각 미륵불'은 옹화궁의 제일 안쪽에 위치해 있었다. 연암이 금부처를 보고 묘사한 『열하일기』「황도기략」편의 구절을 읽어 보면 내가 무엇을 상상했었는지 이해가 쉬울 것이다.

『열하일기』「황도기략(북경의 궁성, 명소에 대한 기록)」

만복각 미륵불

세 겹 처마의 큰 전각이 있고, 그 속에는 금부처가 있으며 열두 개의 사닥다리를 올라가는 것이 무슨 귀신 동굴로 들어가는 것만 같았다. 사닥다리가 다하면 누각에 오르게 되어 처음으로 햇빛을 보게 된다. 누각의 네 둘레는 난간으로 두르고 복판은 우물처럼 둘러 파서 금으로 만든 부처의 아랫도리 절반까지 미치게 된다. 또 여기서부터는 사닥다리를 밟고 올라

캄캄한 속으로 한참 가야만 여덟 창문이 환하게 터진다. 누각 속 우물처럼 꺼진 데는 아래층 같아서 금부처의 등 절반이 겨우 보이게 된다. 또 다시금 어둠 속을 더듬어 발가늠으로 캄캄한 데를 올라가노라면 곧장 위층으로 나

오게 되어 비로소 부처의 머리 정수리와 가지런하게 된다. (…중략…) 난간을 한 바퀴 빙 돌고 보니 도리어 가슴이 답답함을 느끼게 되고, 아래를 내려다보니 다리가 벌벌 떨려 오래 서 있지 못하였다.

만복각 미륵불은 위로는 18m, 땅속으로 8m로 옹화궁 3대 보물 중 하나이다. 당시 티베트 지역의 반란을 청황제가 진압해 준 보답으로 7대 달라이라마가 건륭제에게 선물한 백단나무를 무려 3년에 걸쳐 운반하여 조각하였다고 한다. 그 정성과 크기를 보고 놀라지 않을 수가 없었으니 대륙의 스케일이 남다르다 해야 할까? 『열하일기』 속 미륵불을 묘사한 글을 보고 나도 똑같이 올라보리라 다짐했건만 겉모습만 볼 수 있을 뿐 오를 수는 없었다. 당시 연암은 미륵불에 올라 '법륜전'을 내려다보며 밤 10시 스님들이 일제히 염불을 하는 모습을 보았다고 하였는데, 우리는 그저 미륵불을 아래서 올려다보면서 그 크기에 감탄사만 연발하였다. 지금 와 생각해 보니 책으로만 보고 상상하던 것을 실제 눈으로 보고 느낄 수 있었던 그 순간, '난 참 행복한 사람이었구나!' 싶다.

교실과 연결 짓기

매년 봄, 가을이면 떠나는 학교의 현장학습, 우리 반 아이들은 지금의 나처럼 현장학습지에 대해 사전에 공부하고, 궁금해 하고 상상하던 것을 직접 눈으로 보면서 즐거움이나 행복함을 느낀 적이 있었을까? 그런 경험을 내가 아이들과 함께 나누었던 적이 있었던가? 만약 그렇지 못했다면 그 이유는 무엇이었을까? 탐방이 이어질수록 진한 반성과 함께 내가 다시 학교 현장으로 돌아갔을 때 아이들과 함께하고 싶은 활동들에 대한 고민이 늘어 간다.

▎공묘와 국자감을 한 번에 둘러보다.

공묘에서 만난 또다른 연암, 그리고 중국의 슬픈 근대사

공묘의 정문인 '선사문(先師門)'을 들어서면 좌우에 진사제명비가 쭉 늘어져 있는데, 이는 원, 명, 청대에 걸쳐 세워진 것이라고 한다. 연암은 '진사 제명비'를 '명조 진사 제명비'라 기록하였는데, 이는 그 당시 조선이 명나라를 높이 사고, 청나라를 낮게 보았던 터라 연암 역시 그와 똑같은 시각을 가지고 있었으므로 그렇게 기록한 것으로 보인다.

> "지금 청나라의 과거 제도를 모두 명나라의 옛 제도를 그대로 따라, 진사
> 의 이름을 쓴 비석이 아주 촘촘하게 들어서서 마치 총총하게 파를 심은 밭
> 과 같아 다 기록할 수도 없다. (…중략…) 태학의 비석을 세우는 관례를 폐하
> 지 않는다면, 도대체 그 많은 이무기를 새긴 비석머리와 거북이 비석 잔등
> 을 어디에다 세우려는지 모르겠다."

연암이 기록한 『열하일기』의 내용을 보니 청나라에 대한 그의 생각이 보인다. 사실 『열하일기』를 읽으면서 전체적으로 청 문화에 대한 놀라움과 부러움을 편견 없이 잘 기록했다고 생각했는데, 진사제명비의 묘사부분을 보니 조금 실망스러웠다. '연암 역시 옛 명에 대한 마음을 버리지 못하고 다른 선비들과 마찬가지로 편협한 사고를 가지고 있었구나! 아무리 뛰어나도 시대를 벗어나기는 힘든 것일까?' 어쩌면 조선 땅 안에서 견문을 넓히지 못하고 글과 말로만 공부해서 한계를 가지고 있었을지도 모른다는 생각도 들었다. 진사 제명비를 자세히 들여다보니 진사 제명비 곳곳에 칼자국같이 깊게 패인 흠집들을 볼 수 있

는데 이는 문화대혁명 시기에 칼로 베어 놓은 자국들이라고 한다. 중국의 고대 역사 속에서 혼란스러웠던 근대사를 보여 주는 슬픈 자국들. 이 자국들이 다음 분기 우리가 읽을 책 선정에서 중요한 역할을 하기도 했으니 책에서 현장으로, 현장에서 다시 책으로, 우리의 책모임은 그 연결고리를 제대로 활용하고 있다는 생각이 든다.

대성전 앞 넓은 마당의 '비정(碑亭)'은 명, 청 시대 황제의 대표적 업적을 기록한 것으로 다수는 강희, 옹정, 건륭 당시 정벌 전쟁 승리를 자축하는 내용이 담겨져 있다. 연암은 '비정'에 대해 『열하일기』에 "역관 조달동에게 여러 비석을 나누어 베끼게 했으나 모두 다 기록할 수가 없었다. 볼 만한 문장이 많았는데 두루 다 열람하지 못한 것이 안타까울 뿐이다."라고 기록하고 있다. 시대의 아이러니를 담고 있는 비정에 대해 불편함을 느낀 나와는 달리 연암은 역시 선비라서인지 긴 문장을 보면 그것을 읽어 보고 싶은 마음이 간절했었나 보다.

공자의 위패를 모신 '대성전'까지 보고 공묘를 돌아 나오는 길에 단체 체육복 차림의 중국 초등학생들을 만났다. '판간백 나무' 앞에서 선생님인지 가이드인지 설명을 하고 있는데 삼삼오오 무리지어 서 있다. 떠드는 건지, 듣고 있는 건지 모를 모습들, 우리 아이들이 현장학습을 나왔을 때의 모습과 다를 바 없는 아이들의 모습이 낯설지 않다.

국자감에서 만난 옛 교실과 교무실

국가의 최고학부인 국자감! 한 나라 때는 태학, 신나라 때는 국자학, 당나라 때는 국자감으로 불리었던 국가의 교육정책을 담당하던 중앙기관이다. 우리나라에서는 고려 때 '국자감', 조선시대에는 '성균관'이라 불리었다고 한다. 우리

승건청 내부

가 처음으로 들어간 곳은 '벽옹(辟雍)'으로, 중국 고대 황제들이 태학에 친히 나와 공자의 위패 앞에 제를 지내고 학문을 강론하는 일을 하던 곳으로 '임옹대전'이라고 불렀다. 『열하일기』를 쓸 당시 박지원과 홍대용은 유리패방과 벽옹을 보지 못했다고 한다. 그런데 그곳을 지금 우리가 보고 있으니 이 또한 행운!

다 둘러보고 나오는데 동서 양옆으로 쭉 펼쳐져있는 교실들, '동서육당'이 보인다. 옛날 국자감의 학생들은 평소에는 밖에 있는 숙사에서 글을 읽고, 학급별로 정해진 날 이곳에 와 수업을 했다고 한다. 벽옹을 가운데 두고 동서 양쪽으로 배열되어 있는데 동쪽 제일 남쪽의 '숭지당', 서쪽 제일 남쪽의 '광업당'은 1학년 교실이었단다. 아쉽게도 학사 내부는 보기 힘들었으나 유일하게 개방해 놓은 '승건청'을 볼 수 있었다. 오늘날 우리 '교무실' 용도로 쓰이던 곳이라고 하는데 규율을 어기거나 혼을 낼 때 이곳에 와서 벌을 받거나 훈계를 들었다고 한다. 나는 학창시절 그렇게 많이 혼나지도 않았는데 그 곳을 들여다보니 혼을 내는 스승과 벌을 받는 제자의 모습이 생생하게 떠오르는 건 왜일까? 학급, 교실들, 1학년, 교무실… 나에겐 익숙한데 국자감에서 사용하기에 왠지 부자연스러운 낱말들이어서 살짝 미소가 지어진다.

조선후기 문화의 창, 유리창(琉璃廠)

『열하일기』 중 북경 근교 우리의 마지막 탐방지는 유리창이다. 옛 북경 내성의 정문인 정양문에서 남쪽으로 5리쯤 걸어가면 유리창거리가 나온다. 요나라 때부터 촌락이 생겨나 '해왕촌(海王村)'이라 불렸고, 원나라 때 궁전을 짓기 위한 관요를 지어 유리기와를 구웠으며, 명나라 때 황궁을 짓는데 대량의 유리기와가 필요해 유리공장을 지어 생산하였던 거리로 '유리창'이라고 불리게 되었다고 한다.

내가 본 유리창 1. 오랜 문화를 간직한 곳

오늘 우리가 탐방한 유리창은 1980년 이후에 정리된 모습이라 예상했던 것과는 아주 많이 다르다. 불과 몇 년 전 이곳을 다녀간 민희 씨조차도 그때와 차이가 난다고 하니 옛날 책을 보고 현재에 와 보는 것도 탐방의 또 다른 테마가 될 수 있을 거란 생각이 든다. 옛날과 현재 비교하며 같은 점 다른 점 찾기? 요런 것도 아이들과 함께 역사탐방을 할 때 써먹으면 좋을 듯하다. 그래도 아직까지 예전의 고상점들이 남아 있는 곳이 있다고 하여 서가 쪽으로 가 보기로 하였다.

'영보재(榮宝斋)' 간판이 눈에 띈다. 이곳은 청 강희제 때 설립된 300여 년의 전통을 간직한 유명한 서화골동품 상점으로, 특히 목각수인(木刻水印)이 유명하다. "乱真艺术(모조품을 진짜로 만들다)"라는 평가를 받은 곳이라고 하니 모방하는 기술이 엄청난가 보다. 상점 안에 들어서니 한쪽에서 작업하는 분들을 볼 수 있었다. 똑같은 그림이 수백 장 겹쳐 있는데 달랑 두 분이 종이 위에 찍고 붓으로 색칠하고 계신다. 이게 과연 작품으로 팔릴까 싶을 정도로 쓱싹쓱싹 너무나 쉽게 그림을 그려내고 있었다. 실제로 중국의 유명한 회가 제백식이 영보재의 인쇄술에 대해 "나의 작품조차 진위를 판단하기 어려울 만큼 훌륭하다."라고 했고, 모택동 주석과 주은래 총리는 목각수인작품 『잠화사여도』를 외국 국가원수

에게 국례로 보내기도 했다고 하니 이쯤 되면 이것도 예술이라고 인정해 주어
야 하나? 애매모호하다.

목각수인 작업 모습

1. 목각판 준비하기

2. 목각판에 물감을 묻혀 화선
지에 찍기

3. 음영은 사람들이 직접 손으
로 작업하기

대월헌(戴月軒), 붓 제조 전문점인 이 상점에서 판매하는 붓은 저장성의 후저우(湖州)에서 생산되는 붓으로 유명하다. 한 필의 붓은 70여 번의 제조과정을 거쳐 생산되며, 그로 인해 품질이 우수하여 예로부터 문인묵객, 화가들의 사랑을 받았다고 한다.

대월헌 붓 제조 모습

　상점 한편을 보니 붓이 즐비하고, 필방 문을 여니 붓 제조의 달인(?)들이 열심히 작업 중이다. 방문객이 익숙한지 우리가 촬영하고 이야기 나누는 것에 아랑곳하지 않고 가볍고 익숙하게 섬세한 작업을 해 나간다. 수작업이 결코 쉽지 않을 텐네 일에 대한 자부심을 갖고 전통을 이어 가고 있는 달인들에게 존경심이 절로 생겨나는 순간이다.

　다음은 동가 입구에 있는 중국서점을 가기로 하였다. 이 서점은 전국에서 최

초로 설립된 매입, 발행, 출판, 판매를 한 번에 하는 국영고적전문서점이라고 한다. 사실 서가를 지나쳐 오면서 크고 작은 똑같은 간판의 중국서점을 계속 보아 왔는데, 이 서점이 가장 크고 입구에 위치해 있어 다함께 안으로 진입을 시도하였다.

가로로 꽂힌 책들

갑자기 가이드를 맡은 민희 씨가 우리에게 책꽂이에 책들이 꽂힌 모습을 보라고 하였다. 왜일까? 자세히 보니 책이 세로로 꽂혀 있는 것이 아니라 가로로 착착 쌓여져 있다. 각각의 책에는 라벨들이 가지런히 붙여져 있다. 옛날에는 이런 방식으로 책에 라벨을 붙여 꽂아두고, 연행사들이나 중국의 선비들이 제목을 이야기하면 바로바로 뽑아 주었다고 한다. 좀 불편해 보였는데 예전의 방식을 고수하기 위해서인지 아니면 그 방식이 익숙해져서인지 서점 내의 모든 책꽂이가 이런 방식으로 정리되어 있었다. 각자 흩어져서 자신이 관심 있는 책들을 찾아보기로 했다. 책들을 찾다 보니 '어, 이거 생각보다 편하네?' 애건 어른 이건 역시 직접 해 봐야 제대로 느끼는 법인가 보다.

내가 본 유리창 2. 연암이 천애지기를 꿈꾸던 곳

민희: 연암이 방문했을 당시 유리창은 당대 최고의 번화가로 청나라의 발달된 상업문화와 도시문화를 대표하였으며, 연행사들이 꼭 들러야할 필수 코스였다고 해요. 1765년에 홍대용, 1778년에 유득공, 박제가, 이덕무의 연행이 있었으며, 1780년에 박지원, 1790년 유득공과 박제가의 연행이 있었지요.

혜옥: 자기가 함께 놀던 주변의 친구들이 풀어낸 유리창의 이야기가 연암에게는 얼마나 가고 싶었던 장소였을까요? 유리창이 그렇게 많이 언급된 것을 보면 연암의 마음을 이해할 수 있을 것 같아요.

민희: 연암은 북경으로 오는 도중 심양에서 만난 골동품 가게 '전생'이란 사람을 만나게 돼요. 그는 연암이 골동품에 관심을 보이자, 강남에서 올라오는 온갖 진귀한 것들은 모두 유리창으로 집결되니 북경 가거든 유리창에 들러보라며 신실한 지인도 소개해 주고, 진통 감별법도 상세히 적어 주었다고 해요.

짱샘: 음……. 그거 영업 비밀 아닌가? 영업 비밀을 그리 쉽게 알려 주다니. 그런데 정작 유리창에 와서 연암이 어떤 물건을 샀다고는 기록되어 있지 않던데…….

정희: 연암이 유리창을 가고 싶어 했던 진짜 이유는 이 공간이 조선과 청나라 문사들의 우연하고 사적인 만남이 수시로 이루어졌던 장소니까 자신도 혹시 마음이 통하는 새로운 벗을 만날 수 있을까 하는 기대감이 있었던 듯해요. 물론 이 역시 그간 연행을 다녀온 친구들의 자랑 아닌 자랑(?) 때문이었겠죠?

　　연암은 다른 어느 곳보다 바로 이 유리창에서 천애지기를 만나고 싶어 했던 마음이 무척 간절했었다. 실제로 『열하일기』를 읽어 보면 1780년 8월 3일 박지원은 유리창 선월루 남쪽에 있던 사천신 회관으로 원항 당낙우를 만나러 간다. 당낙우는 박제가, 이덕무 등과 이른 인연이 있었고, 이덕무의 소개로 찾아가는 길이었다. 수레를 몰아 양매 서가에 이르러 우연히 육일부에 올랐다가 황포 유세기를 만나 잠시 이야기를 나눴다. 문포 서황, 입재 진정훈 등이 자리를 함께 했는데, 모두 교양이 있는 선비였다고 한다. 그러나 안타깝게도 유리창에서도 열하로 가는 마지막 순간까지도 연암은 그토록 꿈꾸었던 천애지기를 만나지 못했다.

> 민희 : 연암은 『열하일기』에 유리창과 그때 만난 사람들에 대해 많이 언급하였는데요. ‘유리창의 육일재에서 황포 유세기를 처음 만났는데 자가 식한이었다. 눈이 맑고 눈썹이 수려한 것이 반정균, 이조원, 축덕린, 곽집환 등과 같은 명사인 듯했다. 이 사람들은 앞서 나보다 교유한 사람이 있었기 때문에 그들의 아름다운 이름이나 얼굴의 모습이 마치 수염과 눈썹을 헤아릴 수 있을 듯 눈에 선하였다.’라고 했어요.
>
> 짱샘 : 조선에서 백탑파 친구들과 함께 어울려 놀면서도 진정한 친구를 만나지 못했던 것일까요? 자의든 타의든 벼슬길에 오르지 않고 생활하면서 한(?) 벼슬하던 친구들 사이에서 왠지 모를 느꼈을 소외감이 있었던 것일까요? 좀 측은한 마음이 드네요.
>
> 혜옥 : 유리창에서 벗을 만나기를 고대했던 박지원은 그의 바람을 이루지 못했고, 오히려 그 안에서 고독감을 느꼈던 듯해요. 『열하일기』에도 그

교실과 연결 짓기

오늘의 탐방도 연암이 풀어 놓은 『열하일기』의 구절들을 잘 따라갔다. 그리고 그 중심엔 우리가 지금까지 진행했던 다른 탐방들과 마찬가지로 사전조사와 공부, 안내 역할을 맡은 민희 씨의 충실한 안내와 깊이 있는 설명들이 큰 역할들을 해 주었다. 탐방이 끝난 후 북경의 유명한 짜장면과 양꼬치를 함께 먹으며 유리창 탐방에 대해 느낀 점과 아쉬운 점을 나누는 것 역시 중요한 탐방의 마무리 활동! 마치 현장학습을 다녀온 후 수고한 동료 선생님들과 저녁 한 끼 하는 것과 같은 거라고 할 수 있을라나?

영보재와 대월헌이 있는 유리창에 오게 된 것은 우리가 『열하일기』를 읽고 그 장소에 대한 궁금증을 가졌기 때문이다. 그렇게 우리의 여정대로 탐방 장소에 와서 뜻하지 않게 목각수인과 붓 제조를 보았다. 그리고 떠오른 생각 하나, '만약 학교현장에서 한 학기 한 책, 『열하일기』를 읽고 교육과정을 재구성한다면 미술 관련으로 목각수인이나 붓 만들기 같은 활동을 넣을 수도 있겠구나!' 사실 책을 읽고 내가 했었던 미술 활동으로 책 속의 장면 그리기나 뒷이야기 상상하여 그리기, 팝업 북 만들기 정도가 다였다. 고민을 했다면 조금 더 다양한 활동을 생각해냈을까? 교사로서 틀을 많이 벗어난 본적이 없어서인지 새롭고

기발한 활동들을 딱히 생각해 내지 못했을 것이다. 그렇지만 이젠 조금 다양하게 새로운 각도로 바라보아야겠다는 다짐과 함께 새로운 생각을 할 수도 있겠단 자신감이 생긴다. 역시 누구나 자기의 공간을 벗어나야 사고도 활동도 자유로워지는 법인가 보다.

앎은 책과 경험을 통해 얻어지며, 그렇게 얻어진 앎이 삶에 녹아들었을 때 비로소 우리의 삶은 빛난다. 그 여정이 연암이 그렇게 갈망하던 '참된 벗들'과 함께라면 더 바랄 게 없을 것이다. 책과 경험으로 삶을 알아 가는 나의 이 빛나는 여정을 동료선생님들과 우리 반 아이들과 함께 해야겠다는 결심을 하고 돌아오는 건 이 탐방이 나에게 주는 또 다른 선물이다.

▌드디어 열하!!

북경에 있는 황제를 만나기 위해 왔던 연암과 사신단 일행은 계획에 없었던 승덕(열하가 있는)까지 우여곡절 끝에 도착하게 된다. 고소미가 연암을 따라왔던 책 탐방의 마지막 목적지도 열하가 있는 승덕이었다. 북경근교 위주로 진행했던 탐방과 달리 북경에서 200킬로 이상 떨어진 승덕으로 가기 위해 우리는 좀더 자세한 계획을 세워야 했다. 무엇보다도 이번 탐방은 회원들의 아이들, 비회원들과 함께하는 탐방이기에 더욱 그러하였다.

처음에는 승덕을 여행상품으로 진행하고 있는 여러 여행사들을 통해 승덕 여행 견적을 의뢰하였다. 그러나 받은 견적들은 비용이나 일정, 가이드 내용 모두 우리가 기대했던 것과는 많이 달랐다. 그럼 우리가 승덕 여행을 직접 추진해 보는 것은 어떨까? 이런, 생각보다 일이 커졌다. 그렇지만 그렇게 해야 연암을 따라가는 마지막 우리의 탐방이 멋지게 마무리 될 수 있을 것 같았다.

세부계획 세우기

북경근교 탐방이 5월의 끝자락, 거의 6월이 다 되어서야 마무리 되었다. 이어서 바로 열하가 있는 승덕으로 떠나려 했으나 한여름의 승덕이 너무 뜨겁기도 하고, 곧 아이들의 여름방학이 다가오는 시점이어서 학부모인 회원들의 심적 부담이 있기도 하였다. 또한 기존의 여행사 상품이 마음에 들지 않아 자체 탐방을 진행해야 했기에 우리의 승덕 여행은 날 좋은 10월의 어느 토요일에 떠나기로 하였다. 다른 날도 아니고, 반드시 딱 그날!! 따라서 계획들은 그날을 중심으로 추진되었다.

우리가 여행사들을 통해 기존의 승덕 여행을 가지 않으려고 결심한 중요한 이유는 탐방 코스 때문이다. 대부분의 여행사들이 중국의 볼거리 위주로 여행 상품을 마련하기 때문에 연암의 『열하일기』에 언급된 코스대로 따라가기로 한 원래 우리의 목적과 맞지 않았다. 우리가 정한 승덕 탐방 코스는 피서산장과 문묘, 경추산, 소포탈라궁, 그리고 보녕사이다. 그러나 하루 동안 둘러보기로 한 시간의 제약으로 연암이 살짝 언급한 부분은 우리도 살짝 혹은 멀리서 보는 것으로 코스를 정하였다.

다음으로 참가인원 확정, 우리 모임의 정규 회원은 10명이었고, 그들 중 승덕 탐방에 참가하지 못하는 회원도 있었기에 마지막 탐방은 비회원이나 회원의 자녀들까지 함께 가는 건 어떠냐는 제안이 나왔다. 반년 기끼이 임마의 활동을 지켜보던 아들이 같이 가고 싶어 하는 경우도 있었고, 탐방을 다녀 보니 너무 좋았는데 마지막 '승덕'이라도 중학생 딸을 데리고 가고 싶다는 엄마도 있었다. 아

이들에게 책 읽는 엄마가 보여 주는 '살아있는 교육'의 힘이 이런 걸까? 어차피 미니버스를 대절하기로 했으므로 고소미 회원 8명, 초등학생 4명, 중학생 2명, 비회원 2명, 16명이 참가하는 것으로 우리의 준비가 시작되었다.

　북경근교 탐방 때처럼 승덕 여행을 떠나기 전, 사전 모임을 갖기로 하였다. 회원들뿐만 아니라 아이들과 비회원까지도 함께 참가하기로 하였기 때문에 이번 사전 모임은 준비부터 모임을 갖는 당일까지 중요하고 꼭 필요한 과정이었다. 이를 위해 승덕에서의 탐방 장소별 안내자를 각각 선정, 안내자로 선정된 회원은 『열하일기』에서 연암의 묘사와 함께 장소에 대한 자세한 설명, 그와 관련된 재미있는 이야기 등을 미리 준비하여 비회원들과 함께 사전 모임을 진행하였다. 아이들의 경우는 탐방 일주일 전, 혜옥 씨가 사전 눈높이 교육을 해 주었다. 탐방을 떠나기 위한 차량 예약을 비롯하여 아침, 점심, 저녁(탐방을 새벽에 떠나야 했으므로) 먹거리 준비, 입장료를 포함한 소요경비 계획 및 정산까지 모임의 총무가 맡아 추진하였다. 이렇게 해서 승덕으로 떠나기 위한 모든 준비는 완료!! 이제 승덕으로 가기만 하면 완벽하다.

열하 탐방하기

　바람 살랑 부는 가을, 10월의 북경 날씨는 한국 못지않게 정말 좋다. 새벽같이 차에 몸을 싣고 승덕으로 출발하였다. 승덕 피서산장으로 가기 전 문묘와 태학관에 들렀다. 문묘는 공자를 모셔 놓은 곳으로 우리가 이전에 갔던 공묘의 내부와 크게 다르지 않으나 주변 환경은 여러 건물들에 둘러싸여 홀로 동떨어진 느낌이다. 공묘 바로 옆, 박지원이 승덕 산장에 들어가기 전 사신단과 머물렀던 '태학관'. 천신만고 끝에 열하에 도착한 연암이 태학관에서 닷새 동안 못

잔 잠을 자느라 곯아떨어진 사행단을 뒤로 하고 혼자 술을 따라 마시다가 밖으로 나와 달빛 아래에서 혼자서 읊조리는 대목이 있다.

"담배에 불을 붙여 밖으로 나왔다. 개 짖는 소리가 무슨 표범 소리 같다. 장군부를 나서자 바라 치는 소리가 마치 깊은 산속 두견이 울음소리처럼 들린다. 나는 뜨락 가운데서 서성거렸다. 빨리도 걸어 보고 반듯하게도 걸어 보며 내 그림자와 더불어 장난을 쳤다. 명륜당 뒤편에는 고목의 그늘이 깊다. 찬 이슬이 동글동글 맺혀 잎마다 구슬을 드리웠고, 그 구슬 하나하나마다 달빛이 어리었다. 담장 너머에서 또 3경 2점을 친다. 애석타! 좋은 밤 환한 달빛을 함께 감상할 사람이 없구나. 이때 어찌 우리 쪽 사람들만 모두 잠이 들었겠는가? 도독부의 장군들도 잠들었을 것이다. 나 또한 캉에 들어가 쓰러지듯 베개에 누우리라."

연암은 『열하일기』를 쓰는 내내 자신을 알아주는 벗을 만나기를 기대했다. 그래서 이전엔 홍대용이 벗을 만난 유리창에 무척 자주 갔었고, 열하에 와서 머물던 태학관에서도 아름다운 달빛을 함께 나눌 벗이 없음을 안타까워했다. '백탑파'의 친구들과 함께 즐거워했다 생각했는데 시대나 상황이 준 친구들과의 거리가 연암에게는 또 다른 외로움으로 남아있었던 것일까?

태학관 외부

호텔로 변한 태학관 내부

우리에게는 사실 문묘보다 더 보고 싶었던 곳이었는데 관리인 말이 태학관이 사유지라 우리가 들어갈 수 없단다. '이대로 발길을 돌려야 하나?' 했는데 중국 통번역을 전공 중인 우리 민희 씨가 태학관이 우리 역사에서 중요한 의미를 지니는 곳이라서 우리가 그걸 보려고 한국에서 왔는데 한번만 들어가 보면 안 되겠냐고 사정사정해서 문 앞에서 살짝 들여다보고 오는 것까지 허락을 받아냈다. 그렇게 사정사정해서 들여다본 태학관은 슬프게도 옛날식 구조를 가진 호텔로 변해 있었다. 슬쩍슬쩍 안에까지 발을 내딛고 있는데, 호텔 직원이 있어 구경 좀 해도 되냐고 물으니 흔쾌히 들어오란다. 한국이든 중국이든 말하고 사정하면 다 되는구나! 예전에 연암이 머물렀을 당시하고는 많이 달라져 있는 태학관의 모습이었으나 그래도 역사의 한 장면에 우리가 들어왔다는 사실 하나만으로는 우리는 감동스러웠다. 이런 저런 이야기를 나누며 태학관을 나와 피서 산장으로 발길을 돌렸다.

드디어 열하(승덕)에 도착하였다. 사전 모임으로 열하에 대한 이야기를 모두 마친 터라 승덕에 도착해서는 사전 자료들을 떠올리며 모두가 즐기는 탐방의 시간을 보냈다. 피서 산장 구석구석을 돌아다녔는데 황제의 피서지라 그런지 왠지 북경보다는 더 시원하게 느껴졌다. 또한 아이들과 함께여서인지 다른 탐방 때보다 더 시끌벅적 어수선하기도 하였고, 사전 모임 때 미처 듣지 못했던 숨은 뒷이야기도 나누면서 활기찬 시간을 보냈다.

피서산장을 둘러보고 산악구를 돌아 내려와 도착한 곳, 정말 오고 싶었던 우리의 최종 목적지!! 바로 '열하(熱河)'이다. '열하'는 그 이름처럼 '사시사철 뜨거운 물이 흐른다.'는 뜻이라고 한다. 실제 박지원은 이 강에 오지 않았다고 하는데 왜 『열하일기』라고 제목을 지었는지 궁금해지는 대목이다. 그러면서도 순간

드디어 열하(熱河)에서

진짜 물이 따뜻한지 손을 담가 확인하고, 열하를 담은 기념사진에 미소를 짓는다. 함께 탐방을 온 아이들은 자신들이 우리의 거대한 프로젝트의 마지막을 함께하고 있는 것을 아는지 모르는지 해맑게 뛰어다닌다. '열하 탐방의 처음부터 이 아이들이 우리와 함께 했으면 그 감동이 더 컸을지도 모르겠다.' 하는 아쉬움과 함께 정작 내 아이들이 함께하지 못했다는 안타까움이 밀려든다.

│『열하일기』 더 이해하기

탐방 후 평가회를 하면서 여기서 끝내기엔 무언가 아쉬움이 남는다는 회원들의 의견이 쏟아져 나왔다. 그렇다면 무엇을 더 할 수 있을까? 한참을 고민 끝에 우리는 탐방 후 활동으로 두 가지를 더해 보기로 하였다. 1) 연암과 같은 시대 또 다른 중국 기행문 '홍대용의 을병연행록 읽기'와 2) 우리와 같은 시대 다른 방식의 탐방이 담기 EBS 다큐 프라임 '김연수의『열하일기』' 시청하기가 바로 그 활동들이다.

홍대용 저, 정훈식 옮김,
『을병연행록』, 경진출판사,
2012.

『을병연행록』은 홍대용이 자제군관의 직책으로 1765년 겨울(11월2일)과 1766년 봄(4월27일)에 걸쳐 계부 홍억을 따라 북경에 다녀온 후 남긴 연행록이다. 이후 박지원이 열하에 다녀올 때의 신분도 자제군관이었으니 어찌됐든 둘 모두 든든한 배경을 둔 선비들이었던 것 같다. 연암의 『열하일기』와 달리 『을병연행록』은 출발부터 도착까지의 여정을 일기체 형식으로 저술하였다. 국문으로 노정의 전체 경로와 견문을 모두 아울러서 여행의 온전한 과정을 총체적으로 재현한 조선시대의 뛰어난 국문 기행문학 중 하나로 그 가치를 지닌다고 한다.

그의 연행록에는 연암이 다녀가지 않은, 『열하일기』에 기록되지 않은 곳들이 여럿 있는데 우리는 그중에서 원명원, 이화원, 북해공원, 관상대와 천주교 교당을 추가로 탐방하기로 하였다. 물론 『을병연행록』을 사전에 읽는 것은 필수였으나 탐방의 절차는 『열하일기』 때보다는 조금 간단하게 각 장소별 안내 역할을 맡은 사람이 자료 및 설명을 준비해 와서 당일 탐방을 진행하고 후기를 작성하는 것으로 하였다. 책을 읽다 보니 을병연행록은 서술하는 방법이나 문체에 있어서 연암의 『열하일기』와는 많이 달랐다. 탐방장소에 도착해서 그 곳을 둘러보고, 연행록에 쓰인 글들과 비교하는 활동들은 우리에게 또 다른 즐거움을 주었다.

활동 2 우리와 같은 시대 다른 탐방 '김연수의 『열하일기』'

EBS 다큐프라임 '김연수의 『열하일기』'는 연암의 발자취를 따라 소설가이자 시인인 김연수의 여행을 담은 방송이다. 우리가 북경근교를 주로 탐방하고, 마지막에 열하를 둘러본 것과 달리 김연수는 『열하일기』에 쓰인 연암의 여정을 그대로 따라갔다. "사네, 길을 아는가?"라는 연암의 물음을 시작으로 '길'이 갖는 의미를 찾기 위해, 그리고 단지 눈으로만 보이는 것과 '소통을 하기 위한 여행'을 했다.

심양고궁에서 '삼전도의 굴욕'으로 끌려간 소현세자가 끌려가서 머물렀던 곳으로 추정되는 '심양 어린이 도서관'도 가 보고, 북진묘와 영원성에서 청나라의 실용주의와 명나라의 항복의 역사도 보았다. 만리장성의 시작인 산해관부터 북경 납죽 후통, 유리창, 고북구, 열하까지 연암의 발자취를 따라가는 여정은 무척이나 고단하였을 것이다. 그 길에서 만난 여러 사람들, 그들과 소통하다 보니 '그동안 나는 여행하면서 많은 소통을 하지 못했었구나!' 하는 아쉬움과 연암이 말한 '천애지기'를 만나는 것이 왠지 가능할 것 같은 생각이 들기도 했단다. 우리가 이번 탐방에서 느꼈듯이 그 역시 늘 친구를 기다린 연암의 외로운 처지를 공감하고, 길에서 지식과 지혜를 얻게 되었으며, 소통이 주는 참된 여행의 의미를 깨달았다. 그와 우리의 탐방은 분명 달랐지만 탐방 후의 그의 느낌과 나의 느낌이 어딘지 모르게 닮아 있다는 것이 놀라울 따름이다.

『열하일기』를 한번 따라 가 볼까? 북경에서만 할 수 있는 기회인 것 같은데 ~' 라는 말 한 마디로 시작하여 열하에서 마침표를 찍고, 을병연행록 추가 탐방까지 장장 10여 개월의 시간이 걸렸다. 『열하일기』라는 책 한 권을 통해 당시 우리나라와 중국의 역사와 그 속에 숨은 이야기를 배우고, 두 나라간의 관계, 건축양식, 불교, 그리고 참된 여행의 방법까지 정말 제대로 공부했다. 그리고 열하와 다른 을병연행록과 우리와 다른 김연수의 탐방까지 찾아가고 엿보았다.

　문득 예전에 처음으로 6학년 담임을 맡았던 아이들이 떠올랐다. 그 아이들과 함께 캠핑도 다니고, 주말농장도 하고, 바닷가로 여행도 했던 기억이 난다. 그때의 아이들은 공부뿐 아니라 경험을 함께 나눴던 덕분인지 15년 가까이 지난 지금에도 나에게 안부를 묻고, 친구들과 함께 술 한 잔을 기울인다. 아마도 함께한 아이들의 경험은 나의 생각보다 훨씬 더 큰 힘을 발휘하고 있는 듯하다. 지금 내 옆의 고소미처럼, 이전의 나의 6학년 아이들처럼, 박지원에게도 늘 함께 했던 '백탑파' 친구들이 있었다. 그들과 공부도 함께하고 선비다운 놀이도 함께 했지만 열하로 떠난 그 순간부터 그는 늘 '천애지기'를 만나기를 고대했다. 아마도 연암이 '백탑파' 친구들과 마음의 거리를 좁히지 못했던 것은 함께 공유할 수 있는 여행의 경험이 없었기 때문이 아니었을까 하는 엉뚱한 생각을 해 본다.

　책을 읽고 떠나 보니 알겠다. 책을 읽어 함께 지식을 쌓고, 여행을 떠나고, 동행한 사람과의 우정까지 얻었다. 게다가 다른 일을 시작할 용기까지 생긴다. 책을 읽는다는 것, 책을 통해 안다는 것, 책과 함께 살아간다는 것은 바로 이런 것이 아닐까? 내가 어른이 되어서야 느낀 이 즐거움을 나의 아들, 딸, 그리고 나의 제자들은 좀 더 일찍 알게 되었으면 하는 바람이 생긴다.

3. 책을 통해 더 넓은 세상을 보다 / 아시아 근대문학 읽기

2016년 상반기 우리의 활동은 '『열하일기』 따라가기' 탐방과 정기 독서모임이 함께 이루어졌기 때문에 조금은 편안하게 읽을 수 있는 문학 위주였다. 그래서 하반기 도서목록은 좀 더 의미 있는 주제를 찾아보기로 하였다. 앞서 『열하일기』와 함께 우리나라와 중국역사를 공부하고 탐방하다 보니 중국 근대사의 흔적들을 심심치 않게 만나볼 수 있었던 터라 이번에는 우리나라를 비롯하여 중국과 일본의 근대문학을 읽어 보는 것이 어떨까 하는 의견이 나왔다. 생각해 보니 고소미 활동을 2년 넘게 하면서도 세계고전문학을 읽는다고 바빴지만 막상 한국문학을 다뤄 본 적은 없었던 게 사실이었다.

그리하여 정해진 우리의 다음 주제는 '아시아 근대 문학을 통해 근대사 훑어보기'이다. 우선 도서 선정을 위해 한국, 중국, 일본 중 자신이 관심 있는 나라를 선택하여 세 팀으로 나누었다. 각 팀에서는 일주일 동안 단체채팅이나 별도 소모임을 갖고 책을 고민해 보기로 하였다. 각 나라에서 근대문학으로서의 의미를 갖는 작품을 선정하기 위해 매우 중요한 과정이었다. 또한 이번에는 근대사공부까지 겸해야 하니 천천히 자세히 읽어 보기 위해 1년에 걸쳐 모임을 진행하기로 하였다. 중간에 아이들의 방학이 끼어 있어 실질적인 모임기간은 9개월 정도였다.

그렇게 해서 2016년 하반기~2017년 상반기 작품으로 12권이 선정되었다. 정기 모임은 매월 2주와 4주 목요일에 진행하기로 하였다. 책을 제안한 사람이 발제자인 동시에 진행자이며, 모임 일주일 전 발제를 밴드에 올리는 것을 포함하여 모임 진행, 후기까지 담당하였다. 또한 정기모임 전 관련 신문기사, 블로그, 영화 등을 공유하여 풍성한 독서모임이 이루어지도록 하였다.

	책 제목	작가		책 제목	작가
1	마당 깊은 집	김원일(한국)	7	사람아, 아 사람아	다이허우잉(중국)
2	무진기행	김승옥(한국)	8	설국	가와바타 야스나리(일본)
3	광장	최인훈(한국)	9	마음	나쓰메 소세키(일본)
4	엄마의 말뚝	박완서(한국)	10	인간실격	다자이 오사무(일본)
5	낙타 샹즈	라오서(중국)	11	색채가 없는 다자키 쓰쿠루와 그가 순례를 떠난 해	무라카미 하루키(일본)
6	인생	위화(중국)	12	이유	미야베 미유키(일본)

1) 한국 근대문학 읽기

지난 2년 동안 독서모임을 하면서 읽었던 문학작품들 대부분은 꼭 읽어야 할 훌륭한 작품들임에는 틀림없었으나 우리나라의 작품들은 단 한 작품도 들어있지 않았다. 고전문학으로서 세계적으로 인정받고 있는 작가와 작품들을 선별하다 보니 우리나라 문학들은 열외가 되어 버린 것이다. 부끄러운 마음에 이번엔 제대로 우리나라의 근대문학을 읽어 보기로 하였다. 그래서 선택한 작품들이 김원일의 『마당 깊은 집』, 최인훈의 『광장』, 김승옥의 『무진기행』 그리고 박완

서의『엄마의 말뚝』이었다. 한국 근대문학 읽기의 과정은 근대사에 관련된 사전자료와 책 읽기→ 발제하기→ 이야기 나누기 → 토론 후기 작성하기→ 책 이해하기(독서 후 활동)로 진행하였다.

▎통일에 대한 고민을 던져 준 김원일의『마당 깊은 집』

김원일,『마당깊은 집』,
문학과지성사, 1991.

『마당깊은 집』은 6.25 직후 정치 경제적으로 혼란스러웠던 시절, '마당 깊은 집'에 모여 살고 있는 안채와 아래채 식구들의 삶을 통해 그 당시의 모습들을 생생하게 그려낸 김원일의 자전적 소설이다. 그들의 삶을 사투리를 써 가며 담담하게 풀어 나가고 있으나, 사실 그 이야기 속에는 먹고 사는 일뿐만이 아닌 정치적, 사회적, 경제적, 그 당시 사회의 현실과 모순들을 모두 들여다볼 수 있다. 그리고 그것은 사실 밝지 않은, 어둡고 우울한 이야기이다. 오래간만에 읽는 우리 문학이다 보니 회원들끼리 함께 공감한 부분들이 많았다. 과정별 어떻게 진행되었는지에 대한 이해를 돕기 위해『마당깊은 집』에 대한 발제부터 독서 후 활동까지 간단하게 소개하고자 한다.

발제하고 이야기 나누기

발제자는 6.25 전쟁과 당시 한국 사회의 분위기를 살펴보자고 하면서 세 가지 주제를 우리에게 던져 주었다.

첫 번째. 한국 사회에서 장남의 의미는 어떤 걸까?

두 번째. 정태 씨와 김천댁 등의 인물들이 바란 이상적인 체제는 무엇이었을까?

세 번째. 어머니와 길남의 관계는 모자관계 외에 소설 속에서 어떤 의미를 갖는가?

전체적인 이야기는 구수한 사투리에 정겨운 마당의 모습까지 모두에게 어린 시절의 향수를 불러일으키게 하는 책인 듯 했다. 그러나 책의 내용 속에 이데올로기 요소를 가미하여 결코 가볍지만은 않은 내용을 담은 책이었다. "자전적 성장소설의 형태로 1인칭인 소년의 시선으로 바라본 시대상을 서술하여 어른인 우리가 사건의 개연성을 느끼기엔 부족한 부분도 있었다."는 얘기도 있었고, "이념은 허상이다. 사회 순응적 삶이 더 행복할지도 모른다."는 이야기도 있었다. 그러면서 각자가 가진 이념에 대한 신념들, 한국사회에서 장남의 의미들에 대해, 그리고 나아가 통일에 대한 이야기까지, 그 어느 때보다도 진지하고 열정적으로 이야기를 나누었다.

발제자 후기

김원일의 『마당깊은 집』을 읽고 느낀 점을 시작으로 함께 이야기를 나누었습니다. 서정성을 바탕으로 22명의 인물들을 통해 전쟁 후의 사회상과 피난민들의 삶을 잘 묘사하였고, 기근과 배고픔 속에서도 희망의 메시지를 주는 책이었던 것 같습니다. 회원들 각자의 어린 시절 이야기, 그리고 성장에 대한 이야기들을 끌어낼 수 있는 시간적, 공간적 배경을 가진 책이었으나 그

무게는 가볍지 않았던 것 같습니다.

　또한 이 책을 통해 전쟁의 아픔과 통일의 필요성에 대해서 생각해 보는 시간도 가져 보았습니다. "통일교육은 가정에서부터!!"라는 회장님의 말씀처럼 가정에서 아이들과 통일에 대해 이야기해 보는 시간을 갖는 것도 좋을 것 같습니다. 한국문학의 첫 출발이었는데 잘 시작했는지 모르겠지만 남은 한국문학을 통해서 우리나라를 더 이해하고 알아 가는 시간이 되길 바랍니다.

- 2016년 9월 14일 민희의 후기

모임에서 나온 여러 가지 발제에 대해 이야기를 나누고 나서 이번 모임을 진행했던 민희 씨가 모임에 대한 후기를 정리하였다. 이렇게 매 모임마다 진행을 했던 사람이 후기를 올리는 목적은 모임에 참여한 사람들에게 말보다 글로 남겨졌을 때 그 책이 더 생생하게 기억에 남겨지고, 모임에 참여하지 못한 사람들에게는 어떤 이야기를 주고받았는지에 대한 궁금증을 해결해 줄 수 있기 때문이다. 또한 추천, 발제와 진행, 후기까지 맡은 회원은 자신의 책에 대한 애착과 함께 그 책임감 또한 강하게 발휘되는 것은 매 모임을 통해서 모두가 느끼고 있는 부분이기도 하다.

책 이해하기!! 내 아이들과 함께 나눈 영화 속 통일이야기

우리 모임의 회원들은 구성이 30대에서 50대에 걸쳐 있어서 6.25에 대해 혹은 그 후 상황에 대해 교육받았던 세대들이다. 그래서 『마당 깊은 집』에 등장하는 환경이나 그들의 삶에 대해 완전히는 아니지만 어느 정도 공감하고 아파할 수 있는 기본은 갖추고 있었다. 그럼에도 불구하고 열심히 지금의 삶을 살다 보니 6.25도 그 시대 서민들의 아픔도, 그것을 극복하기 위해 노력했던 분들도 모두 잊고 살아가고 있음에 부끄러운 마음이 들었다. 그래서 우리들도 다시 되새겨 보고, 우리 아이들에게 쉽게 알려 주는 방법이 무엇이 있을까 고민하다가 떠오른 생각! 각자 집에서 가족이 함께 영화 〈태극기 휘날리며〉와 〈코리아〉를 보고 나서 그 내용에 대해 이야기 나누고, 통일의 필요성에 대해 한 번 생각해 보자고 하였다.

두 영화 중 〈코리아〉를 선택해서 고등학교 1학년인 딸, 초등학교 6학년인 아들과 함께 보았다. 늘 그렇듯 감성 터지는 우리 아들은 중간 중간 안타까운 장면들에 눈을 붉히기도 하였고, 딸 역시 다른 때보다 훨씬 더 몰입하여 영화를 감상하였다.

영화를 다 본 후 지나가는 말처럼 내가 물었다. "그래서 너희들은 우리나라에 통일이 필요하다고 생각해? 안 필요하다고 생각해?" 아들과 딸 모두 당연히 통일은 필요하다이다. 다시 "그럼 왜 통일이 필요한 거 같아?"라고 질문을 던졌다. 아들 왈 "가족끼리 친구끼리 이렇게 떨어져 있는 게 슬픈 거지. 같이 살아야 하는데… 남한이든 북한이든 우리 원래 한 민족이었으니까 당연히 통일을 해야지!" 역시 정에 끌리는 아들의 대답. 고등학생인 딸의 대답은 조금 깊이가 있다. "통일을 해야 하는 건 맞는데, 그에 따르는 경제적인 문제나 정치적인 문제는 조금 복잡한 거 같아. 독일도 통일하고 나서 경제적인 부분을 지금까지도 노력하고 있다고 하던데…" 아이들과 이야기 나누다 보니 통일이 그렇게 쉽게 해결될 수 있는 문제는 아니지만 부모로서 6.25 전쟁에 대해서, 통일에 대해서 사녀들과 함께 이야기를 나누는 일은 정말 중요하다는 생각이 들었다.

내 어릴 적의 통일 교육은 6.25 노래를 부르고, 전쟁에 목숨을 잃은 유공자들

에게 묵념하고, 그저 잊지 말아야 한다고 강조해서 말했던 그런 교육이었다. 그렇지만 지금의 아이들은 우리와 많이 다르다. 또한 우리와 달리 시간적으로, 감정적으로 너무나 그 사건에서 멀어져 있다. 그냥 잊히도록 내버려 두는 것은 교사로서, 엄마로서 옳지 않다는 생각이 든다. 그렇다면 우리는 아이들과 어떤 통일 이야기를 나누어야 할까? 이전에 우리가 받았던 교육과는 다른 방법으로 책을 읽고 토론해 보고, 그와 관련된 영화를 감상하고 자신의 소감을 이야기하는 것이 더 마음에 와 닿지 않을까?

▍한국의 근현대사를 제대로 들여다보게 한 최인훈의『광장』

최인훈,『광장/구운몽』,
문학과지성사, 2014.

『광장』은 최인훈 소설 가운데 가장 잘 알려진 소설로서 남북한 이데올로기를 동시에 비판한 최초의 소설이자 전후문학을 마감하고 1960년대 문학의 지평을 연 작품으로 평가되고 있다. 내가 2013년 한창 독서토론에 빠져 있을 때, 함께 읽을 토론 도서로 누군가 이 책을 추천한 적이 있었다. 원래 읽고 싶었던 책이라 바로 인터넷으로 주문하여 받긴 했으나 여러 가지 바쁜 상황에 쫓겨 책상에 자리만 차지하고 있었던 책이었는데 마침 이번에 다시 추천도서로 만나게 되었다. 역시 좋은 책은 어느 곳에서나 빛을 발하고 선택되나 보다.

무엇보다도 우리가 이 소설을 읽고 이야기 나눈 2016년 후반기 우리나라의 정치적 상황이 조금은 혼란스러웠던 시기라 소설 속 '밀실'과 '광장'에 대해 심각하게 고민해 보고 이야기를 나누기에 더없이 좋은 책이었다. 발제는 '광장', '밀실', '이데올로기', '사랑', '제3국', 그리고 '자살'의 키워드 아래 이루어졌으며, 진행방식은 다른 모임과 비슷하게 진행되었다. 모임이 진행되는 도중 인상 깊었던 것이 빽빽이 적힌 발제자의 노트였는데, 그에 못지않게 정리된 나와 다른 회원들의 독서노트로 토론 내내 훨씬 더 깊이 있는 대화를 이어갈 수 있었다. 우리의 독서노트나 발제노트는 특정한 양식이 주어진 것은 아니다. 발제를 맡은 사람은 부담감과 책임감으로, 참여하는 사람은 책에 대한 내용을 더 기억하고, 그 기억을 확장시키기 위해 자발적으로 자신만의 방식으로 기록하게 된 것이다.

독서노트, 그리고 발제노트

책모임을 하면서 나에게 확실하게 생긴 독서 습관이 있다면 책을 읽을 때마다 독서노트를 적게 된 것이다. 처음에는 책 속에 나오는 좋은 구절들을 적기 위해서였는데 점점 등장인물 분석, 의문점들, 구절과 구절과의 관계들, 구절의 의미들 등 여러 각도로 책을 들여다보고 있는 나를 발견하게 되었다. 또한 독서노트는 나중에 다른 진행자가 올리는 발제내용에 대해 토론할 때에 아주 유용하게 활용되었다. 우리 아이들이 책을 읽고 주제를 만들어 내거나 주어진 주제에 대한 찬반의 입장과 그에 대한 근거를 정리할 때처럼 우리 모임의 회원들도 점차 자기만의 독서노트를 정리하는 데에 흥미를 붙여 가고 있었다. 모임 2년차에 들어온 윤정 씨는 첫 독서모임에 참여했을 때 "나는 책을 읽고 줄거리만 알고 모임에 참여할 거예요. 그리고 꼭 논제에 대한 이야기만 얘기할 필요 있나

요? 중간 중간에 내가 하고 싶은 이야기하면서 편하게 참여하고 싶어요."라고 말했다. 그런데 몇 개월의 시간이 흐른 뒤, 빽빽한 독서노트를 옆에 끼고 나타나서 우리를 놀라게 하더니, 그 안을 자신이 인상적으로 느꼈던 책의 구절들과 페이지로 빽빽이 정리해서 뿌듯하다며 자랑까지 하고 다닐 정도였다.

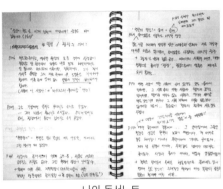
나의 독서노트

『광장』을 읽고 정리한 나의 독서노트에는 '명준'과 '정 선생'의 대화 중 의미 있다고 생각되는 구절 위주로 정리되어 있다. 그런데 그 구절들을 따라가다 보면 '밀실과 광장의 의미는 무엇일까?', '명준의 밀실은 윤애이면서 은혜인 걸까?', '명준이 스탈리니즘 사회에서 살아 보았다는 겪음이 준 깨달음이 이것인가?' 등 구절 속에서 내가 생각해 낸 의문점이나 느낀 점을 기록하게 된다. 또한 명준이 마르크스주의에 대해 설명하는 구절에서는 바로 전에 읽었던 『사람아 아, 사람아!』의 '마르크스와 휴머니즘'에 대한 기억을 떠올리기도 한다. 그리고 내가 다른 사람들과 함께 나누고픈 주제로 '광장다운 광장이 존재하는가?', '명준은 광장에 나서려고 진정으로 노력한 적이 있었는가?', '아리스토텔레스의 폴리스와 광장의 의미를 함께 이야기 나누어 보면 좋겠다.' 등을 적어 놓기도 하였다.

책을 읽는 사람에게 독서노트를 적는 것이 중요하다면 발제자에게는 발제노트가 무척 중요하다. 단체 밴드에 발제자가 발제 내용을 올리는 것이 우리의 모임의 사전 준비로 그 의미를 갖는다면 그 내용에 대해 발제자가 어떤 방식으로

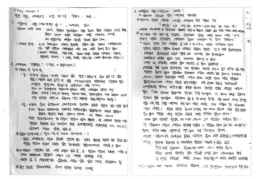

혜옥 씨의 발제노트

이끌어 낼 것인지, 자신의 의견은 어떠한지를 정리하는 과정은 발제 및 진행을 맡은 이에게는 큰 부담이라고 할 수 있다. 그럼에도 불구하고 매번 우리의 발제자들은 정말 훌륭하게 작가, 책의 줄거리, 관련 철학 및 역사, 발제 내용에 대한 자신의 생각까지 준비해 오는 적극성을 갖고 있었음은 서로에게 큰 행운이었다. 그리고 그것이 우리 모임을 3년 넘게 이끌어온 원동력이었을 것이다.

『광장』의 발제를 맡은 혜옥 씨는 우리 모임에서 성실하고 폭넓은 지식을 가진 것으로 두루 인정받고 있는 회원이다. 앞선 발제에서도 알 수 있듯이 토론 주제들은 그리 만만치 않았는데 이쯤에서 그녀의 발제노트를 살짝 공개해 본다. 나의 독서노트가 책의 내용에 초점을 두고 있다면 혜옥 씨의 발제노트는 이 책의 '아름다운 서문(1961년판)' 중의 이야기로 우리의 이야기를 시작한다. 그 서문을 통해 4.19 혁명 후의 사회적 분위기, 그 당시 대학생들과 현재 대학생들의 의식과 생활이 다름을 이야기한다. 그리고 함께 이야기 나누고자 했던 발제에 대해 손 글씨로 빽빽하게 자신의 의견과 책 속의 구절들을 써서 준비해 왔다. 이런 부지런한 그녀의 준비로 우리의 이번 토론은 풍성하게 많은 이야기가 오고간다. 내가 써 놓은 구절과 그녀가 말하고자 하는 구절이 겹치게 되는 부분에서 '앗! 찌찌뽕!!'의 순간을 맞이하기도 하였다. 함께 고소미 모임을 하면서 서로의 생각이 닮아감을 느끼며 우리의 역사를, 우리의 책을, 우리의 삶을 이야기

하였다.

우리가 토론교육의 중요성을 꼽을 때 가장 강력하게 이야기하는 것이 말하기, 듣기, 읽기, 쓰기 네 가지 능력을 종합적이고 균형적으로 발달시킬 수 있다는 것이다. 독서모임의 초창기, 어른인 우리들조차도 책 속의 내용이나 느낀 점, 의문점들을 기록하는 것을 매우 낯설어 하는 것을 보면 아이들의 모습과 별반 다르지 않았었다. 그러나 거듭되어 가는 모임 속에서 달라져가는 회원들의 모습을 보면서 드는 생각은 독서도, 글쓰기도 습관이라는 것이다.

특별한 형식에 얽매이지 않고 필요한 부분을 적어 가며 자신만의 독서노트를 완성해 가는 모습을 보니 예전에 내가 아이들에게 독서노트를 쓰게 했던 시간들이 생각났다. 글쓰기 주제를 알려 주고 나서 혹시 아이들이 잘못 쓸까 봐, 아이들이 잘 이해하지 못했을까 봐, 쓰기 힘들어 할까 봐 노심초사하던 선생님. 일정한 양식을 만들어 주고, 그림을 그리게 하고, 무엇을 써야 하는지 자세하게 설명해 주던 나. 이제 와서 생각해 보니 그 아이들은 원하지 않았던 나만의 지나친 친절은 아니었나 싶다.

조금 부족한 듯 보여도 처음에는 한 단어나 한 구절로, 그 다음에는 그림이나 생각그물로, 그리고 다음에는 한 문장 혹은 여러 문장으로 자유롭게 시작하게 한다. 그렇게 써 내려가며 자기가 정리하기에 적합한 방법을 찾아가도록 했다면 아이들은 스스로 발전할 수 있었을 지도 모르겠다. 오히려 지나친 나의 '오지랖'으로 아이들의 가능성에 틀을 만들어 놓은 것은 아니었는지 진지하게 생각해 보게 된다. 물론 그 당시에는 그 틀이 아이들을 안내하고, 창의력을 이끌어낼 수 있을 거라는 의도를 분명하게 갖고 진행한 방법들이었다.

'최소한의 틀과 최소한의 안내, 지나치지 않은 친절(?)로 아이들의 가능성 끌어내기!!' 분명 교실에서 쉽지 않은 방법이다. 그렇지만 어떻게 실천해야 할지 돌아가기 전 제대로 고민하여야 할 부분이라는 것은 인정!

책 이해하기!! 같은 작가의 다른 작품 『구운몽』 vs. 『광장』

발제자의 제안으로 최인훈의 『광장』 뒷부분에 나오는 또 다른 그의 작품 『구운몽』을 읽고 두 작품을 비교해 보기로 하였다. 작품의 내용과 구성, 그 속에 나오는 '이명준'과 '독고민'이라는 인물을 비교해 보고, 대조적인 '광장'의 의미에 대해서도 이야기를 나누었다.

그저 막연히 읽고 싶었던 최인훈의 『광장』을 읽었다. 그 하나의 작품으로 끝날 수도 있었는데 『구운몽』이라는 그의 또 다른 작품까지 함께 읽어 보게 되었다. 책과 함께 4.19와 5.16이라는 우리의 근현대사에 대해서 되돌아보고 생각하고, 이해할 수 있게 되었다. 작품 속에 나오는 이야기들을 벗어나 그 작가의 다른 작품을 읽어 보는 것도 괜찮은 책 읽기의 방법이라는 생각이 든다. 왠지 그 작가와 더 친해진 느낌이랄까?

슬로리딩을 진행했던 학교들이 '작가에게 편지쓰기' 혹은 '작가 초청하여 함께 이야기 나누기' 등의 활동을 하는 이유는 작가와의 만남을 통해 작품 속에서 궁금했던 점도 물어보고, 작품을 쓸 때의 과정도 알아 가면서 그 작품을 더 잘 이해하게 될 것이라는 생각이 그 출발이었을 것이다. 같은 맥락으로 같은 작가의 작품을 한 작품 이상 읽고 나면 하나를 읽었을 때와 달리 각각의 작품에 대한 궁금증뿐 아니라 작가에 대한 호기심이 점점 생겨날 것이다. 그때 작가와의 만남을 진행하면 그 만남은 아이들의 마음속에 더 의미 있게 다가올 것이다.

2) 중국 근대 문학 읽기

공업과 농업의 급속한 발전을 이루어보자는 '대약진 운동'과 『열하일기』탐방 때 공묘에서 만난 '진사제명비의 칼날'과 김연수가 여행길에 만난 '폐허가 된 이 제묘'의 원인이 되었던 '문화 대혁명', 한국의 근대사 못지않게 중국의 근대사 역시 복잡하고 혼란스러웠던 시기였다. 마침 우리 회원 중에 중국문학을 전공한 회원의 제안으로 중국의 근대사를 살펴볼 수 있는 중국 문학들을 소개받았으며, 그중에서 선정한 도서는 라오서의 『낙타 샹즈』, 위화의 『인생』, 다이허우잉의 『사람아, 아 사람아』였다.

▌샹즈의 비극은 개인의 책임일까? 사회적 책임일까? 라오서의 『낙타 샹즈』

라오서 저, 심규호 외 1명 옮김, 『낙타샹즈』, 황소자리, 2008.

중국 근대 문학 읽기, 그 첫 번째는 라오서의 『낙타 샹즈』이다. 1936년 '라오서'가 산동대학 교수직을 사퇴하고 전업 작가로 돌아선 후 쓴 첫 번째 작품이기도 하다. 1950년 이후 신중국의 여러 장면의 삭제요구로 고초를 겪었다 하니 그만큼 그 시대 중국 사회의 모습을 잘 드러냈으리라는 기대를 갖게 하는 작품이기도 하였다. 책의 발제를 맡은 민희 씨는 우리에게 5가지의 주제를 던져 주었다. 첫째, 낙타 샹즈에서 낙타가 의미하는 것은 무엇일까?, 둘째, 샹즈처럼 나는 타인으로부터 내 가치관과 생각을 강요당한 적이 있는가?, 셋째, 사회의 부조리로 인해 나의 꿈을 접었던 적은 없는가?, 넷째, 샹즈의 불행한 삶은 개인적 책임인가? 사회 구조적 책임인가? 다섯째, 주변에 샹즈처럼 살아가는 사람들에게 우리는, 사회는, 어떤 말을 건넬 수 있을까? 화기애애한 분위기 속에서 낙타 샹즈에 대해 진지한 얘기를 나누었다.

20세기 초 북평 사람들의 일상사와 부패한 권력이 개인의 삶에 가하는 야만적 폭력 등을 문학적으로 형상화한 작품에 등장하는 그 시절의 하층민의 삶과 21세기를 살고 있는 우리네 소시민들의 삶이 결코 다르지 않다는 것이 대부분의 의견이었다. 가장 이야기를 많이 나눈 주제는 4번째 주제였는데 샹즈의 불행에 대해 개인적 책임이 조금은 있다고 생각한 회원이 있는 반면, 개인적 책임으로 돌리기엔 열심히 살았지만 불행했던 샹즈의 삶에 너무 가혹하다며 사회적 책임이 크다는 회원들도 있었다.

책도 읽고, 토론도 하고 난 후 〈낙타 샹즈〉 영화를 감상하였다. 물론 중국어로 된 영화라서 내용을 모두 이해할 수는 없었지만 책 속에서 보았던 인물과 사건들이 언어의 장벽을 어느 정도 허물었다고 해야 할까? 글자로 읽었던 것을 화면 속에서 보니 샹즈가 살아가는 시대, 주변 사람들을 훨씬 생생하다. 그래서 더 마음이 먹먹하기도 하였다.

▍'푸구이'의 불행한 인생은 숙명이었을까? 위화의 『인생』

위화 저, 백원담 옮김,
『인생』, 푸른숲, 2007.

위화의 인생은 '푸구이' 노인이 '나'에게 담담하게 자신의 이야기를 들려준다. 책을 읽히기 위해 자극적인 묘사나 극단적인 사건이 벌어지는 이야기가 아니고 '푸구이'가 담담하게 들려주는 이야기에 가슴이 먹먹해져 어느 순간 눈에 눈물이 고이는 그런 작품이다. 평생 사랑하는 사람들이 죽어 가는 모습을 보고 혼자 남아 삶을 살아내고 있는 '푸구이' 노인. 전란과 문화대혁명으로 험난했던 중국의 격변기, 그 사회가 험난하면 할수록 그의 개인적인 삶도 점점 더 비극적으로 치닫고, 읽다 보니 그냥 먹먹해지는 위화의 『인생』, 『살아간다는 것(活着)』.

이 책의 발제는 50대 언니, 윤정 언니가 해 주었는데, 역시 삶을 살아온 연륜 덕분인지 굵고 짧은 발제로 모임을 진행하였다. 발제내용은 "주인공 '푸구이'에게 가족이란 무엇일까? 인생이란 무엇일까? '인생'은 삶의 도피인가? 아니면 담담함의 지혜인가?"였다. 앞서 읽었던 작품인 『낙타 샹즈』속 '샹즈'와 '푸구이'의 살아가는 방법의 차이에서 가족이라는 징한 테두리의 소중함을 느낄 수 있었다. 책 읽기 후 활동으로는 중국영화 '인생(話着)'을 감상하며, 책을 좀 더 이해할 수 있는 시간을 마련하였다.

이번 책은 토론 당일보다 토론이 끝난 후 이어진 단톡에서의 이야기들이 더 길었다. 모임에서 미처 이야기하지 못한 부분들이 많이들 아쉬웠나 보다. 그 대화 속에서 회원들의 독서력이나 글 쓰는 실력들이 드러난다. 그와 함께 나는 한

정되었던 나의 독서와 보잘 것 없었던 독서량에 저절로 고개를 숙이게 된다. 독서모임의 방식이 책선정과 발제, 진행을 돌아가면서 하는 것이다 보니 중국문학이라는 테두리는 같으나 그 방식들이 참 다양함을 발견하게 된다. 때때로 그 속에서 회원들 각자의 책 읽는 방식이나 성격, 그들의 삶까지도 함께 나누고 있음을 느끼기도 한다.

비평적인 독서의 시작, 같은 시대 다른 책들을 읽으며

『낙타 샹즈』와 『인생』, 그리고 마지막에 읽은 『사람아 아, 사람아!』 속에서 우리는 '대약진 운동'과 '문화대혁명' 시대의 중국의 모습을 들여다 볼 수 있다. 특히 위화의 『인생』과 다이허우잉의 『사람아 아, 사람아!』 두 작품은 시간적 배경이 같은데 그 속에 등장하는 인물들의 성격이나 사건은 완전히 다르다. 그래서 작품 속 인물에 대해 이야기를 나눌 때 작품에 대한 호불호가 극명하게 갈리기도 했던 작품들이다. 오히려 그런 작품의 다름이 우리로 하여금 역사적 사건을 바라보는 객관성을 가질 수 있도록 도와주었다는 생각이 든다. 마치 열하 탐방 때 우리가 읽었던 연암의 『열하일기』와 홍대용의 『을병연행록』처럼 말이다.

작가가 어떤 관점이나 의도를 가지고 글을 쓰느냐에 따라 그들의 작품은 다르게 태어난다. 물론 독자가 작가의 의도를 제대로 파악하는 것이 문학공부라 할 수 있겠지만 다른 한편으로는 작가의 의도가 무엇이던 책을 읽고 느끼고 생각하는 것은 온전히 독자의 몫이 아닐까라는 개인적인 생각을 해 본다. 물론 작품의 바탕이 되는 사상이나 시대를 완전히 배제해서는 안 되지만 말이다. 그것이 바로 비평적인 독서의 시작이 아닐까? 만약 우리 아이들이 어릴 때부터 책을 선택하고, 제대로 읽고, 생각할 수 있다면, 또 그런 활동들을 즐거움으로 느낄

수 있다면 나처럼 어른이 된 후 자유롭고 엄청난 독자의 권리를 마음껏 누릴 수 있으리란 확신이 생긴다. 그렇게 하려면 그 발판은 학교현장에서, 바로 우리 교실에서 마련되어야 할 것이다.

책 속의 역사, 영화로 쉽게 이해하기

중국의 근대문학을 읽으면서 중국의 격변기 역사도 공부하고, 책 속에서 그 당시 사람들의 삶을 들여다보았다. 그렇지만 우리와 다른 문화, 다른 역사이므로 완전히 책을 이해하기엔 한계가 있었다. 그래서 선택한 것이 영화감상, 소설을 원작으로 하는 〈낙타 샹즈〉와 〈인생〉을 보면서 소설 속 이야기를 떠올려 보았다. 대부분의 영화가 그렇듯이 원작과는 조금 다른 스토리였지만 인물들과 그 시대를 표현한 장면들을 보면서 책 속의 이야기가 좀 더 가깝게 나에게 다가왔다.

우리는 흔히 책이 주는 좋은 점 중의 하나가 아이들의 상상력을 풍부하게 만든다고 이야기한다. 맞는 말이긴 한데 만약 읽고 있는 책이 지금 내가 읽었던 책들처럼 아이들의 생활과 완전히 동떨어진 것이라면? 더군다나 지금 내가 읽었던 이 책들처럼 너무 오래된 역사 속 이야기이거나 책 속의 상황이 아이들의 실생활과 동떨어져 있는 경우 상상력은커녕 이해력 면에서 문제가 있을 수도 있을 거란 생각이 들었다. 그렇게 되면 당연히 아이들의 흥미는 끌지 못할 것이고, 책은 그저 책 속의 글로만 끝나 버릴 수도 있을 것이다. 어쩌면 나는 책 읽기의 정말 중요한 과정 중 하나인 책에 대한 이해력을 뒤로 하고 상상력이라는 이름으로 다독을 강요하고 있던 것은 아닐까? 그렇다면 아이들이 책을 읽고, 이해하고, 그것을 통해 상상력을 펼치기까지 난 어떻게 도와주어야 할까? 책을 읽고 토론하고, 책 속의 역사를 배우고, 책과 관련된 영화를 보고, 책 속의 장소들을 탐방하는 지금 내가 하고 있는 독서의 방법들, 그리고 지금 학교현장의 '슬로리딩' 책 읽기의 방법, 두 가지 방법이 만나는 지점에서 그 해답을 찾을 수 있을 것 같다.

3) 일본 근대 문학 읽기

아시아 문학 중 일본 근대문학 읽기는 제일 마지막이었다. 일본이란 나라는 사실 국제적으로 우리나라와 여러 가지 미묘한 관계를 갖고 있었던 터라 우리 모임 내에서 일본문학을 누가 담당할 것인지에 대해 약간의 망설임은 있었던 게 사실이다. 평소에 일본 애니메이션과 무라카미 하루키를 좋아했던 나는 이번을 계기로 다른 일본 작가의 작품을 한번 읽어 보기로 하였다. 그래서 선택한 일본문학은 『설국』, 『마음』, 『인간 실격』, 『색채가 없는 다자키 쓰쿠루와 그가 순례를 떠난 해』, 『이유』이다. 이전 읽었던 중국, 한국과 달리 전혀 사전 지식이나 관련 전공자가 없었던 일본 문학은 오히려 우리에게 호기심을 불러 일으켰다. 그래서인지 다른 나라에 비해 선택한 도서의 수가 더 많아지는 신기한 일이 일어나기도 했다.

▌현대를 살고 있는 우리의 '마음'을 들여다보다. 나쓰메 소세키의 『마음』

일본문학이라고 하면 하루키 작품만 몇 권 읽어 보았던 나였기에 중국, 한국, 일본 중 어느 나라를 선택할까 눈치만 보다 결국 일본문학에 당첨!! 누구의 어

나쓰메 소세키, 오유리 옮김,
『마음』, 문예출판사, 2002.

떤 작품을 정할지 고민하고 검색하던 끝에 결정한 작품이 나쓰메 소세키의 『마음』이다. 나쓰메 소세키는 일본의 셰익스피어라고 할 만큼 위대한 작가로, 얼마 전까지도 일본 100엔 권 화폐에 인쇄되었던 작가라고 한다. 그의 작품이 일본 교과서에 꼭 실려 있을 정도라고 하니 한번 읽어 볼까 하는 생각으로 검색해 보니 작품 수가 의외로 많다. 그 많은 작품 중 무엇보다도 『마음』이라는 이 작품의 제목이 무작정 끌렸다.

이 책에서 이야기 나누고자 했던 것들은 등장인물에 대한 나의 생각, '나'가 선생님에게 끌렸던 이유, 친구 K와 선생님의 자살의 이유, '나'와 '선생님'의 관계, 문학의 기능은 무엇일까에 대한 내용이었다. 이 이야기의 서술자인 '나'는 호기심과 막연한 이끌림으로 '선생님'과의 만남을 시작한다. 그와의 만남을 통해? '선생님' 본인은 '사람', '사랑', '신뢰'를 부인하고 거부하지만 원래 '사랑을 갖고 있었던 그 누구보다도 사람다운 사람'이었음을 '나'는 느낀다. '유서', '자살'로 끝을 맺는 이 이야기는 결코 유쾌한 것은 아니었다. 그렇지만 선생님의 '마음'을 알아주는 나와의 교감으로 이 소설은 나에게 잔잔한 감동이었다.

문학의 본질과 그 기능에 대하여

이 작품에 대한 순수한 감상 중이었던 나의 뒤통수를 치는 이 작품의 본 모습, 이 작품이 정치적으로 국가와 사회를 지속시키는 문학으로서 일본에서 몇십 년간 베스트셀러라는 것이었다. 마치 우리가 국어 시간에 김유정의 『동백

꽃』이나 이효석의『메밀꽃 필 무렵』을 읽는 것과 같은 느낌이 아니라 정치적으로 이용된 찜찜한 배경을 지닌 베스트셀러. 그런 이유로 인해 이 작품을 순수하게 읽었던 나는『마음』이 이용되었던 일본 사회, 소세키라는 작가에 대해 독자로서의 일종의 배신감(?) 같은 것을 느꼈다. 그저 좋은 책을 읽었다는 감상으로만 남기고 싶었는데 다른 회원들의 생각은 좀 달랐다. 우리가 문학작품을 읽는 목적은 감상뿐 아니라 시대적 배경, 작가의 의도, 책 속의 내용파악 등등을 종합적으로 이해하는 것이 아니겠느냐는 대세에 따라 더 조사하고 이야기 나누기로 하였다. 그렇게 해서 정해진 주제는 첫째, 문학이란 무엇이며, 문학의 역할은 무엇이라고 생각하는가?, 둘째, 식민지 조선의 문학자들에게 일본 문학의 의미는 어떤 것이었을까?, 셋째, 우리나라에서 '국민작가'로 칭할 만한 작가는 누가 있으며, 어떤 작품이 있을까? 였다.

'문학이란 무엇이며, 문학의 역할은 무엇이라고 생각하는가?'란 주제에 대해 희정 씨는 "문학의 역할에 대해 재미있어야 함은 필수이고, 그 안에서 독자에게 다양한 생각을 제시할 수 있어야 한다."고 이야기한 반면에 정희 씨는 "앙드레 지드가 문학의 현실참여에 대해 역설하였듯이 긍정적인 사회를 만드는 데 문학이 적극적인 역할을 해야 한다."고 하였다. "두 가지를 완전히 분리해서 볼 수 없는 것이 시대를 살아가는 작가들의 딜레마일 수도 있다."는 혜옥 씨의 의견까지 꽤 팽팽한 의견들이 오고갔다.

두 번째 주제인 식민지 조선의 문학자들에게 일본 문학의 의미는 식민지 국민들의 표현의 자유를 억압하거나 식민지 상황을 찬양하는 정치직인 도구로서의 문학의 역할이었다는 것에 모두 동의하는 분위기였다. 또한 쓰고자 하는 욕구와 쓰고 싶은 것을 쓰지 못하는 것 역시 우리 문학자들에게는 참을 수 없는

고통이었을 것이라는 데에도 이견이 없었다.

마지막으로, 우리나라의 '국민작가와 작품'으로 혜옥 씨는 계몽주의 성향을 지닌 현대작가 조정래의 『태백산맥』을, 현경 씨는 조선시대 허균의 『홍길동전』을 추천하였다. 또한 몇몇의 회원들은 박경리의 『토지』에 손을 들어 주면서 대중성, 진보와 보수의 양면성, 당시 시대적 상황을 제대로 담아낸 최고의 작가와 작품이라는 의견을 내 주었다. 다른 한편에선 그럼 이참에 고소미의 또 다른 프로젝트로 세 작품들을 제대로 읽어 보는 것은 어떨까라는 적극적인 제안을 내기도 하였다.

책을 추천하려면 제대로 읽어 봐야지!

우리 반 아이들에게 혹은 나의 자녀들에게 읽을 책을 추천해 줄 때 우리는 아이들의 읽기 수준, 그 책이 가진 어휘, 내용과 함께 작가의 의도, 문학사적 가치 등 여러 가지 면을 고려한다. 그러나 그 책들을 담임교사 혼자서 선정하기에는 버거운 경우가 종종 있다. 그럴 때 나는 여러 가지 인정된 협회 혹은 독서모임에서 우선 추천된 책들 중에서 목록을 정하곤 했다. 그 목록 중에는 내가 읽은 책도 있고, 그렇지 않은 경우도 있다. 물론 그렇게 선정했던 도서들은 크게 나의 기대를 벗어난 적은 없었다. 대부분 권위 있는 상을 수상하거나 이미 읽은 경험이 있는 교사들의 추천이었으므로 말 그대로 뒤통수를 맞을 만한 상황은 벌어지기 힘든 것이다.

그러나 고학년의 도서를 추천할 때, 혹은 중학생 이상의 자녀를 위한 책을 고를 때는 책의 내용, 작가의 의도, 시대적 의미 등 여러 면을 종합적으로 고려해야 한다는 것을 이 책을 접하면서 제대로 느꼈다. 앞서 작가의 의도가 무엇이던 감상은 독자의 몫이라 주장했던 내 이야기에 살짝 빗나가는 것일지 모르나 이 책의 의도를 알고 나서 '마음 상한' 나의 감상을 우리 아이들은 느끼지 않았으면 한다. 그러려면 책의 추천을 맡은 사람은 교사이던, 아이들이던, 어른이건 제대로 책을 읽고, 알고 제안해야 한다는 책임감을 느껴야 한다. 무책임하게 책을 선정해 놓고 나처럼 제대로 뒤통수를 맞을 수 있을 수도 있으니 말이다. 그럼에도 불구하고 글을 쓰는 이 순간, '나쓰메 소세키는 원래 그런 의도가 아니었는데 정치적으로 자신의 작품이 이용당했던 건 아닐까? 자신의 작품이 이용당하는 것을 알고 많이 슬프지 않았을까?' 라고 나에게 위로를 던지고 싶다.

▎과연 인간다운 것은 무엇일까? 다자이 오사무의 『인간 실격』

다자이 오사무 저, 김춘미 옮김, 『인간실격』, 민음사, 2004.

인간의 나약함에 대해 너무 적나라하게 써 내려간 다자이 오사무의 『인간 실격』, 이 작품의 배경은 2차 세계대전 패배 후 기성세대의 가치관 및 윤리관, 도덕관이 함께 붕괴되면서 젊은이들이 공황상태에 빠져 있었던 일본이다. 순수하고 여린 심성의 젊은이가 인간 사회의 위선과 잔혹성을 견디지 못하고 파멸되어 가는 과정을 그린 소설로, 스스로를 어느 세계에도 속하지 못한 인간 실격자라고 이야기한다. 그런 뜻에서 현대 사회에 대한 예리한 고발문학으로 가치를 지닌다고 한다. 작품을 읽고 나니 앞서 읽었던 『마음』 이상으로 전체적인 느낌이 우울하다. 작가 자신이 비슷한 삶을 살았기 때문일까? 일본문학이 전반적으로 이런 공통의 감성을 지닌 것

일까?

이 책을 읽고 우리가 나눈 이야기는 인간의 본질 그 자체에 대한 것들이었다. 인간이란 무엇이며, 과연 인간다운 것은 무엇일까? 요조가 스스로에게 내린 인간 실격 판정은 옳은 것인가? 현대사회에서 인간에 대한 신뢰는 가능한가? 발제자인 현경 씨는 "본래 인간(人間)이란 말은 인생세간(人生世間)의 줄임말로 사람이 사는 곳, 사람과 사람사이를 의미한다고 합니다. 즉 인간은 사람과 사람사이에서 소통하며 살아야 하는 사회적 동물이라고 할 수 있죠."라는 설명으로 모임을 시작했다.

그에 따라 요조의 인간 실격 판단에 대한 이야기로 자연스럽게 이어졌다. "요조는 인간 실격이라고 할 수 있어요, 주변의 것과 소통하지 않고 스스로 단절시키고 노력을 하는 모습조차 보이지 않았으니까요."라고 말하는 회원이 있는 반면 "타락하고 부조리한 인간사회에 살기 위한 사회성, 융통성 없이 태어난 것은 인간 실격의 문제가 아닌 요조의 본성에 관한 부분이라고 생각해요. 그저 하나의 사회 부적응자로 받아들이는 것이 맞을 것 같아요.", "융통성을 갖고 태어났든 그렇지 않든 간에 우리는 인간의 다양성을 인정하고 편견 없이 받아들여야 하지 않을까요? 그건 인간 실격의 문제와는 별개인거죠."라는 의견들이 오고갔다. 다만 어떤 사회에서든지 자기 자신으로 삶을 살아가는 주체성을 기반으로 사회와의 관계를 다져 나가려는 노력이 필요하다는 사실은 모두가 인정하는 부분이었다.

일본의 특이한 문학, 사소설(私小說)

작가 다자이 오사무를 이해하려면 먼저 일본의 특이한 문학형태인 사소설(私

小說)을 이해해야 한다. '사실이 예술', '작가의 삶을 주인공에 대입'하는 사소설의 형식은 예술을 관철하기 위해 작가의 현실을 희생해야 한다. 평범한 현실은 소설의 소재가 될 수 없었고 픽션을 쓸 수도 없었기 때문에 더욱 자극적인 작품 소재를 위해 자신의 삶을 희생해야 하는 것이 사소설인 것이다. 작가로서 욕심이 지나쳤던 탓일까? 약물중독, 네 번의 자살 시도 후 결국 자살하게 되는 그의 비극적인 결말은 다자이 오사무를 '사소설의 대가'로 만들어 주었다. 그가 기대했던 결말은 과연 이런 것이었을까?

자신의 작품을 위해 자신의 삶을 희생한다는 일본 사소설의 형태가 우리에겐 무척 낯설게 느껴진다. 우리나라와 중국의 문학에서는 느끼지 못했던 낯설음, 어쩌면 아시아 문학을 나라별로 읽자고 한 처음에 우리는 이런 다름이나 낯설음을 기대하고 있었는지도 모르겠다. 우리나라, 중국, 일본의 문학을 읽으면서 느낀 것처럼 다른 나라의 문학을 읽는다는 것은 그들의 역사뿐만 아니라 그들 고유의 삶과 정서를 경험한다는 것이다. 그렇게 지금 우리는 책을 통해 더 넓은 세상을 보고 경험하는 중이다.

장미영

책과 벗들이 나에게 남겨준 것들

언젠가 우리 회원 중 한 사람이 말했다. "독서는 깊은 바다를 잠수하는 것과 같다고 해요. 바다를 잠수하려면 수면 위에서 일단 어느 정도 갈 때까지는 여러 가지 저항으로 힘이 들잖아요. 그런데 그걸 통과하면 아주 깊은 바다 속까지 수월하게 들어갈 수 있어요. 그런데 완전히 깊은 바다로 들어가기 전 잠시 쉴까 하고 수면 위로 올라오면? 다시 처음 시작 할 때의 과정을 똑같이 밟아 얕은 바다부터 힘을 들여 조금씩 조금씩 들어가야 하는 거죠."

독서를 평생의 습관으로 만드는 것은 무척 힘들다. 어느 경지에 이르기 전까지는 쉬지 않고 늘 책을 읽어야 하니 말이다. 분기를 마치고 다음 분기를 시작하기 전 아이들 방학으로 잠시 쉬었다가 다시 책을 들었을 때 나는 앞서 말한 잠수의 어려움을 경험한다. 그렇지만 포기할 수는 없다. 책을 통해 많은 즐거움을 얻었고, 앞으로도 더 많은 것을 얻을 것이라는 확신이 있기 때문이다. 물론 벗들과 함께 말이다.

1. 무모한 도전에서 얻은 책 읽기의 즐거움

▎'혼자'보다는 함께

3년이라는 긴 시간을 혼자서 책을 읽고자 했으면 나는 과연 몇 권이나 읽었을까? 읽은 권수는 그렇다 치더라도 제대로 읽은 책이 과연 있었을까? 그저 교육에 관련된 도서들만 옆에 끼고 무언가 연구를 해 보겠다고 혼자서 발버둥치고 있었을지도 모르겠다. 나 혼자서는 할 수 없었다. 『열하일기』 탐방하기, 아시아근대문학 읽기, 대륙별 대표문학 읽기, 그리고 앞으로 읽어 보자고 한 한국 장편소설 읽기까지 모든 게 함께이기에 가능했던 책에 대한 도전이었다.

사실 처음에는 나의 보잘 것 없는 나의 독서력에 좌절하고 부끄러웠다. 그런데 하다 보니 오히려 전공한 분야나 흥미를 갖고 있는 부분이 다양하기 때문에 많은 책을 읽어 자신의 독서력을 자랑하려고 할 필요도 없었고, 많이 알지 못해 부끄러워할 필요도 없었다. 한 사람이 역사에 대해 잘 알면, 어떤 이는 철학을 알고, 또 다른 이는 교육에 대해 전문가였다. 그렇게 우리는 책 한 권을 읽고 나서 그 안에 있는 모든 분야의 이야기를 누군가가 이야기하고 들어 주고 물어보았다. 모두 모르는 것이 있으면 함께 공부하였다. 그렇게 우리는 책 속의 더 넓은 세상을 함께 여행하였다.

▎'나'와 '타인'의 조화로운 삶

어떤 책을 읽었던 2주에 한 번 모임을 시작할 때면, 제일 먼저 책 속에서 나온 이야기들을 편하게 주고받는다. 책 줄거리, 주인공에 대해 이야기 나누기, 일종의 워밍업이다. 그리고 잠시 후 내용에 자신의 생각이나 경험을 섞어 이야

기하기 시작한다. 한 회원이 그렇게 말하고 나면, 그 의견에 대해 동의하는 혹은 동의하지 않는 자신의 의견을 말하면서 자연스럽게 토론의 장이 마련된다. 한 가지 논제만 정하지 않아도 되고, 가끔 삼천포로 빠져도 괜찮다. 오히려 삼천포로 빠지는 날엔 그 사람의 맘속 깊은 옛이야기를 들을 수 있다. 시댁이야기, 나의 자식이야기, 옛날 학창시절 이야기 등 책의 종류가 다양할수록 우린 다양한 자신의 이야기를 내놓았다. 처음엔 어색해 하던 회원들도 이제는 집안의 비밀까지 털어놓을 정도로 말이다.

중요한 것은 이런 이야기의 모든 시작과 끝이 바로 '책'이라는 점이다. 그저 박완서의 『마당깊은 집』을 읽었을 뿐인데 어렸을 적 내가 커온 동네를 이야기하고, 나의 부모님이 나와 우리 오빠를 어떻게 차별(?)하며 키웠는지, 나는 부모님이 가진 기대감에 대한 반항으로 어떤 행동을 했는지, 모든 것이 책으로부터 시작된다. 모임의 시작은 '나'와 낯선 이들과의 만남으로 시작하였는데 어느새 삶을 함께 나누는 '우리'가 되어 가고 있다.

▍빨리빨리? No!, 천천히? YES!

처음 책모임에서 우리는 단순히 서로 관심이 있는 책들을 함께 보자고 하였다. 그 다음엔 인문학이라 할 수 있는 책들을 찾아 함께 보자고 하였다. 그때는 단지 한 달에 두 권씩, 그 외에 또 추천할 수 있는 책들이 있으면 서로 추천해 주면서 책을 읽는 권수를 늘려 가는 것에 의미를 두고 있었다. 『열하일기』를 읽고 탐방을 떠나자고 누군가가 제안하기 전까지는 말이다.

하나의 책을 읽고 책 탐방을 떠나 보자는 의견에 선뜻 동의하지는 못했다. 누가 그것을 책임지고 추진할지, 얼마의 시간이 걸릴시, 몇 명의 회원들이 참가할지 등 모든 것이 물음표였기 때문이다. 우리 모임의 1대 회장이었던 왕언니의 결단으로 다 같이 도전해 보자 할 때도 열하까지의 완주는 생각지도 못했다. 그런데 책을 읽고, 역할분담과 사전모임이 진행되면서 처음의 두려움은 깨끗하게 사라지고, 책을 읽고 떠나는 탐방의 유희를 마음껏 누렸다. 오히려 열하 탐방이 끝났을 때의 아쉬움을 『을병연행록』의 탐방으로 계속 이어 가면서 우리의 즐거움을 계속 이어 가려고 노력했다. 빨리 끝내야 할 의무감이 아니라 천천히 함께 가는 책으로의 여행길이었다.

열하 탐방으로 얻게 된 가장 중요한 것은 바로 천천히 읽으면서 알아 가는 책 읽기의 즐거움이다. 탐방 이후 우리의 책 읽기 방식은 조금 바뀌었다. 책의 권수, 책 속의 내용에만 집착하는 것이 아니라 책을 통해 알 수 있는 것은 다 해 보기로 했다. 한 권의 책 속에 녹아 있는 그것이 역사든, 영화든, 문학 공부든 상관없다. 조금 오래 걸려도, 천천히 읽어도, 경험과 함께 즐겁게 읽은 책이 나의 삶에 얼마나 큰 의미로 남는지 우리는 충분히 알게 되었으므로….

2. 서로의 어깨에 짐을 나누면 가능해지는 순간들

▌어려운 순간은 늘 존재한다!

낯선 곳에서 낯선 이들과 함께 책 읽는 모임을 만든다고 하는 것부터가 어려움이었다. 그런데 일딘 시작했다. 시작하고 보니 나이, 책 읽는 취향, 모임에 대해 거는 기대, 모든 부분에 있어 서로의 마음이 맞지는 않았던 것 같다. 단 한

가지 서로 맞는 걸 꼽자면, 책이 좋아서 책을 읽고 싶어서, 낯선 이들일지라도 함께 해 보자고 용기를 냈다는 바로 그 점이다. 서로에게 부담을 주지 않는 선에서 책을 읽어 보는 것에 만족하자는 그 소박한 소망으로 우리의 처음은 시작되었다.

그러나 시간이 갈수록 미묘하게 생겨나는 감정들, 크진 않지만 회장과 총무의 역할에 지워지는 부담들, 그것을 당연하게 생각하는 다른 회원들의 모습들이 아직 견고하지 않은 우리 모임에 작은 돌팔매질을 해댔다. 그 때문이었을까? 상반기가 지나고 나니 말하고 싶지 않은 개인적인 이유와 귀국을 해야 하는 당연한 이유로 회원의 결손이 생겼다. 그 결손을 채우는 과정은 그리 쉽지는 않았다. 그렇지만 그 과정 속에서 공개된 공간에서의 회원모집, 새로운 회장과 총무의 역할 정립, 그리고 회원 각자의 자발적인 모임 참여에 대한 틀이 마련되었다. 처음의 서툴렀던 우리의 모임이 서서히 자리를 잡아갈 수 있는 기회를 오히려 제공해 주었다고 해야 하나? 그 이후 우리 모임엔 방관적인 자세로 팔짱을 끼고 물러서 있는 사람은 없다. 나이가 많든 적든, 독서량이 많든 적든 그냥 다 같이 고소미이다.

▌모든 책 여행의 기본은 짐 나눠 갖기

우리가 위기를 기회로 바꾼 그 순간, 우리 모임의 모든 회원이 자발적으로 참여하게 만든 것은 바로 서로의 부담과 역할 나눠 갖기로부터 시작되었다. 누구 한 사람의 어깨에 잔뜩 짐을 얹어 주면 다른 9명의 어깨가 가볍다. 짐을 잔뜩 얹은 한 사람만 불평하지 않고 참고 있으면 다른 9명은 즐겁게 여행을 할 수 있다. 나만 아니면 된다는 극한의 이기주의! 살아 보니 아이들만 그런 게 아니라 어른들도 그런 것 같다. 아주 적은 수고로움에 큰 행복을 얻고자 하는 그런 이기심이 책모임을 하면서도 있었던 듯하다. 그 한 사람이 "포기!"라고 외치는 그 순간! 우리는 깨달았다. 함께 조금씩 부담을 나눠 갖으면 모두가 행복할 수 있을 것이라고….

그 다음부터 우리 모임은 책을 읽을 때는 추천, 발제, 진행, 그리고 후기를 남기는 그 순간까지 모두가 한 번씩은 돌아가며 하기로 하였다. 탐방을 떠날 때는 여행의 가이드도 돌아가면서, 그 역할이 없으면 교통수단이나 맛집을 알아보는 것으로라도 매 순간 다함께 움직였다. 그렇게 나눠 가진 짐이 각자에게 책임감과 의무감을 안겨 주었고, 그 때문에 모든 탐방을 빠지지 않고 다니면서 모두들 서서히 탐방에 중독되어 가고 있었다. 서로를 배려하기 위해 우리가 나누어 가진 짐이 탐방에 대한 적극적인 태도로 우리에게 돌아온 것이다.

▌프로젝트? 말만 하면 다 이루어진다!

새로운 도전에 대한 두려움은 이미 던져 버렸고, 매 프로젝트마다 협동과 분업이 잘 이루어지고 있어서인지 책 읽기에 대한 새로운 아이디어가 생길 때마다 이제 누구든 서슴없이 말을 던진다. 그렇게 던진 말에 모두가 동의를 하게 되면 그것을 언제할지 결정하고, 그에 대한 계획들이 구체적으로 수립된다. 분기가 끝나기 전이라도 혹시나 시간의 여유가 생기면 그 계획들을 실행할 틈을 호시탐탐 엿본다. 모두 같이 하면 좋지만 몇이라도 마음이 맞으면 소모임의 형태로 실행해 옮기기도 한다. 때때로 정말 용감한 어떤 회원은 혼자서 떠나기도

한다. 그렇게 다녀온 후 짤막하나마 후기와 현장 사진들을 바로 밴드에 올려 생생한 경험을 함께 공유한다.

하고 싶다고 제안한 일들이, 책들이 곧 행동으로 이어지는 경우가 많아서일까? 모임이 거듭될수록 읽고 싶어 하는 책이 늘어나고, 그 책들과 함께하고 싶은 활동들이 늘어난다. 심지어 이제는 하고 싶은 프로젝트가 너무 넘쳐서 2018년 해야 할 주제까지 미리 정해야 할 정도이다. 유독 우리 모임에 있는 사람들이 활동적이거나 유난스러워서 그런 것이 아니다. 처음 시작할 때도 언급하였듯이 우린 그저 낯선 도시에서 만난 평범한 사람들, 서로에게 낯선 이들이었다.

3. '고소미'와 '슬로리딩'과의 연결고리

▌책 속의 또 다른 이야기

책 한 권을 읽고 그 속에 나와 있는 시간과 공간적 배경, 인물들, 전체적인 스토리, 나의 삶과 관련한 인상적인 구절들, 함께 이야기 나누고 싶은 주제들… 교실에서 독서 관련 수업을 할 때 책 읽기를 제외한 나머지 활동들은 1차시 혹은 2차시에 걸쳐 진행할 수 있는 수업의 양이다. 그러다 보면 자연스럽게 이야기의 구조가 복잡하거나 어려운 책은 선택하기 힘들다. 그래서 우리는 아이들의 삶과 연관되어 쉽게 이해할 수 있는 얇은 동화책 위주로 선택한다. 물론 그 책들이 나쁘다고 이야기하는 것은 아니다. 다만 그런 책들은 책을 통해 아이들을 더 넓고 깊이 있는 앎으로 끌어들이는 데에 한계를 지니고 있다는 생각이 든다.

'한 학기에 한 책 읽기'를 교육과정에 반영하게 되면 기존의 우리가 해 왔던 독서의 방식에 조금 더 깊이를 가해야 할 것이다. 그러려면 읽고 다 아는 내용의 책보다는 궁금증과 호기심을 불러일으킬 수 있는 난이도를 가진, 조금은 두께가 있는 책이 필요하다. 그래야 그 책을 통해 그 책의 어휘들의 사전적 의미와 활용에 대해서 공부하기, 그 책의 시대적 배경이나 공간적 배경을 함께 찾아보기, 그 책을 통해 그 작가의 다른 책 혹은 비슷한 내용의 책들을 찾아서 읽어보기, 책과 관련된 영화보기 등과 같은 활동들과 함께 한 학기 운영이 가능하게 될 것이기 때문이다. 이 활동들은 내가 지난 3년간 고소미에서 해 왔던 활동들이고, 바로 그것이 '슬로리딩'과 맞닿아 있는 지점이다. 실제로 이렇게 해 보니 독서의 습관이 길러지는 것뿐 아니라 책 읽기에 머물던 독서에 대한 생각이 바뀐다. '한 시간에 한 책 읽기'가 아닌 '한 학기에 한 책 읽기'라면 이 방법이 아주 딱 맞다.

▎책과 함께 떠나는 체험학습

사실 모든 책들이 체험학습이 가능하지는 않다. 우리가 잘 알고 있는 유홍준 교수의 『나의 문화유산답사기』는 일반인들에게 책과 함께 체험학습 떠나기의 붐을 일으킨 최고의 책이라고 생각한다. 그 책이 인기가 있었던 가장 큰 이유는 책에 묘사된 장소에 대한 호기심과 함께 정말 그 장소가 그런가 하는 궁금증을 동시에 독자에게 불러 일으켰기 때문일 것이다. 그래서 한동안 자신만의 문화유산답사기를 해 보고 싶은 답사족들이 생겨날 정도로 그 책은 명실상부한 베스트셀러였다. 물론 샀다 오면 책에 묘사된 부분과 실제의 모습, 내가 느낀 감정 사이에서 갈등을 느끼기도 하지만 그것 역시 답사를 갔기 때문에 느낄 수 있

었던 감정일 것이다. 마찬가지로 박지원의 『열하일기』나 홍대용의 『을병연행록』 역시 기행을 담은 책이었기에 우리의 탐방이 가능했을지도 모르겠다.

그럼 기행문이 아닌 다른 책들은 어떤 활동들이 가능할까? 거창한 탐방은 아니더라도 체험 가능한 활동들이 있을 수 있다. 예를 들면, 앞서 이천 한내초에서 진행한 『랑랑별 때때롱』을 읽고 책과 관련된 목공예 체험 학습이나 권정생 생가 방문을 위해 현장학습을 떠날 수도 있다. 또는 『샬롯의 거미줄』을 읽고 지역에 있는 동물농장을 찾아갈 수도 있으며, 『마당을 나온 암탉』을 읽고 주변의 양계장을 찾아가 양계장의 모습 살펴보기, 닭의 생태과정 관찰해 보기 등도 할 수 있을 것이다. 하고자 하면 얼마든지 책과 관련한 다양한 체험학습이 가능하다.

예로 제시한 책 세 권 모두는 현장에서 쉽게 선택하는 책들이므로 책과 관련된 활동 자체가 다소 식상하게 여겨질 수도 있겠다. 그러나 일단 그런 책들로 쉽게 시작하기를 권한다. 만약 그 책들을 이미 활용한 교실이라면 색다른 체험학습을 위해서 책의 선정에 대한 고민이 먼저 이루어져야 한다. 앞서 말했던 조금 어려운 책, 다양한 활동이 가능한 책을 선정하기 위해 교사가 많은 책을 직접 읽어 보고 선정하는 과정은 매우 중요하다. 특히 '슬로리딩'을 위해서는 더욱 그렇다. 그 과정은 아이들과 함께여도 좋을 것이다. 다만 교육과정 운영 전 그 과정을 어떻게 실행할 것인가, 교육과정에 그것을 어떤 활동으로 녹여낼 것인가에 대한 구체적인 방법에 대한 고민이 필요할 것이다.

▌책 선택부터 마무리까지 '끼리끼리'

아이들에게 좀 더 어려운 책, 다양한 활동이 있는 책의 선정이 교육과정 전에 이루어지길 바라는 것은 사실 교사의 관점에서 본 것이다. 학교 현장에서는 새 학기가 시작되면 이미 교육과정 재구성을 끝내고 실질적인 교육과정 운영에 들어가야 하기 때문이다. 그렇기 때문에 3월이 되기 전 교사들의 마음은 바쁘다. 그런 교사의 마음과 '슬로리딩'은 사실 속도가 맞지 않다. 그럼 어떻게 하면 그 속도를 맞추어 나갈 수 있을까?

'슬로리딩'이 말 그대로 책을 천천히 읽고 깊게 알아 가는 과정이라고 한다면 책을 선정하고 그 활동을 구성하는 것도 서두르지 않고 아이들이 직접 해 보도록 하면 어떨까? 1학기에는 교사가 책 선택부터 활동까지 구성하고 아이들은 그것을 경험하도록 한다, 여름방학 전 2학기에는 아이들은 1학기의 경험을 살려 다음 학기의 '한 학기 한 책 슬로리딩'을 아이들끼리 계획해 보는 것이다. 책 선정에서부터 그 활동까지 아이들이 스스로 계획해 보면, 계획을 실행할 때 그들의 책임감과 열의는 분명 달라져 있을 것이다. 체험이나 탐방학습까지도 계획하면 좋겠으나 여의치 않아 그 외의 활동들만 해 나간다고 해도 아이들은 분명 더 넓은 책 속의 세상을 보게 될 것이다. 물론 완벽할 수는 없다. 그렇지만 완벽하지 않으면 어떠랴! 그 또한 책에서 얻은 아이들의 경험임에는 틀림없지 않은가?

4. 고소미는 '광장'이다

> 나에게 고소미는 사랑입니다.
> 설렘과 기대, 편안함과 익숙함으로 행복을 느끼게 해 주는 곳이기 때문입니다. -민희

> 고소미는 내 안의 꽁꽁 언 바다를 깨뜨리는 확실한 도끼이다.
> 고소미 덕분에 저도 확실히 도끼로 흔들어 깨워지고 있습니다. 함께 날마다 새롭게 태어나고 성장해 보아요. - 인전여래

> 고소미는 내 마음의 공기청정기.
> 공기청정기 없다고 바로 죽지는 않지만, 건강하게 살려면 꼭 필요하죠! 고소미 덕에 외로운 타지생활에서 건강한 정신을 유지하고 있어요!-혜경

> 나에게 고소미는 자유로운 광장이자 풍요로운 밀실이고, 사랑이다. -혜옥

> 나에게 고소미는 데미안이길 희망해 본다.
> 내가 내 스스로의 의지로 놓지 않는 이상 나에게 끊임없는 삶의 조언과 꾸지람을 함께 해 줄 무한한 가능성의 인문학 친구들!-은정

한국 근대문학 중 최인훈의 『광장』을 읽고 한 회원이 물었다. "여러분에게 '밀실'과 '광장'이 가진 의미는 무엇인가요?" 내가 대답했다. "나에게 밀실은 이전의 나이고 광장은 지금의 나입니다." 정말 그렇다. 이전에 내가 있었던 교육현장에서 교사로서의 존재했던 내가 밀실에 있었던 거라고 하면 지금의 내가 속해 있는 고소미가 나에겐 '광장'이다.

교사로서 아이들을 위한 책을 읽고, 교수법을 생각하고, 같은 생각을 가진 교사들과 연구회 활동을 하면서 그 누구보다도 열심히 살았다. 그러나 냉정하게 말하면 교사로서의 의무감에 사로잡혀 살았던 이전의 나는 '나만의 밀실'에 존재하고 있었던 것이다. 자의든 타의든 낯선 곳에서 만난 고소미는 그렇게 갇혀 있던 나를 '광장'으로 '좀 더 넓은 세상'으로 나오도록 끌어 당겼다.

광장으로 나오고 보니 이전의 밀실에 있던 내가 어찌나 작게 느껴졌는지 모른다. 어쩌면 교사를 하면서 나만의 밀실을 만들어 나만의 교육방식, 나만의 생각, 나만의 사람들에 둘러싸여 자기만족만 하며 살았던 건 아니었을까 반문해 본다. 내가 현장으로 돌아가려면 아직 시간이 조금 더 남아있다. 앞으로 더 얻어갈 텀까지 포함해서 지금까지 독서모임을 통해 얻어낸 것들이 다른 동료교사들과 우리 아이들을 '광장'으로 나오게 하는 데 도움을 줄 수 있을 것이란 기대를 살며시 가져 본다.

유담

나를 찾아 떠나는 기차로 책 여행,
S. L. O. W 리딩

1. 기다림의 미학, 관찰의 여유

슬로리딩(slow reading)을 직역하면 느리게 읽기다. 빠름에 중독되어 살아가고 있는 현대인에게 '느림'이란 견디기 힘든 상황으로 표현되기도 한다. 하지만 '느림'에는 중요한 가치가 숨어 있고 우리는 그것을 발견할 수 있어야 한다. 그 중에 첫 번째는 '기다림의 미학'이다. 누군가의 느림을 참지 못하고 기다려 주지 않으면 속도의 이면에 숨어 있는 몰 인간성을 드러내는 것이며 인간의 가치를 효율성으로 따지게 되는 몰 인간성에 매몰되어 살아가고 있다는 반증을 하고 있는 셈이다. '빠름'이 경쟁력으로 여겨지는 시대에 '느림'은 어떤 가치와 속성을 지니고 있을까. 느림은 기다림과 함께 한다. 슬로리딩은 책 읽는 이가 스스로 책 읽기의 주인이 되려는 것이고 그 시간을 기다려 주는 것이 슬로리딩이다. 그 기다림은 어른, 교사, 리더, 진행자 등의 타인의 시선으로 내려다보며 기다리는 것이 아니라 아이의 시선, 동료의 시선으로 눈높이를 맞추고 슬로리딩을 하는 이가 책에서 눈을 떼고 생각의 눈을 뜰 때를 기다리는 것이다.

두 번째 느림의 가치는 '관찰'이다. 관찰이 없으면 이해를 할 수 없고, 공감을 할 수 없으며 문제를 찾아낼 수 없기에 문제를 해결할 수도 없다. 이렇듯 중요한 관찰은 빠름에서는 할 수가 없는 것이다. 이렇듯 느림 속에서 이루어지는 관찰은 먼저 읽는 이가 자신을 돌아보고 그 동안 놓쳐왔던 것들에 대해 생각해 볼 수 있는 기회를 가질 수 있는 것이다. 슬로리딩은 자신의 삶을 관찰하며 세상을 관찰하고 문제를 관찰하는 책 읽기가 되는 것이다. 느림을 통해 이루어지는 기다림의 아름다움은 타인과 나를 연결해 주고 관찰의 여유는 과거와 현재를 이어 주는 역할을 해줌으로 자신의 미래를 그려볼 수 있는 캔버스가 되어 준다. 미래는 순식간에 그려나가는 것이 아니다. 조금 그리다가 쉬고 또 조금 그리다가 이야기 나누면서 여유 있게 채워 나가는 것이다. 이렇게 슬로리딩의 또 다른 역할은 삶의 가치를 발견하고 풍요를 만들어 갈 줄 아는 힘을 선사할 것이다.

세상에 나오는 책들은 수도 없이 많다. 자신이 관심을 가지고 있는 책들을 살아 있는 동안 다 읽는 것이 불가능할 정도로 다양한 책들이 수없이 쏟아져 나오고 있다. 그렇다면 책 읽는 행위에 대해 속도전이 붙은 건 대체 언제부터이고 무슨 이유에서 일까. 요즘엔 책이 생업을 위한 하나의 수단으로 되어 가며 그에 따라 각 분야의 실용서 들이 유독 많다. 『천천히 읽기』책의 저자 야마무라 오사무는 논문 준비를 위해 봐야 하는 책, 요리책, 취미서적, 자기계발서등은 책을 찾는 분명한 목적이 있기에, 이러한 책을 읽는 것은 진정한 독서로 여기지 않는다. 그렇다면 진정한 독서의 기준은 무엇일까? 책을 읽다 보면 무릎을 탁 치게 되는 깨달음의 순간을 경험하게 된다. 또한 웃고 감탄하며 가슴 저미는 시간을 가져보기도 하는 것이다. 이러한 경험들이 생업의 수단으로 읽는 **독**시, 경쟁적 이유로 인해 속도전을 펼치며 읽는 독서에서 가능한 것일까? 세상에는 죽기 전에 읽지도 알지도 못할 수많은 책들이 존재한다. 그렇다면 이왕 독서를 할 바에

야 시간에 쫓겨 가며 많은 양의 책을 읽으려고 몸부림치기보다는 자신에게 맞는 책을 선정하여 천천히 맛을 음미하듯 때론 한가롭게까지 즐기는 여유를 가지고 하는 독서가 필요하다고 볼 때 이런 마음으로 시작하는 책 읽기가 슬로리딩일 것이다.

2. 또 하나의 슬로리딩, 나를 찾아 떠나는 기차로 책 여행

책을 읽는다는 행위에는 지식과 정보를 얻기 위한 책 읽기와 자신의 내면세계를 성장시키기 위한 책 읽기로 나누어 볼 수 있다. 그중에 무게를 재어 본다면 인생의 매뉴얼을 풀어놓은 나를 찾는 책 읽기가 더 무거울 것이다. 나의 존재 의미를 찾지 못하면 쌓아놓은 지식과 정보가 무용지물이 되기 때문이고 내 삶의 방향을 찾지 못하면 지금까지 달려온 시간들이 헛수고가 되기 때문이다.

춘천 김유정 문학관

그렇기에 나를 찾는 책 읽기는 매우 소중하며 특별히 성공을 향해 뒤돌아 볼 겨를 없이 달려가는 어른들에게는 반드시 필요한 시간이 나를 찾는 책 읽기다.

　이러한 이유로 필자는 함께 교육활동을 하는 선생님들에게 "나를 찾아 떠나는 기차로 책 여행"을 제안하게 되었다. 방법은 간단했다. 한 달에 한 번 날을 정하여 기차를 타고 여행을 하는 것으로 목적지는 역사 또는 문화적 의미가 있는 지역을 선정하였다. 기차로 가는 여행을 선택한 이유는 차의 흔들림이 없기에 책 읽기가 가능하기 때문이다. 아침에 약속 장소에 모일 때에는 책 한 권과 각자의 교통비와 점심값을 지참하고 나와야 한다. 이때에 들고 나올 책은 각자가 원하는 책 아무거나 갖고 오되 될 수 있으면 꼭 읽고 싶었지만 열어 보지 않고 책꽂이에 꽂아 놓고만 있었던 책을 권장하였다. 승차 시간이 되어 기차에 오르면 내릴 때까지 아무도 대화를 해서는 안 되는 것이 가장 중요한 규칙이다. 목적지 역에 도착할 때까지 자신이 가져온 책을 읽으면서 가는 것이 '기차로 책 여행'의 첫 번째 포인트다. 목적지에 도착하면 목적지 선정 이유에 해당하는 유적지나 문학관 등의 명소를 탐방한다. 그 후에 점심 식사를 하고 적당한 장소를 찾아 둘러 앉아 독서토론을 시작한다. 이때에 나오는 토론 주제는 자신이 읽으면서 온 책 내용 중에서 우리에게 들려주고 싶은 한 대목을 찾아 발표한다. 발표 방법으로는 책 안에서 찾은 단어나 문장, 또는 사건을 가지고 사실(Fact)과 의미(Meaning), 적용할 점(Application)의 순서에 따라 자신의 생각을 발표한다. 발표를 들은 우리는 이에 대한 질문이나 또 다른 해석과 의견 등을 덧붙이며 자유로운 토론으로 이어 간다.

　기차로 책 여행에서 필자는 놀라운 두 가지 사실을 경험했다. 첫째는 집단지성(Collective Intelligence, 集團知性)의 힘인 것이다. 한 사람이 발표한 내용에 대

영월 단종 유배지

하여 한 사람씩 돌아가며 의견을 덧입혀 가는 시간은 무궁무진하며 풍성한 지식과 경험담들이 쏟아져 나오기에 독서토론의 정수를 맛보게 된다는 것이다. 둘째, 기차로 책 여행은 힐링 독서가 되었다. 이미 오래전에 독서활동 중에 독서치료라는 활동이 활발하게 전개되었었다. 그러나 독서치료와는 너무나 확연한 차이가 있었다. 무엇보다 여행이라는 행위가 자연스럽게 모두의 마음 빗장을 풀어주었다. 그렇기에 그 어떤 이야기도 가능한 분위기가 저절로 이루어졌으며 아무런 부끄러움이나 스스럼없이 여럿이 모인 앞에 자신을 드러낼 수 있었다.

다른 하나는 집단치료이다. 동병상련, 또는 동일한 경험들이 쏟아져 나오면 자신들이 경험했던 것들이 떠올라 아직도 고통 가운데 있는 발표자를 보면서 눈물을 글썽이며 뜨거운 포옹을 하면서 위로해 주는 일이 생겨난 것이다. 특히 발표자는 자신이 발표한 내용을 통해 스스로 문제에 대한 답을 얻을 수 있게 된 것이다. 모임의 두 번째 중요한 규칙은 기차를 타고 오면서 읽은 책 내용 중에 눈에 들어 온 한 대목을 찾아 토론모임에 발표를 해야 하는 것이다. 책을 읽다가

황순원 소나기 문학관

어느 한 대목이 눈에 들어온다는 것은 현재 자신의 상황과 일치하거나 연관된 부분이 있기에 그 내용에 눈길이 머물게 되는 것이다. 발표자는 눈길이 머문 그 한 줄, 또는 한 대목을 손에 쥐고 와서 여행의 동반자들이 펼쳐 놓은 힐링 테이블에 내려놓는다. 그 순간 그 한 줄의 책 내용은 자신의 삶에서 아무로 모르게 꽁꽁 숨겨두었던 본질적인 문제를 끄집어내는 메스와 핀셋으로 변해 버린다. 결국 그 한 줄의 책 내용이 만들어 놓은 메스는 집요하게 문제를 파헤치고 도려내며 핀셋처럼 끄집어낸다. 마지막에는 일행들이 제공한 다양한 치료법과 대안, 그리고 따뜻한 위로가 벌어진 상처를 꿰매어 주는 실과 바늘이 되어 힐링 독서가 이루어졌다.

3. 슬로리딩, 그 의미와 활용의 확장성에 대하여

현재 슬로리딩은 주로 학교 안에서 교수학습법으로 활용되고 있다. 슬로리딩

의 시작이 일본의 하시모토다케시 선생이 고등학교학생들에게 국어교육을 중심으로 한 학습법으로 활용하면서 널리 알려졌기 때문이다. 그러나 슬로리딩은 학습법으로 한정지어 활용하기에는 그 의미가 매우 깊고 소중하다. 활용에 대한 확장성은 넷째 마당에서 언급된 박영덕 선생님의 학부모의 슬로리딩 동아리활동과 다섯째 마당에 수록된 장미영 선생님의 벗들과 떠나는 독서여행 『열하일기』 속 박지원 따라가기', '나를 찾아 떠나는 기차로 책 여행'을 통해서 충분히 설명하였다.

빠름의 미학이 지배하는 디지털 시대에 아날로그적인 삶을 추구하는 사람들이 있다. 이들은 빠름이 지배하는 경쟁사회보다는 느긋함이 삶의 질을 높여준다고 굳게 믿는 사람들이다. 이러한 느림의 미학을 추구하는 사람들을 슬로비(Slobbie)족과 다운 시프트(Down Shift)족이라고 칭한다.

슬로비족은 1990년 오스트리아에서 창설된 '시간 늦추기 대회'에서 유래했다. 슬로비란 '천천히, 그러나 더 훌륭하게 일하는 사람(Slower But Better Working People)'을 뜻하는 말이다. 슬로비족의 생활원칙은 가급적 직장을 옮기지 않고 현재 맡은 일에 충실하며, 주식투자보다는 저축에 힘쓰고 하루에 두 시간 이상은 가정에 신경을 쓴다. 이들은 고액 연봉을 받을 수 있는 직장보다는 상대적으로 낮은 소득을 감수하고 자기 자리를 지키며 살아간다. 왜냐하면 이들은 속도와의 경쟁보다는 느림의 미학을, 물질적 수입보다는 정신적 안정을, 사회적 성공보다는 가정을 중요시하고 이를 통해 삶을 여유롭게 즐기는 것을 가장 큰 가치로 생각하기 때문이다.

필자는 삶의 질적인 향상을 중요시하는 슬로비족의 등장을 슬로리딩과 연결시켜 시대적인 해석을 덧입혀 보고자 한다. 입시를 준비했던 고등학교 3년, 취업 고통에 시달렸던 대학교 4년, 그리고 연봉 상승과 승진을 위해 바쁘게 달려가 40대가 된 이들에게 가장 커다란 문제를 찾아본다면 자신이 지내온 시간들의 의미를 상실했다는 것이다. 그저 성공해야 한다는 미래적 상황을 꿈꾸며 살았기에 매 순간 순간 누릴 수 있었던 존재의미와 기쁨을 누리지 못했고 중년이 되어서도 그들은 자신의 존재의미와 기쁨을 찾지 못하고 방황하는지 모른다.

헬레나 노르베리-호지의 『오래된 미래』에서 알 수 있듯이 혹심한 기후와 자원의 빈약함에도 불구하고 라다크 사람들은 단지 생존 이상으로 즐기며 산다. 그들이 가진 것이라곤 아주 기초적인 연장들뿐이므로 그것은 더욱 놀랍다. 베틀과 쟁기 외에 '기계기술'이라고 이름붙일 만한 것은 곡식을 빻는, 단순하게 잘 고안된 물레방아뿐이다. 그 외에는 삽, 톱, 낫, 망치 같은 도구만이 쓰인다. 더 복잡한 것은 아무 것도 필요하지 않다. 문명세계에서 큰 기계류를 사용해서 하는 일들을 라다크 사람들은 짐승들을 이용하거나 협동 작업으로 한다. 단순한 연장들밖에 없으므로 라다크 사람들은 일을 하는 데 오랜 시간을 보낸다. 의복용 털을 생산하는 일은, 양들이 풀 뜯는 동안 돌보는 일에서부터 손으로 털을 깎고, 씻고, 물레질하고, 마침내 짜는 일에 이르기까지 시간이 많이 걸리는 작업을 필요로 한다. 마찬가지로 음식을 만드는 일도 씨뿌리기에서 음식이 상에 오를 때까지 노동집약적인 과정이다. 그런데도 라다크 사람들은 시간에 쫓기지 않는다. 그들은 시간에 관계없이 여유롭게 일을 하고, 놀라울 만큼 많은 여가를 누린다.

여러 시간 일을 해야 하는 추수철에는 일이 느리게 진행되기 때문에 여든 살의 노인도 어린아이도 함께 어울려 일을 한다. 라다크 사람들은 열심히 일하면서도 자기들의 속도로 웃음과 노래를 곁들이는 것을 잊지 않는다. 일과 놀이가 엄격하게 구분되어 있지 않기 때문이다. 놀랍게도 라다크 사람들이 실제로 일을 하

는 것은 일 년에 4개월뿐이다. 8개월간의 겨울 동안에는 요리를 하고 짐승들을 돌보고 물을 긷고 해야 되지만 일은 아주 적다. 겨울 대부분은 잔치와 파티로 보낸다. 여름 동안에도 거의 매주 이런저런 중요한 잔치나 축하행사가 있지만 겨울 동안에는 거의 연속되어 있다.

인생은 한 권의 책이다. 따라서 인생이란 제목의 사람 책도 슬로리딩해야 한다. 문득 문득 질문하며 쉬어 가고, 또 다른 의미를 찾아봄으로 자신의 삶을 풍요롭게 만들어 가야 하는 것이 슬로리딩 인생이다. 그러기 위해 슬로리딩을 단순히 학습법으로만 사용할 것이 아니라 다양한 성인들의 독서법과 독서모임의 방법으로 활용하게 되길 바란다. 그 결과로 인생 자체를 슬로리딩 하는 문화가 만들어졌으면 한다.

참고문헌

1. 고미숙, 박지원, 『삶과 문명의 눈부신 비전 열하일기』, 작은길, 2012.

2. 김태빈, 『청소년을 위한 연암 답사 프로젝트(물음표와 느낌표로 떠나는 열하일기)』, 레드우드, 2016.

3. 경기도교육청(2016), 『2016교사의 교육과정 문해력 신장』.

4. 교육부 고시 제2015-80호[별책1], 초중등교육과정 총론, 2015.

5. 교육부 고시 제2015-80호[별책2], 초등학교 교육과정, 2015.

6. 교육과학기술부 고시 제2012-14호[별책5], 국어과교육과정, 2012.

7. 교육부, 초등학교 교육과정, 교육부 고시 제2015-80호.

8. 경기도교육청, 배움중심수업2.0 기본문서, 교육과정정책과 2016-10.

9. 권정생 글·정승희 그림, 『랑랑별 때때롱』, 보리, 2014.

10. 김원일, 『마당깊은 집』, 문학과지성사, 1991.

11. 나쓰메 소세키, 오유리 옮김, 『마음』, 문예출판사, 2002.

12. 나카 간스케 저, 양윤옥 옮김, 『은수저』, 도서출판 작은 씨앗, 2012.

13. 다이 호우잉, 신영복 옮김, 『사람아 아, 사람아』, 다섯수레, 2005.

14. 다자이 오사무 저, 김춘미 옮김, 『인간실격』, 민음사, 2004.

15. 라오서 저, 심규호 외 1명 옮김, 『낙타샹즈』, 황소자리, 2008.

16. 박영덕 외, 『맛있게 읽는 다문화 독서요리』, 정인출판사, 2017.

17. 박지원 저, 김혈조 옮김, 『열하일기』, 돌베개, 2009.

18. 사토마나부 저, 손우정 옮김, 『학교의 도전』, 우리교육, 2012.

19. 서명석 외, 『교육과정·수업·거대담론·해체』, 아카데미프레스, 2012.

20. 엄기호, 『우리가 잘못 산 게 아니었어』, 웅진지식하우스, 2011.

21. 에밀 파게, 『단단한 독서』, 유유출판사, 2016.

22. 이토우 히로시 저, 김난주 옮김, 『원숭이의 하루』, 비룡소, 2003.

23. 이토우 히로시 저, 김난주 옮김, 『원숭이는 원숭이』, 비룡소, 2003.

24. 이토우 히로시 저, 김난주 옮김, 『원숭이 동생』, 비룡소, 2003.

25. 위화 저, 백원담 옮김, 『인생』, 푸른숲, 2007.

26. 엘윈 브룩스 화이트 글·가스 윌리엄즈 그림·김화곤 옮김, 『샬롯의 거미줄』, 시공주니어, 2016.

27. 이토 우지다카 저, 이수경 옮김, 『천천히 깊게 읽는 즐거움』, 21세기북스, 2016.

28. 정종목, 『홍길동전』, 창작과비평사, 2004.

29. 정여울, 『소리내어 읽는 즐거움』, 홍익출판사, 2016.

30. 정혜윤, 『삶을 바꾸는 책 읽기』, 민음사, 2012.

31. 최인훈, 『광장/구운몽』, 문학과지성사, 2014.

32. 케빈 홀, 『겐샤이』, 연금술사, 2013.

33. 한병철 저, 김태환 옮김, 『투명사회』, 문학과지성사, 2014.

34. 홍대용 저, 정훈식 옮김, 『을병연행록』, 경진출판사, 2012.

35. 황선미 글·김환영 그림, 『마당을 나온 암탉』, 사계절, 2015.

36. 황선미 글·오돌또기 그림, 『마당을 나온 암탉』(그림책), 사계절, 2015.

37. EBS MEDIA 기획, 정영미, 『EBS 다큐프라임 슬로리딩, 생각을 키우는 힘』, 경향 미디어, 2014.

▌ 저자소개 ▐

이선희 이천 한내초 수석교사

일과 휴식의 균형을 맞추며 즐겁게 살아가는 '워라벨(Work and Life Ballance)'을 꿈꿉니다.
현재 이천초등토론교육연구회 회장으로 6년째 장기 집권 중.

유기홍 이천 신둔초 교사

아이들의 자람이 좋아서 학교를 사랑하고 함께 배우는 것이 좋아서 연구회 총무를 하고 있어요.
그리고 지금 이 순간이 최고로 젊은 날이어서 오늘도 도전하는 40대.

박영덕 이천 도암초 교사

아이들과 함께 독서토론과 하브루타를 하면서 배움의 꿀맛을 같이 맛보며 성장의 길을 걸어가는 열혈교사입니다.
독서토론과 하브루타 강사 및 디베이트 헤드코치로 활동 중입니다.

장미영 이천 대월초 교사

40대의 중간을 지나가며 꿈이 생겼습니다. '좋아하는 책 속의 인상 깊은 곳을 여행하며 살고 싶다.'
그리스인 '조르바'의 자유를 소망하는 철부지 선생님이 되어갑니다.

장혜민 이천 도암초 교사

아이들과 함께 해 온 지 15년, 매년 아이들에게 배우며 성장하고 있습니다.
교사 외에 다른 모습의 나를 상상할 수 없는 천직 교사. 요즘엔 커피와 책 읽는 시간만으로도 충분히 행복합니다.

유 담 (사)한국디베이트코치협회 회장

토론교육전문가로써 대학원 리더십학과, 대학 교양학부 독서토론 교수 등을 역임하며
토론식 교육의 반포와 사람 책 운동에 열정을 쏟고 있는 교육운동가입니다.

최은희 아렌디 에듀아카데미 대표, 서울여대독서토론 외래교수

독서토론의 신개념 '독서디베이트'를 창안하고 책을 집필함으로 책 읽기 위한 토론과 토론을 위한
책 읽기의 개념을 정리하여 토론을 기반으로 한 독서교육을 펼치고 있습니다.